آیا واقعا برنده شدم؟

نرگس کلباسی اشتری

یادداشت مؤلف

خوانندهٔ عزیز؛ این کتاب سرآغاز مجموعه‌ای است که به فصول مختلف زندگی من می‌پردازد. زندگی به ندرت به یک مسیر خطی پایبند است، این مجموعه نیز بر اساس ترتیب زمانی رویدادها تنظیم نشده است. هر کتاب از این مجموعه دورهٔ خاصی از زندگی من را نشان می‌دهد و نمایانگر تصویر اجمالی از لحظاتی است که نهایتاً من را به شکل امروزی درآورده است. این کتاب با تمرکز بر یک دورهٔ شش ماهه، به تنهایی کتاب مستقلی است و در عین حال تکه‌ای است از یک پازل بزرگ‌تر - پازلی که تصویر کامل خود را با صبوری و گذشت زمان آشکار می‌کند. از کنجکاوی، همدلی و تمایل شما برای همراهی من در این سفر خودشناسی سپاسگزارم. با عشق، نرگس.

تقدیم‌نامه

این کتاب را تقدیم می‌کنم به تک‌تک افرادی که برای آزادی من سرسختانه تلاش کردند. عده‌ایی از شما را می‌شناسم و هزاران نفر دیگر را نمی‌شناسم و این اصلاً مهم نیست. مهم این است که من واقعاً و از صمیم قلب از همهٔ شما تشکر می‌کنم و قدردان کمک‌هایتان هستم.

فهرست

فصل ۱: پیامی در فیسبوک ۱
فصل ۲: آقای نوریان ۶
فصل ۳: گذرنامهٔ ایرانی ۱۱
فصل ۴: فقط صبر کن! ۱۹
فصل ۵: رئیس دادگستری ۲۹
فصل ۶: واقع بین باش ۳۷
فصل ۷: آیا می‌خواستند ما را بکشند؟ ۴۵
فصل ۸: تسلیم می‌شوم ۵۱
فصل ۹: خیلی بهتر از آنکه بتوان تصّورش را کرد ۵۵
فصل ۱۰: بازجویی متفاوت ۵۹
فصل ۱۱: زنی در آینه ۶۶
فصل ۱۲: مراسم نیایش ۷۰
فصل ۱۳: مترجم ۷۵

۷

فصل ۱۴: صادق، آرام و مؤدب	۸۱
فصل ۱۵: پرومیلا	۸۸
فصل ۱۶: سؤال نکن	۹۵
فصل ۱۷: اگر بخاطر من نبود...	۱۰۳
فصل ۱۸: فرد ناشناس	۱۰۸
فصل ۱۹: پسر عمو	۱۱۱
فصل ۲۰: بازی تاج و تخت	۱۱۸
فصل ۲۱ : چپ در مقابل راست	۱۲۶
فصل ۲۲: سفارت بریتانیا	۱۳۶
فصل ۲۳: تو آن پسرک را کشتی؟	۱۴۲
فصل ۲۴: قرآن کوچک من	۱۴۶
فصل ۲۵: حکم نهایی	۱۴۹
فصل ۲۶: این که چیزی نیست	۱۵۶
فصل ۲۷: دکتر ظریف	۱۶۳
فصل ۲۸: طوفان رسانه‌ای	۱۷۱
فصل ۲۹: مأمور؟	۱۸۱
فصل ۳۰: حکم تجدیدنظر	۱۸۶
فصل ۳۱: مجوز خروج	۲۲۵
فصل ۳۲: آیا واقعاً برنده شدم؟	۲۲۸

فصل ۱

پیامی در فیسبوک

آخر شب بود. مدتها بود که اصولاً شبها خوب نمی‌خوابیدم. چند ماهی بود که دیگر آن آدم سابق نبودم. بندرت غذا می‌خوردم و شبها هم خوب خوابم نمی‌برد. وقتی هم که می‌خوابیدم، کابوس زندان رایاگادا و تمام اتفاقات وحشتناکی که می‌دانستم آنجا در جریان است؛ به سراغم می‌آمد.

در ناامیدی بسیار عمیقی فرو رفته بودم. لحظه به لحظه احساس می‌کردم که بیشتر و بیشتر در دنیای تاریکی که هیچ راه فراری از آن ندارم، در حال سقوط هستم. ساعت حوالی ۱۱ شب بود و مثل بیشتر شبها من آنلاین بودم و تعداد امضاءهای دادخواستم را در سایت «چنج دات اورگ» نگاه می‌کردم. هر باری که صفحه را ریفرش می‌کردم، صدها نفر جدید از گوشه و کنار دنیا آن را امضاء کرده بودند. این آدم‌ها با نام‌های متفاوت، سنین مختلف و از کشورهای گوناگون بودند، ولی من بطور غیرمعمولی نسبت به همه اینها بی‌تفاوت شده بودم. به یاد اولین روزی افتادم که این دادخواست را شروع کردم. آن زمان بسختی یکصد امضاء جمع کرده بودم که بیشتر آنها هم از طرف دوستان و افرادی بود که از فعالیتهای من در هند حمایت می‌کردند. آن یکصد امضاء برایم بسیار معنی‌دار و عزیز بودند. ولی حالا، با اینکه روزانه صدها امضاء جمع می‌شد، ناگهان احساس می‌کردم که تمام این کارها بیهوده است. با خودم فکر می‌کردم که اگر قرار بود این دادخواست به این شدت من را پریشان و ناراحت کند، اصلاً چرا آن را شروع کرده بودم؟ به نظرم می‌آمد که این کار هیچ کمکی به من نخواهد کرد و بجای اینکه با امضاءهای بیشتر

احساس خوشحالی بیشتری کنم؛ بتدریج در دنیای ناامیدی درون خودم بیشتر و بیشتر فرو می‌رفتم.

دلیل اصلی که چنین احساسی داشتم این بود که به نظرم می‌رسید، این امضاءها هیچ تاثیری بر دولت هند ندارند و آنچه واقعا اهمیت دارد تصمیمی است که آنها خودشان خواهند گرفت.

خسته و ناامید بودم و کم‌کم آماده می‌شدم که آی‌پدم را کنار بگذارم که ناگهان؛ گویی کمکی از غیب رسیده باشد، پیامی را در پیام‌رسان فیسبوک دریافت کردم. نوشته بود: «سلام، حسن نوریان هستم. سرکنسول جمهوری اسلامی ایران در حیدرآباد.»

ابتدا برای چند لحظه خشکم زد، بعد چندین بار پشت سرهم پیام را خواندم. من نمی‌دانستم کنسولگری یعنی چه، اما به نظرم می‌رسید که باید جای مهمی باشد. روی پروفایل آقای نوریان کلیک کردم. قلبم به تندی و با چنان شدتی می‌زد که به سختی می‌توانستم آی‌پدم را در دستانم نگه دارم. عکس پروفایلش را بزرگ کردم. مردی در میانه و یا اواخر دهه چهل، با کت‌شلوار و پیراهن سفیدی که دکمه‌های آن تا بالا بسته شده بود. خیلی رسمی به نظر می‌رسید.

به سرعت در گوگل تایپ کردم: «کنسولگری چیست؟» و آنجا بود که تازه متوجه شدم کنسولگری یک شعبه از سفارت‌خانه است.

دوست پسرم، لارس؛ در گوشه دیگر اتاق پشت لپ‌تاپش نشسته بود. او مثل تمام شب‌های گذشته، دیوانه‌وار و مصمم به همه مؤسسات و اشخاصی که می‌یافت، ایمیل ارسال می‌کرد و عاجزانه برای من درخواست کمک می‌کرد. بسیاری از این ایمیل‌ها یا پاسخی دریافت نمی‌کردند یا پاسخ آنها، منفی بود. چند ساعت قبل‌تر یکی از همین ایمیل‌های درخواست کمکش که برای خانم شیرین عبادی (برنده جایزه صلح نوبل) ارسال کرده بود، با پاسخ منفی روبرو شده بود. به سمت او دویدم و با صدای بلند فریاد زدم: «آنها می‌خواهند به من کمک کنند! آنها می‌خواهند به من کمک کنند!»

لارس در حالیکه هیجان‌زده شده بود پرسید: «چه کسانی؟»

فریاد زدم: «ایران؛ ایران می‌خواهد به من کمک کند!»

سپس در بهت و ناباوری تمام بر روی زمین نشستم و سرم را بین دستانم گرفتم. بغضم ترکید و اشک‌هایم سرازیر شدند. به محض اینکه توانستم دوباره خودم را دریابم به سمت آی‌پدم دویدم. در آن لحظه فقط به یک چیز فکر می‌کردم: باید بسرعت هر چه تمام‌تر و قبل از اینکه او از فیسبوک خارج شود به این مرد پاسخ دهم. تصور می‌کردم که اگر فوراً جواب او را ندهم ممکن است دیگر هرگز به من پیامی ندهد و من این فرصت طلایی را از دست بدهم. آن روزها بسیار بدبین و متوهم شده بودم.

چندین هفته بود که من به بوبانشوار - مرکز استان اودیشا در هند - نقل‌مکان کرده

بودم. دیگر با بچه‌هایم زندگی نمی‌کردم بلکه بجای آن، خانه‌ایی اجاره کرده بودم تا از آن بعنوان مخفیگاه و محل‌امن استفاده کنم. از این محل اقامتم هیچ کسی بجز لارس اطلاعی نداشت. هر دو، بیشتر روزها را در اینترنت می‌گذراندیم و برای هر کسی که فکر می‌کردیم احتمالا بتواند به من کمک کند، ایمیل می‌فرستادیم. قبلاً در رایاگادا و خصوصاً در روستایی که من زندگی می‌کردم، دسترسی خوبی به اینترنت نداشتیم. بنابراین، بودن در بوبانشوار با اینترنت پرسرعت فورجی برای من خیلی جدید و جذاب بود.

به انگلیسی نوشتم: «سلام آقای نوریان، از اینکه از شما پیامی دریافت کردم خیلی خوشحالم.»

او بسرعت پاسخ داد؛ احتمالاً در عرض چند ثانیه. من ناباورانه به مانیتور خیره مانده بودم. در پیام دوم، آقای نوریان از من خواست که فردا صبح با دفترش تماس بگیرم. اما من که نمی‌توانستم تا فردا صبح صبر کنم از او پرسیدم که آیا امکان دارد همین الان با او تماس بگیرم. ساعت یازده‌ونیم شب بود.

می‌دیدم که در حال تایپ‌کردن است ولی هنوز جوابی دریافت نکرده بودم. شاید در حال فکرکردن هست که چه جوابی بدهد یا شاید هم اصلاً من نباید آنقدر او را تحت فشار می‌گذاشتم. با خودم گفتم: *تو باید می‌گفتی باشه، ممنون؛ و فردا صبح بهش زنگ می‌زدی.*

درنهایت و بعد از چند دقیقه یک پیام در صفحه ظاهر شد. او موافقت کرد که من همین امشب با او تماس بگیرم. بی‌نهایت خوشحال شدم و از آن مقطع به بعد ارتباط بسیار پیچیده و زیبای من با آقای نوریان و نبرد ما برای آزادی من شروع شد.

بلافاصله به او زنگ زدم و شروع کردم به زبان انگلیسی با او صحبت کردن. اما همانطور که مشغول صحبت بودم ناگهان به ذهنم رسید که ای وای! اگر من می‌خواهم که ایران به من کمک کند باید خیلی شبیه ایرانی‌ها باشم؛ لذا بلافاصله باقی صحبت را با فارسی ناقصی که بلد بودم ادامه دادم.

شروع کردم به توضیح شرایطی که در آن بودم، اما چنان به سرعت صحبت می‌کردم که ظاهرا صحبت‌هایم قابل فهم نبودند. او مرتب به من توصیه می‌کرد که آرامش خودم را حفظ کنم و شمرده‌تر صحبت کنم. او مرتب قول می‌داد که کمکم می‌کند. شنیدن این جمله که «من قول می‌دهم کمکت کنم» بلافاصله آرامش زیادی به من داد بطوری‌که حس کردم ناگهان سنگینی یک دنیا از روی شانه‌هایم برداشته شد. در تمام این دو سال گذشته همواره آرزو داشتم که همین پنج کلمه را بشنوم.

قبل از خداحافظی، آقای نوریان گفت: «نرگس خانم، فارسی شما عالی است. من فکر نمی‌کردم حتی بتوانید یک کلمه هم صحبت کنید. خیلی خوشحالم که زبان مادری‌تان را فراموش نکرده‌اید. خدا حفظتان کند.» در واقع این تمام چیزی است که از مکالمه آن

شب بیاد دارم. همچنین بیاد دارم که آن شب، اولین بار بعد از سال‌های بسیار طولانی بود که دوباره حس امیدواری بسیار زیادی در من زنده شده بود.

فردای آن روز، آقای نوریان مجدداً با من تماس گرفت و از من درخواست کرد که از هر مدرک شناسایی ایرانی که دارم، عکسی برایش ارسال کنم. قلبم فرو ریخت چون هیچ مدرک شناسایی ایرانی نداشتم. من فقط پاسپورت بریتانیایی‌ام، تعدادی کارت بانکی از انگلستان و تعدادی کارت از کانادا و هند داشتم.

نمی‌دانستم باید چکار کنم.

اما بعد به یاد آوردم که چند سال پیش عمویم از ایران یک کپی ناخوانا از شناسنامه ایرانی‌ام را برایم فرستاده بود. آن زمان او به من گفته بود که این کپی و چندین سند متعلق به پدرم را درون جعبه‌ای در زیرزمین خانه‌اش پیدا کرده است و فکر کرده ممکن است زمانی به یک نسخه از آن نیاز داشته باشم. یادم هست که آن روز، با خودم فکر کردم؛ *آخر چرا باید عمویم فکر کند که من به چنین کپی شناسنامه ایرانی تاریخ گذشته‌ایی نیاز پیدا خواهم کرد؟* اما خدا را شکر که این را برایم فرستاد، چون بدون آن باید به آقای نوریان می‌گفتم که من چیزی ندارم. پیش خودم از عمو تشکر کردم و بعد، از شدت خوشحالی شروع کردم به رقصیدن در اتاقم.

می‌دانستم که این کپی شناسنامه را در یکی از هارد دیسک‌هایم ذخیره کرده‌ام، اما دقیقاً نمی‌دانستم در کدام یک قرار دارد. تا این زمان، دو سالی از تشکیل پرونده جنایی علیه من می‌گذشت و در این مدت هارد دیسک‌های زیادی را با مدارک و تصاویر مختلف پر کرده بودم، به این امید که روزی کسی پیدا شود و وقت بگذارد و آنها را ببیند و بخواند.

شروع کردم به جستجوی تک‌تک آنها، و در نهایت آن را پیدا کردم. یک کپی از شناسنامه ایرانی‌ام. عکس روی شناسنامه بسیار قدیمی بود - احتمالاً مربوط به زمانی که من پانزده سالم بود؛ که آخرین باری بود که به ایران رفته بودم. اطلاعات روی آن بسختی قابل خواندن بود. خیلی نگران بودم که شاید این کپی به دردشان نخورد اما به هرحال شانسم را امتحان کردم و آن را بسرعت برایش فرستادم.

یکی دو ساعت از ارسال عکس گذشت. سپس او از من خواست که یک عکس پرسنلی هم از خودم برایش بفرستم - ظاهراً تصمیم داشتند که برای من پاسپورت ایرانی صادر کنند. من در مورد کپی شناسنامه ایرانی که فرستاده بودم و اینکه آیا قابل استفاده بوده یا نه، سؤالی نپرسیدم. قبول کردم و گفتم که فوراً برایش ارسال می‌کنم. توضیح داد که بدون پاسپورت ایرانی و شناسنامه ایرانی معتبر و جدید، قانوناً نمی‌توانند وارد ماجرا شوند و به من کمک کنند. بنابراین، دیوانه وار شروع به جستجو در اطراف خانه کردم تا چیزی پیدا کنم که روی‌سرم بگذارم. من می‌دانستم که این عکس باید باحجاب باشد.

در آشپزخانه یک تکه پارچه سیاه پیدا کردم - اغلب از آن برای تمیز کردن

پیشخوان‌های آشپزخانه استفاده می‌کردم - آن را دور سرم پیچیدم. سپس مقابل تنها دیوار سفیدی که در خانه پیدا کردم ایستادم و از لارس خواستم که از من عکس بگیرد. این عکس را بلافاصله برای آقای نوریان فرستادم. برایم مهم نبود که چه شکلی افتاده‌ام. تنها چیزی که مهم بود این بود که عکس را فوراً به او برسانم.

به محض اینکه عکس را فرستادم، آی‌پدم را کناری گذاشتم و با خود فکر کردم، این آدم‌ها باید خیلی خفن باشند... آیا واقعاً قرار است به این سادگی برای من پاسپورت صادر کنند؟

وقتی کارم تمام شد، سرم را بلند کردم و لارس را دیدم که به من خیره شده است. آنجا ایستاده بودم با یک تکه پارچه آشپزخانه روی سرم، که ظاهراً خیلی سفت‌تر و بیشتر از حد لازم سرم را پوشانده بود و از هیجان زیاد عرق هم کرده بودم. چند ثانیه به هم خیره شدیم و بعد، هم زمان؛ زدیم زیر خنده. در آن لحظه من خیلی مضحک به نظر می‌رسیدم، با این حال همه چیز به طرز عجیبی خوشایند و رهایی‌بخش بود. خندیدن دوباره حس بسیار خوبی داشت، حتی اگر به قیمت مسخره‌شدن خودم بوده باشد.

و این شروعی بود بر آنچه که به زودی به عجیب‌ترین ماه‌های زندگی من تبدیل شد.

این همان عکسی است که برای آقای نوریان فرستادم

فصل ۲

آقای نوریان

از همان لحظه‌ای که اولین پیام آقای نوریان را دریافت کردم، هرگز چشم از آی‌پدم برنداشتم. هر روز و تمام روز در دستان من بود. اگر در فیسبوک پاسخی دریافت نمی‌کردم، از سیستم خارج می‌شدم و دوباره وارد می‌شدم با این تصوّر که شاید مشکلی پیش آمده، یا اینکه سیستم کلاً از کار افتاده باشد. دچار وسواس شده بودم.

زمان جلسهٔ بعدی دادگاهم بسرعت نزدیک می‌شد؛ تنها چهار روز دیگر باقی مانده بود. تا اینجای کار، دو سال آزگار از این تجربهٔ سخت دادگاه گذشته بود. دو سالِ سراسر عذاب، تمسخر و زجرِ ناشی از عدم اجازه و ناتوانی برای دفاع از خودم.

بعد از ارسال عکس پرسنلی‌ام، دیگر از آقای نوریان خبری نشده بود؛ بنابراین پیام دیگری برایشان فرستادم و خواهش کردم که در صورت امکان خودشان در جلسهٔ بعدی دادگاهم حضور داشته باشند. زمانی که نهایتاً پاسخ داد، گفت که در حال انجام مقدمات لازم برای فرستادن شخص دیگری از طرف کنسولگری است. همچنین اطلاع داد که بسختی در تلاشند تا بتوانند پاسپورتم را به موقع برای جلسه دادگاه آماده کنند. دوست داشتم که پیامهای دیگری برایش ارسال کنم، اما باید خودم را کنترل می‌کردم. نگران آن بودم که ممکن است او از پیامهای مکرر من خسته و نهایتاً از پیشنهاد کمکش پشیمان شود. بنابراین، فقط با یک کلمه پاسخ دادم: «متشکرم.»

هر وقت که از او خبری نداشتم، حتی برای چند ساعت؛ نگران می‌شدم که نکند آنها مرا فراموش کرده باشند. تا آن زمان، تجربه‌های بسیار بد و ناامید کننده‌ای با افراد و

سازمان‌های گوناگون از جمله سفارت انگلستان داشتم. دو سال تلاش کرده بودم تا آنها را قانع کنم که به من کمک کنند. از طریق ارسال نامه‌های متعدد، ایمیل و حتی تماس‌های تلفنی از آنها درخواست کمک کرده بودم. اما تنها جوابی که آنها به من داده بودند؛ «نه» بود. آنها همیشه می‌گفتند که در مورد من هیچ کاری از دستشان بر نمی‌آید و اینکه اجازه ندارند در سیستم قضایی کشور دیگری دخالت کنند؛ حتی اگر شهروندانشان به ناحق متهم شده باشند. نگرانی من این بود که نکند ایران هم همین سیاست را در پیش بگیرد. منی که بیشتر عمرم را در انگلستان گذرانده بودم - آنجا به مدرسه رفته بودم، آنجا کار کرده بودم و درس خوانده بودم و همه مدارک شناسایی‌ام انگلیسی بودند - با اینحال آنها نتوانستند به من کمک کنند. حالا چطور ممکن بود کشوری که من فقط در آن متولد شده بودم و زمان بسیار کمی را در آن زندگی کرده بودم و اطلاعات کمی هم درباره آن داشتم؛ بخواهد برای من کاری انجام دهد؟ به نظرم خیلی دور از ذهن بود. اینها همه افکاری بودند که هر زمان آقای نوریان دیر پاسخ می‌داد مدام در ذهنم می‌گذشت.

در نوبت بعدی که از او پیامی گرفتم، به من اطلاع داد که هیچ یک از کارمندان کنسولگری نمی‌توانند به جلسهٔ دادگاه من بیایند. ظاهراً دو کارمند اصلی مجبور بودند به ایران برگردند و بقیهٔ کارمندان هم به اندازهٔ کافی مسلط به زبان انگلیسی نبودند. کاملاً دلسرد شدم، گویی بار دیگر در دریایی از ناامیدی غرق شدم.

امّا آقای نوریان در ادامه گفت: «ولی نگران نباش. قرار است که خودم بیایم.»

اشک‌های روی گونه‌هایم را پاک کردم، نفس عمیقی کشیدم و پرسیدم: «واقعاً؟ لطفاً به من بگین که آیا واقعاً شما می‌آیید؟» چیزی که می‌شنیدم را باور نمی‌کردم. او سرکنسول بود و در عین حال قرار بود که خودش بیاید؟

او گفت: «بله به شما قول می‌دهم - من آنجا خواهم بود.» چند ساعت بعد او اطلاعات پروازش را برایم فرستاد و خبر داد که یک وکیل ایرانی نیز او را همراهی خواهد کرد.

ناگهان حس کردم که در یک حفاظ امنی قرار گرفته‌ام - باوجودی که زندگی‌ام در خطر بود، ولی حالا، حداقل کسی حاضر شده بود که به صحبت‌های من گوش دهد و به من کمک کند. من دیگر در بیان داستانم تنها نبودم. همان شب، چمدان‌هایم را بستم تا به رایاگادا برگردم. فکر دیدن بچه‌ها برای من انرژی تازه‌ای به ارمغان آورد. داشتم به خانه‌ای که برای بچه‌ها ساخته بودم برمی‌گشتم و دیگر نمی‌ترسیدم. این اولین بار در طی دو سال گذشته بود که برای جلسهٔ بعدی دادگاهم هیجان زده بودم.

به رایاگادا رسیدم، سپس یک ساعت دیگر به سمت موکونداپور، روستایی که من آن را خانهٔ خود می‌نامیدم، ادامه دادم. بلافاصله با بچه‌ها نشستم و به آنها گفتم که قرار است

چند نفر از ایران به دیدن ما بیایند و به من کمک کنند. من قبلاً داستان‌هایی درباره ایران برای بچه‌ها تعریف کرده بودم؛ حتی به آنها یاد داده بودم که چگونه چند جمله به زبان فارسی صحبت کنند. بنابراین آنها می‌دانستند که زادگاه من کجاست. بچه‌ها پرسیدند آیا افرادی که برای کمک می‌آیند می‌توانند همه چیز را به حالت عادی برگردانند بطوریکه من برای همیشه با آنها بمانم؟ نمی‌دانستم که چه جوابی باید بدهم. خیلی سعی کردم که گریه‌هایم بی‌صدا باشد، آنها نابینا بودند و اشکهایم را نمی‌دیدند. اما با اینحال یکی از دخترانم با شهودی باورنکردنی از من پرسید: «مامی داری گریه می کنی؟»

گفتم: «از اینکه دوباره همهٔ شما را می‌بینم خوشحالم؛ همین» و حرف دیگری نزدم. در اعماق وجودم این موضوع را می‌دانستم که در هر صورت، اوضاع به حالت قبل برنمی‌گردد و قرار است که همهٔ ما به زودی از هم جدا شویم؛ اما نمی‌توانستم به آنها بگویم. گفتنش بیش از حد دردناک بود. پس در عوض همانجا نشستیم و در سکوت یکدیگر را در آغوش گرفتیم.

آن شب منتظر ماندم تا همهٔ بچه‌ها بخوابند تا سپس بتوانم به عمویم در ایران زنگ بزنم. او تنها کسی بود که هنوز در ایران با او در ارتباط بودم، همان عمویی که چند سال قبل یک کپی ناخوانا از شناسنامه‌ام را برایم فرستاده بود. به پشت بام رفتم - به دورترین نقطه از جایی که بچه‌ها خوابیده بودند - و به او زنگ زدم. به عمویم گفتم که فردا صبح قرار است عده‌ایی از کنسولگری ایران برای ملاقات من به روستای ما بیایند. از او راجع به اینکه بهتر است چه چیزی بپوشم پرسیدم. نمی‌دانستم آیا باید شال سر کنم یا نه، نگران تاثیر هر کدام از این دو تصمیم بودم.

عمو پیشنهاد داد که بروم و یک شال مشکی و یک تاپ آستین بلند مشکی بخرم. همچنین به من گفت که باید مراقب باشم و بطور کامل به آنها اعتماد نکنم. در انتها، من قصهٔ کپی شناسنامه را برایش تعریف و از ارسالش، قدردانی بسیار کردم. او برایم آرزوی موفقیت کرد و از من خواست که او را در جریان بگذارم. صبح روز بعد به نزدیکترین بازار محلی رفتم و یک شال و بلندترین تاپ مشکی موجود را خریداری کردم.

آقای نوریان پشت تلفن آدم خیلی خوبی به نظر می‌رسید. اما حقیقت این بود که من واقعاً نمی‌دانستم او چه جور آدمی است. مدام جملاتی مثل «انشاءالله»، «الحمدلله» و «توکل به خدا» می‌گفت که باعث می‌شد فکر کنم او آدم فوق‌العاده مذهبی باشد. بنابراین، مطمئن نبودم که آیا کنسولگریِ ایران نیز از من همین انتظار را دارد یا خیر. حتی به این هم فکر کرده بودم که شاید اصلاً آنها قصد و نیت پنهان دیگری داشته باشند یا حتی در صدد آسیب رساندن به من یا استفاده از من بعنوان طعمه یا ابزار سیاسی باشند.

مدتی بعد، پیام دیگری در فیسبوک از آقای نوریان دریافت کردم که خبر داد هواپیمای آنها از حیدرآباد به ویشاخاپاتنام رسیده است. اکنون آنها مجبور بودند که بقیه مسیر را با

ماشین طی کنند. تا به منطقه ما برسند، هنوز پنج ساعت سفر زمینی دیگر، که از میان کوه‌ها و روستاهای زیادی می‌گذشت، در پیش داشتند. آنها هرچه جلوتر می‌آمدند، بیشتر متوجه می‌شدند که منطقه‌ای که من در آن زندگی می‌کنم چقدر دورافتاده و منزوی است؛ که البته نگران کننده هم بود چون شاید همین مطلب، آنها را می‌ترساند. با همین فکر بود که ترجیح دادم به جای اینکه آنها در ابتدا برای دیدن خانه و بچه‌ها به موکونداپور بیایند، آنها را در هتلی که در رایاگادا رزرو کرده بودند ملاقات کنم.

شال و پیراهنم را پوشیدم و به سمت هتل رایاگادا حرکت کردم. وقتی که به هتل رسیدم، هنوز چند ساعت دیگر تا رسیدن آنها باقی مانده بود. آن چند ساعت مثل یک عمر گذشت و من در تمام آن مدت در فضای سبز هتل این طرف و آن طرف قدم می‌زدم و دعا می‌خواندم و گریه می‌کردم. غرق در احساسات شده بودم. مدام در آینهٔ سرویس بهداشتی هتل، به خودم که سر تا پا با لباس جدیدی که خریده بودم پوشیده شده بود، خیره می‌شدم و با خودم فکر می‌کردم، *من کی هستم؟ دارم چکار می‌کنم؟ آیا این کار درستی است که انجام می‌دهم؟ آیا من واقعاً در شرف دیدار با مقامات دولتی ایران هستم؟*

به زودی از آقای نوریان پیغامی دریافت کردم مبنی بر اینکه وارد رایاگادا شده‌اند. ناگهان احساس پشیمانی عمیقی وجودم را فرا گرفت. پیش خودم فکر کردم، *چرا من باید اینقدر خجالت بکشم از این که محل زندگیم را به آنها نشان بدهم؟* و سپس با عجله از هتل بیرون رفتم و برای او پیامی فرستادم با این مضمون : «لطفاً به موکونداپور بیایید. برنامه تغییر کرد. من شما را آنجا ملاقات خواهم کرد.» شاید می‌خواستم امتحانشان کنم و ببینم که آیا آنها بعد از دیدن شرایط واقعی هنوز هم مایل هستند که به من کمک کنند؛ یا احساس می‌کنند که وضعیت بسیار پیچیده است، و تصمیم می‌گیرند که برگردند. در هر صورت من نمی‌خواستم وانمود کنم که زندگی من طور دیگری است.

از هتل یک توک‌توک گرفتم و از راننده خواستم که مرا به خانه ببرد. همه در رایاگادا مرا می‌شناختند. من تنها خارجی آن منطقه بودم، بنابراین همه می‌دانستند که منظور من از «خانه» چیست. همانطور که در حال حرکت بودیم، مدام به اطراف جاده نگاه می‌کردم تا ببینم آیا می‌توانم آقای نوریان و تیمش را ببینم. می‌دانستم که آنها هم به رایاگادا رسیده‌اند، پس شاید در جادهٔ موکونداپور همدیگر را می‌دیدیم.

به خانه رسیدم، رفتم داخل و از بچه‌ها خواستم که همگی به درب ورودی اصلی بیایند. به آنها گفتم: «مهمانان ما دارند می‌رسند.» همه از اتاق‌هایشان بیرون آمدند و دور هم جمع شدیم و در قسمت ورودی خانه‌مان منتظر نشستیم.

چند دقیقه بعد، بالاخره آنها را از قسمت ورودی ساختمان دیدم: سه ماشین سیاه‌رنگ و گران‌قیمت با شیشه‌های دودی به سمت خانه ما که لابلای درختان و بوته‌های متراکم جنگل قرار داشت، در حال حرکت بودند. درست جلوی درب ورودی توقف کردند. شکی

نداشتم که این اولیّن بار در تاریخ موکنداپور بود که چنین خودروهایی به آنجا می‌آمدند.

سرنشینان خودروی اول و دوم به سرعت بیرون آمدند. آنها افسران مسلح پلیس بودند و در ابتدا کمی من را ترساندند. سپس سرنشینان ماشین سوم بیرون آمدند. بین آنها مرد خوش لباسی را دیدم حدوداً چهل ساله که کت‌شلوار پوشیده بود، همراه با خانمی که روسری به سر داشت. ظاهر خانم کاملاً مرا غافلگیر کرد، زیرا او کفش‌های پاشنه بلند و رژ لب قرمز روشن داشت. نمی‌دانم چرا، اما وقتی که او را دیدم، احساس آرامش کردم. انتظار دیدن چنین خانمي را نداشتم. انتظار دیدن خانمی مذهبی را داشتم که سر تا پا سیاه پوشیده - که کاملاً منطبق با کلیشه زنان شاغل دولتی ایران بود. وقتی او را دیدم، شال روی سرم را شل کردم که باعث شد احساس راحتی بیشتری کنم.

سپس نگاه دوباره‌ای به مرد انداختم و با خودم گفتم، *آیا ایشان آقای نوریان است؟* همانطور که با گام‌های بلند و استوارش به سمت ما می‌آمد، بسیار با جذبه و با اعتماد به نفس به نظر می‌رسید. هنگامی که آنها به ما نزدیک می‌شدند قلبم به تندی می‌تپید و گویی گذشت زمان هم کند شده بود، تقریباً مانند صحنه‌ای از یک فیلم سینمایی بود. به محض اینکه صدای آقای نوریان را شنیدم که نامم را صدا زد با عجله از پله‌ها پایین رفتم و به سمت آنها دویدم.

آقای نوریان

فصل ۳

گذرنامۀ ایرانی

چند قدمی آقای نوریان ایستادم و مستقیم به چشمانش نگاه کردم و گفتم که چقدر از دیدنش خوشحال هستم. می‌دانستم که بیش از حدّ خیره شده‌ام، اما واقعاً باورم نمی‌شد صحنه‌ایی که می‌بینم واقعی است.

با تبسمی که بر لب داشت به فارسی گفت: «سلام نرگس خانم، حالتون چطوره؟»

با خودم فکر کردم، *حالم چطوره؟ این چه حرفی است؟ آیا او واقعاً فکر می‌کند که من چیزی جز احساس بدبختی مطلق دارم؟* سپس حرفی زد که من هرگز فراموش نکردم. در حالی که هنوز لبخند بر لب داشت، به من گفت: «من نمی‌خواهم شما را شکست خورده ببینند. سرتان را بالا بگیرید، اعتماد به نفس داشته باشید و لبخند بزنید.» و این‌ها را جدی و با اعتماد به نفس بسیار بالایی می‌گفت.

البته واقعاً حق با او بود. به اطراف که نگاه کردم متوجه شدم پلیس‌ها دارند مستقیم به من نگاه می‌کنند. بنابراین، من هم بلافاصله لبخند زدم - نه یک لبخند ساختگی، بلکه یک لبخند کاملاً واقعی، زیرا آقای نوریان همین حالا هم با قابلیت‌های زیادش من را بسیار تحت تأثیر قرار داده بود.

او داخل خانه نیامد. در عوض از من خواست که سوار ماشین شوم تا بتوانیم باهم به هتل رایاگادا برگردیم. او توضیح داد که بهتر است ابتدا در هتل صحبت کنیم و صبح روز بعد به اینجا برگردیم. نمی‌خواستم با او بحث کنم، بنابراین بسرعت سوار یکی از

ماشین‌ها شدم.

در مسیر رفتن بسمت هتل، او شروع به تعریف کرد و گفت که چگونه پروندهٔ من در ایران خبرساز شده است.

از او پرسیدم: «اما چرا؟» من بیشتر عمرم را خارج از ایران زندگی کرده بودم. هیچ ارتباطی هم با ایران نداشتم بجز صحبت تلفنی گاهگاهی با عموهایم. این حجم از توجه برایم اصلاً قابل درک نبود.

او توضیح داد که یک استاد معروف اقتصاد از پروندهٔ من مطلع شده و مقاله‌ای را در مورد من نوشته است. سپس این مقاله به طور گسترده‌ایی به اشتراک گذاشته شده است. از او پرسیدم: «منظورتان دکتر رنانی است؟» در روزهای اخیر در مورد او شنیده بودم و در مورد مقالهٔ مورد اشاره هم اطلاع داشتم، اما هیچ خبر نداشتم که چنین تأثیر وسیعی گذاشته است. پس شاید به همین دلیل بود که دادخواست آنلاین من در حال حاضر روزانه هزاران امضای جدید دریافت می‌کرد.

زمانی که من و برادرانم هنوز خیلی کوچک بودیم، دکتر رنانی؛ در دانشگاه اصفهان همکار پدرم بود. این مربوط به قبل از زمانی بود که ما ایران را ترک و به انگلستان نقل مکان کنیم. حدس می‌زنم که آنها دوستان نزدیکی بوده‌اند، اما تا قبل از این، چیز زیادی در مورد ایشان نشنیده بودم. آقای نوریان توضیح داد که این مقاله به دست آقای انصاری (سفیر ایران در هند) رسیده و ایشان به نزدیکترین کنسولگری محل اقامت من، که حیدرآباد بوده است دستور داده که ببینند چه کاری می‌توانند انجام دهند. بعد آقای نوریان با همان لبخند روی صورتش گفت: «برای همینه که من الآن اینجا در خدمت شما هستم نرگس خانم!» سپس از من پرسید که آیا مقاله را خوانده‌ام یا خیر. به او گفتم که بله خوانده‌ام. حدس می‌زنم این اولین دروغی بود که به او گفتم، زیرا حقیقت این بود که نخوانده بودم – نه به این دلیل که نمی‌خواستم، بلکه به این دلیل که نمی‌توانستم فارسی را درست بخوانم. خیلی خجالت می‌کشیدم که این را بگویم.

به هتل رسیدیم. من و آقای نوریان در قسمت لابی هتل نشستیم و وکیل ایرانی مشغول انجام کارهای پذیرش هتل شد. بیشتر افسران پلیس محافظ در لابی و نواحی اطراف ایستاده بودند، اما تعدادی از آنها نیز در چند قدمی ما بودند. شاید به این دلیل که بتوانند به گفتگوهای ما گوش دهند. آنها قاعدتاً نمی‌توانستند متوجه صحبتهای ما شوند، زیرا ما به زبان فارسی صحبت می‌کردیم؛ ولی با این حال به نظر می‌رسید که تلاش خود را می‌کنند.

وقتی که نشستیم و شروع کردیم به صحبت، من ناگهان زدم زیر گریه. گویی همهٔ آن چیزهایی که طی مدتها در درونم جمع شده بود به یکباره بیرون زد. آقای نوریان

نگاهی به خانم کیانی (وکیل ایرانی) کرد و به زبان فارسی و به آهستگی به او گفت که مرا به اتاقش ببرد. من می‌دانستم که او از من می‌خواهد که در مقابل آدمهایی که سال‌ها باعث درد و رنجم شده‌اند قوی باشم و شکست‌خورده به نظر نرسم، اما واقعاً دیگر نمی‌توانستم جلوی خودم را بگیرم. من هم به هیچ وجه نمی‌خواستم که باعث خوشحالی آنها شوم، ولی با این حال قوی ماندن برایم سخت بود. داخل اتاق رفتیم و خانم کیانی در سکوت کامل مرا بغل کرد. چند دقیقه‌ای در آغوشش گریه کردم و او اشک‌هایم را پاک کرد و شروع به نوازش موهایم کرد و به من گفت که آرام باشم.

او گفت: «از این به بعد همه چیز درست خواهد شد.»

او مدام به من یادآوری می‌کرد که این اتفاق بسیار مهمی است که سرکنسول جمهوری اسلامی ایران خودش برای رسیدگی به کار من به اینجا آمده است. «عالیجناب هرگز خودشان جایی نمی‌روند. دیگران را بعنوان نماینده می‌فرستند. اما برای شما خودشان آمده‌اند نرگس جان. این باید به شما بفهماند که برای ما بسیار عزیز هستی.»

عالیجناب؟ وقتی پیش خودم به این کلمه فکر کردم باعث خنده‌ام شد، اما چیزی بروز ندادم. فعلاً چیزهای خیلی زیادی بود که باید می‌فهمیدم و فرصت اینکه بدانم چرا او را عالیجناب صدا می‌کنند، نبود.

چند دقیقهٔ دیگر هم در اتاق ماندیم. سپس بلند شدم، صورتم را شستم و با روحیه‌ایی شاداب برگشتیم بیرون. آقای نوریان داخل اتاقش رفته بود، اما با شنیدن باز شدن درب اتاق ما از آن طرف راهرو، او نیز درب اتاقش را باز کرد و رو به من کرد و گفت که هدیه‌ایی برایم دارد. تعجب کردم؛ چه *چیزی می‌توانست باشد*؟ سپس درست جلوی افسران مسلحی که بیرون اتاقش ایستاده بودند یک جعبه شیرینی ایرانی به من داد؛ گز و مقداری کلوچه.

او گفت: «گز مال استان خودمان است» با خودم فکر کردم: خود*مان*؟ بعد اضافه کرد: «من اهل منطقه‌ایی از ایران هستم که به محل تولد شما خیلی نزدیک است. اسمش بادرود است.»

گفتم: «آیا معنی‌اش این است که ما باهم همسایه هستیم؟» به نظرم می‌رسید که او از اینکه ما هر دو از یک استان هستیم، احساس غرور می‌کند. راستش من هم از این بابت خوشحال بودم. شاید این باعث می‌شد که او در آینده هم به همین منوال برای کمک به من، بسیار بیشتر از حد معمول تلاش کند.

به کلوچه‌ها نگاهی کردم و غرق نوستالژی شدم؛ پدرم در دوران کودکی‌ام همیشه از آنها برایم می‌خرید. گفتم: «دست شما درد نکنه.»

ادامه داد: «گز چطور؟ گز دوست ندارید؟ جعبه گز را هم باز کنید.»

فکر کردم، عجب حرف عجیبی می‌زنه. در حالی که سه نگهبان مسلح در راهرو بیرون از اتاقش مستقیماً داشتند به من نگاه می‌کردند، او از من می‌خواست که جعبه گز را باز کنم؟ اول کمی جاخوردم ولی بعد جعبه گز را هم باز کردم. در حالی که می‌خواستم از او تشکر کنم، ناگهان چیزی بین گزها دیدم که توجهم را به خود جلب کرد - به نظر یک گذرنامه بود! او آن را زیر گزها پنهان کرده بود.

سریع درب جعبه را بستم و بسرعت وارد اتاقش شدم. گذرنامه را در دستانم گرفتم و به آن خیره شدم؛ نمی‌توانستم چیزی را که در دستانم می‌بینم باور کنم.

گفت: «بازش کنید!»

صفحه اول گذرنامه را باز کردم و دیدم که عکسم آنجاست. همان عکسی که در خانه‌ام در بوبانشوار گرفته بودم داشت مستقیم به من نگاه می‌کرد و اکنون روی گذرنامه جدید ایرانی‌ام بود. نمی‌دانستم بخندم یا گریه کنم. خیلی دلم می‌خواست که از شدت خوشحالی بغلش کنم اما باید خودم را کنترل می‌کردم. هر چه که بود بالاخره او یک دیپلمات جمهوری اسلامی بود.

در آن لحظه بود که احساس کردم واقعاً ایرانی هستم. احساس کردم اکنون حقوقی دارم و این گذرنامه همان چیزی است که می‌تواند به من کمک کند تا آزادی‌ام را به دست بیاورم. آنچنان خوشحال و احساساتی بودم که بارها و بارها فقط از او تشکر کردم.

به یاد شبی افتادم که پدرم به خانه آمد و من، مهدی (برادر بزرگم) و مادرم را نشاند و به ما گفت که خبر خوبی برایمان دارد. من آن زمان خیلی کوچک بودم، شاید ۶ یا ۷ ساله. او با هیجان زیادی که در صدایش داشت گفت: «از امروز همهٔ شما بریتانیایی هستید. گذرنامه بریتانیایی شما دست منه.» آنها را بالا نگه داشت و اشک‌هایش را پاک کرد و گفت: «اینها به شما آزادی می‌دهند که هر زمان که بخواهید به هر نقطهٔ دنیا سفر کنید.» آن زمان من متوجه نشدم. پیش خودم فکر می‌کردم، مگر من تا بحال بریتانیایی نبودم؟ حالا، بیست سال بعد از آن شب، گذرنامهٔ دیگری در دست گرفته بودم؛ یک گذرنامهٔ ایرانی، و احساس می‌کردم که پدرم در آن اتاق همراه من است. گویا یک بار دیگر در کنارم بود و در گوشم زمزمه می‌کرد: «حالا این گذرنامه به تو آزادی می‌دهد...»

آن شب، با وکیل محلی‌ام (وکیل تسخیری که برای من انتخاب شده بود) جلسه‌ای گذاشتیم. دادگاه منطقهٔ رایاگادا حق انتخاب وکیل را به من نداده بود. می‌دانستم که او طرف من نیست، اما سال‌ها بود که اجازه نداشتم راجع به آن چیزی بگویم.

راستش از او متنفر بودم. همیشه پوزخند زشتی روی صورتش بود و هر بار که سؤال جدّی از او می‌پرسیدم فقط می‌خندید. او به من احساس بی‌کفایتی می‌داد. دائماً احساس می‌کردم که توسط او قضاوت می‌شوم. دانستن اینکه او فقط وکیل ظاهری من است

برایم بسیار عذاب آور بود. در آن جلسه وکیل ایرانی از او سوالاتی پرسید و برای اولین بار دیدم که عصبی شد. کلماتش را قاطی کرد و مرتب عرق روی پیشانی‌اش را پاک می‌کرد.

او مدام وسط جملاتش فراموش می‌کرد که چه می‌خواست بگوید و از پاسخ به سؤالات هم اجتناب می‌کرد. در مقطعی خانم کیانی از او پرسید آخر چطور ممکن است که او را بدون هیچ مدرکی به قتل متهم کرده باشند؟ او هیچ جوابی نداشت. و بدتر اینکه، او اصلاً آمادگی دفاع از من را نداشت. او برای دفاع از من هیچ سند و مدرک درست و حسابی جمع‌آوری نکرده بود، اسنادش بسیار به هم ریخته بودند و کاملاً مشخص بود که پول گرفته تا پرونده من را مخدوش کند.

در گذشته، هر بار که می‌خواستم در مورد جلسات آینده دادگاهم با او صحبت کنم، می‌گفت که سرش شلوغ است. من حداقل هفته‌ای یک بار به خانه‌اش می‌رفتم و التماس می‌کردم که با او صحبت کنم. همسرش گاهی مرا به دفترش که در محوطهٔ خانه‌اشان بود، راه می‌داد و چند لحظهٔ بعد او با چهره‌ای پر از خشم می‌آمد و از من درخواست می‌کرد که آنجا را ترک کنم. می‌دانستم که همسرش برای من دلسوزی می‌کند، اما در عین حال حس می‌کردم که او از شوهرش خیلی می‌ترسد. وکیل همیشه به من می‌گفت: «چرا اینقدر بزرگش می‌کنی؟ آنها تو را محکوم نخواهند کرد. آنها چیزی از تو ندارند!» حدس می‌زنم که او فقط می‌خواست که من از آنجا بروم. متوجه شده بودم که من باعث عصبانیتش می‌شوم، اما اهمیّتی نمی‌دادم. او عادت نداشت که زنی در مقابلش بایستد.

در تمام جلساتی که در سال‌های قبل داشتم، هرگز اجازه صحبت در دادگاه را پیدا نکرده بودم. آنها شاهدانی را که قبلاً ندیده بودم می‌آوردند و در حالی که از من می‌خواستند که ساکت باشم، علیه من شهادت می‌دادند. وقتی هم که زمان آن می‌شد که وکیلم در دفاع از من صحبت کند، او چند کلمه بیشتر نمی‌گفت. او حتی نمی‌گفت که این شاهدان دروغ می‌گویند یا اصلاً من را نمی‌شناسند. او آرام آرام و بتدریج در حال دفن من در باتلاق بسیار بزرگی بود. اما حالا من امیدوار بودم که این بار، در جلسهٔ روز بعد دادگاه، اوضاع متفاوت باشد.

در پایان جلسه، به آقای پرادیپ (وکیلم) گفتم که در دادگاه فردا، آقای نوریان و خانم کیانی نیز حضور خواهند داشت. دیدم که فوراً صورتش رنگ باخت و سفید شد. بعد سعی کرد آنها را متقاعد کند که نیایند. در واقع او داشت عملاً به آنها التماس می‌کرد. اما آقای نوریان با لبخندی که بر لب داشت به سادگی به او گفت: «جناب وکیل، فردا صبح می‌بینیمتون». این بار هم اعتماد به نفس او مرا بسیار تحت تأثیر قرار داد.

بعد از جلسه به خانه‌ام در موکونداپور رفتم و یکراست به سمت فرزندانم دویدم و تک تک آنها را در آغوش گرفتم. بعضی‌ها خواب بودند و یادم می‌آید که به آرامی پیشانی‌شان

را بوسیدم. آن شب، احساس کردم در دنیایی کاملاً متفاوت هستم، در چنان خلسهٔ شادی‌بخش عمیقی غرق بودم که قبلاً هرگز تجربه نکرده بودم. برای اولین بار احساس کردم که قرار است برنده شوم و بتوانم در کنار بچه‌ها بمانم.

آن شب نتوانستم بخوابم. بعد از اینکه بچه‌ها همه بخواب رفتند، من تا ساعات اولیهٔ صبح روی پشت‌بام نشستم و به ستاره‌ها خیره شدم و سعی کردم که بفهمم آیا خدا واقعاً مرا می‌بیند یا خیر. سال‌ها بود که حضورش را حس نکرده بودم، اما آن شب، احساس کردم بالاخره دارد گوش می‌دهد.

هوا داشت بتدریج روشن می‌شد. باور نمی‌کردم که زمان به این سرعت گذشته باشد، اما روشنایی روز هویدا شده بود. لباس‌های روز بعدم را که همان شب شسته بودم، هنوز خیس بودند. تا خشک شدن کامل آنها باید کمی بیشتر صبر می‌کردم، بنابراین به طبقه پایین نزد بچه‌ها رفتم. آنها یکی‌یکی و کم‌کم از خواب بیدار می‌شدند.

بچه‌ها شروع به انجام کارهای روزمره صبحگاهی خود کردند – حمام کردن، مسواک زدن، شانه کردن موهایشان، شوخی کردن و کمک به یکدیگر. بیش از هفت سال طول کشیده بود تا بتوانم به آنها کمک کنم تا نظم و ساختاری را در زندگی‌شان پیاده کنند. وقتی که از دور به این صحنه‌ها می‌نگریستم، از دیدن چیزی که در ساختنش کمک کرده بودم، احساس غرور کردم. همهٔ کارها را خودشان انجام می‌دادند.

ناگهان به نظرم رسید که آنها دیگر به من نیازی ندارند.

این فکر به شدت دردناک بود. با خود اندیشیدم، *آیا واقعاً ممکن است که آنها دیگر به من نیازی نداشته باشند؟ آیا وقت آن رسیده است که آنها را ترک کنم؟*

همه دور هم صبحانه خوردیم، و من از لحظه‌لحظهٔ آن لذت بسیار بردم. خیلی وقت بود که چنین به دقت به اطرافم نگاه نکرده بودم. صحنه‌های اطرافم زیبا، شفاف و روشن بودند. گوش دادن به صداهای بچگانهٔ آنها، دیدن آنها در حال برداشتن روتی (نوعی نان محلی)، صدای دستانشان هنگام تلاش برای برداشتن غذا، خنده و شادی‌اشان – همه و همه برایم بسیار زیبا بودند. برای من حضور آنهمه شور زندگی و امید بسیار تکان دهنده بود. در گذشته، این لحظات خوشایند بی‌مانند را کاملاً بدیهی و کم ارزش می‌پنداشتم، اما در آن لحظهٔ بخصوص بود که متوجه شدم واقعاً چه چیزی خلق شده و اینکه چه تأثیرات مثبت طولانی مدتی در زندگی آنها خواهد داشت. آنها به نظر راضی و خوشحال بودند و این تمام آن چیزی بود که برای من مهّم بود.

ناگهان شنیدم که ظاهراً کسانی از بیرون صدایم می‌زنند. به سرعت از خلسهٔ خوشایندی که در آن بودم خارج شدم. ابتدا فکر کردم شاید توهّم باشد، اما بعد متوجه شدم که بچه‌ها هم می‌پرسند: «کی بود؟» به نظر می‌رسید که آنها هم صداها را شنیده

بودند. از روی صندلی‌ام بلند شدم و از همهٔ بچه‌ها خواستم که همان جا بمانند و به خوردن صبحانه ادامه دهند. بعد خودم دویدم بسمت بیرون.

بیرون خانه چندین خبرنگار را دیدم که دوربین‌هایشان را مستقیماً به سمت من نشانه رفته بودند. همهٔ آنها با هم فریاد می‌زدند: «آیا درست است که دولت ایران به رایاگادا آمده است؟» انبوهی از مردم عادی هم در حال نزدیک شدن به خانهٔ ما بودند. با اینکه از بچه‌ها خواسته بودم داخل بمانند، ولی برخی از بزرگترها (که بینایی مختصری داشتند) دزدکی از لای در نگاه می‌کردند و حتی برخی شروع کردند به خارج شدن از خانه. در حالی که بسختی تلاش می‌کردم تا بچه‌ها را به داخل خانه هدایت کنم، خبرنگاران از فاصله نزدیک از ما عکس می‌گرفتند.

خیلی وحشت کرده بودم و شدیداً نگران سلامتی و امنیت بچه‌ها بودم. دیگر نمی‌توانستم آنها را کنترل کنم. خیلی زود، بیشتر بچه‌های بزرگتر بیرون آمدند و فریاد می‌زدند: «مامی ما را رها کنین!» سپس خبرنگاران شروع کردند به پرسیدن سؤالات مختلف از بچه‌ها: «آیا او آن پسر را کشته است؟»؛ «آیا تو آنجا بودی؟»؛ «از کجا می‌دانی که او قاتل نیست؟» وقتی که می‌دیدم بچه‌های بی‌گناهی سعی دارند از من دفاع کنند، واقعاً قلبم شکست. حتی برخی از بچه‌ها شروع کردند به گریه و داد و فریاد بر سر خبرنگاران. آنها چگونه می‌توانستند چنین سؤالات خشن و بیرحمانه‌ای را از این کودکان بی‌گناه و معصوم بپرسند؟

آنها می‌خواستند به من صدمه بزنند و موفق هم شده بودند. به سمت خبرنگاران دویدم و التماس کردم که آنجا را ترک کنند، به آنها گفتم: «بله، هیــأتی از دولت ایران اینجا هستند و در هتل رایاگادا اقامت دارند.» از آنها خواستم که به جای ترساندن بچه‌ها در اینجا، به سمت هتل بروند.

به محض اینکه اطلاعاتی را که دنبالش بودند گرفتند، با عجله سوار ماشین‌ها و موتورهایشان شدند و به سمت رایاگادا حرکت کردند. ناگهان متوجه این حقیقت شدم که فردا، در جلسه دادگاه؛ شرایط بسیار سختی در انتظارم خواهد بود.

۱۸ ▪ آیا واقعا برنده شدم؟

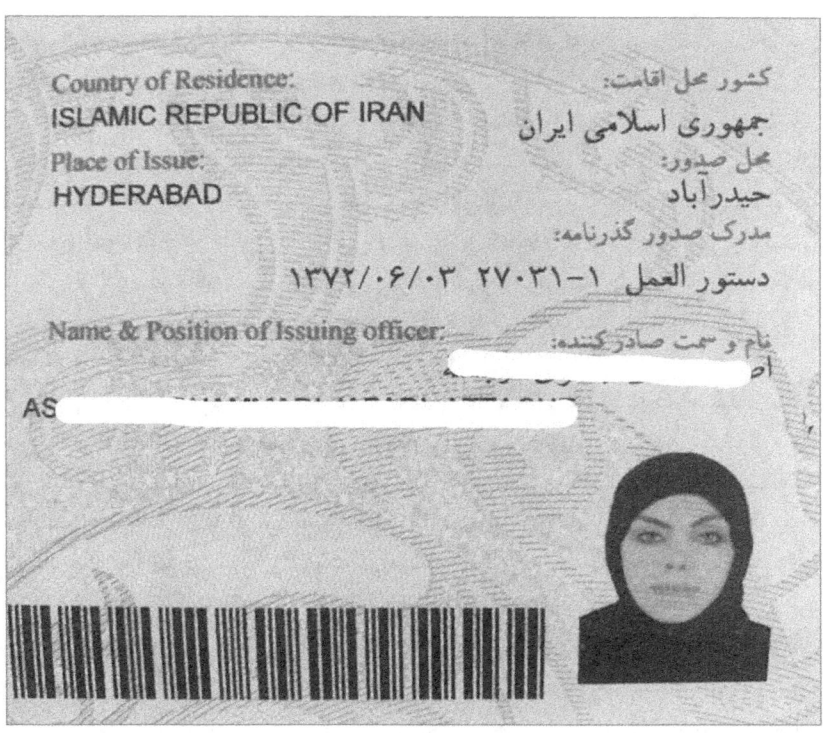

صفحهٔ اول گذرنانه ایرانی من

فصل ۴

فقط صبر کن!

در چشم برهم زدنی صبحانهٔ فوق‌العاده و خوشحالی بیش از حد ما کاملاً از بین رفت و به یک کابوس مطلق تبدیل شد. وقتی به داخل خانه برگشتم، بچه‌ها همگی سعی می‌کردند مرا در آغوش بگیرند و به من دلداری بدهند که همه چیز درست می‌شود. گویی نقش‌ها عوض شده بود - حالا آنها بودند که برای من مادری می‌کردند. من همیشه سعی کرده بودم که از آنها در برابر دنیای بیرون محافظت کنم، اما اکنون تمام چیزهایی که سعی داشتم از آنها پنهان نگاه دارم، به آرامی در حال آشکارشدن بودند - و به نظر می‌رسید که کم‌کم از کنترل من خارج می‌شوند.

در حالی که با دستان کوچکشان دور پاها و نیم تنه‌ام گرد آمده بودند، آنها را تماشا کردم. آنها بسیار پاک و بی‌آلایش بودند و هنوز متوجه خطرات و مفاسد رایاگادا نبودند. ناگهان، انگیزهٔ فوق‌العاده‌ای پیدا کردم تا تمام تلاشم را انجام دهم تا آنها را از این تلاطم و آشفتگی که به زندگی من نفوذ کرده است، محافظت کنم. بدون شک آنها سزاوار چنین آسیبی نبودند. حتی تا آنجا پیش رفتم و با خود اندیشیدم که چنانچه رفتن من از آنجا باعث آرامش مجدد آنها می‌شود، آنها را برای همیشه ترک کنم.

اگرچه لباس‌هایم هنوز هم کاملاً خشک نشده بودند، ولی آنها را از پشت بام آوردم، پوشیدم و سفرم را به هتل رایاگادا آغاز کردم. در بین راه که بودم آقای نوریان تماس گرفت و گفت که مراقب باشم و با کسی وارد بحث نشوم. ظاهراً افراد زیادی بیرون از هتل تجمع کرده بودند.

به هتل رسیدم و دیدم که همان خبرنگارانی که به خانهٔ ما آمده بودند، حالا اطراف هتل پراکنده هستند. برخی را که ساکنان محلی رایاگادا بودند از قبل می‌شناختم، در حالی که برخی دیگر را هرگز ندیده بودم و احتمال می‌دهم که از شهرهای همجوار آمده بودند. تا آن زمان، بیش از ۷ سال بود که من در رایاگادا زندگی کرده بودم. چون شهر کوچکی بود، تقریباً با همهٔ افراد آنجا و با همهٔ روستاهای اطراف از جمله روستای خودمان، موکنداپور؛ آشنا بودم. آن عده از خبرنگارانی که شناختم افرادی بودند که سال‌ها به فرزندانشان زبان انگلیسی یاد داده بودم - امّا آنها به شکل دور از انتظاری در سمت مخالف من قرار گرفتند و فریاد زدند: «آیا تو آن پسرک را کُشتی؟» احساس می‌کردم که همهٔ آنها به من خیانت کردند و من را در این شرایط تنها گذاشتند.

بسیاری از مردم رایاگادا هیچ وقت به درستی درک نکردند که چرا من تصمیم گرفتم به دالیت‌ها (قبیله‌ایی رانده شده در آن منطقه از هند) کمک کنم. بعد از اینهمه سال فعالیت در آن منطقه، تصورم این بود که شاید آنها این مطلب را فراموش کرده باشند. اما زمانی که دادگاهم شروع شد، متوجه شدم که آن عدم علاقه و پشتیبانی آنها هنوز چقدر برجسته و تعیین کننده است. در طول سال‌ها، من تلاش بسیاری کرده بودم که دیدگاه مردم را نسبت به اقلیّت دالیت، به‌ویژه کودکانشان، تغییر دهم. اما هرگز احساس نکرده بودم که پیشرفت چشمگیری داشته‌ام. بچه‌هایی که من با آنها زندگی می‌کردم، علاوه بر اینکه از اقلیّت دالیت بودند؛ معلولیت‌هایی نیز داشتند که در باور مذهبی برخی افراد به این معنا بود که آنها در زندگی قبلی خود حتماً گناهان وحشتناکی مرتکب شده‌اند. آن زمان آنقدر ساده لوح بودم که تصّور می‌کردم می‌توانم این طرز فکر سنتی و عقب‌مانده را تغییر دهم و این اعتقاد من هرگز متزلزل نشد.

گاهی از طرف بچه‌ها، هدایایی می‌خریدم و برای بچه‌های به اصطلاح "عادی" و طبقه بالاتر در موکونداپور و رایاگادا می‌فرستادم به امید آنکه دیدگاهشان را نسبت به دالیت‌ها عوض کنم. اما هیچ کدام از این ترفندها هیچگاه موثر واقع نشدند. بنابراین و در نهایت، پنج مرکز یادگیری مختلف را در رایاگادا راه‌اندازی کردم. در این مراکز، کلاس‌های آموزشی مختلفی (از جمله کلاس‌های انگلیسی) برای بیش از ۳۰۰ کودکی که ثبت‌نام کرده بودند، به صورت رایگان ارایه می‌شد. بسیاری از خبرنگارانی که امروز شناختم، همان پدرانی بودند که به طور مرتب فرزندان خود را به این کلاس‌های آموزشی می‌فرستادند. با وجود اینکه می‌دانستم آن‌ها می‌توانند هزینه‌های تدریس خصوصی فرزندان خود را بپردازند و نیازی به اشغال فضای تدریس برای کودکی که واقعاً نیازمند است را ندارند، اما برای جلوگیری از برهم زدن آرامش محیط و پرهیز از تنش بیشتر، به آنها اجازه ثبت نام داده بودم. گویا هر چه که به کاست (طبقه) بالاتری تعلق داشتند، متوقع‌تر هم بودند.

و حالا بعد از تمام آن خدمت‌ها، آنها آمده بودند اینجا و دوربین‌هایشان را به سمت من نشانه گرفته بودند و از من سؤالاتی می‌پرسیدند که خودشان از قبل پاسخ آنها را می‌دانستند. نمی‌فهمیدم بعد از آن همه کاری که من برای آنها و خانواده‌هایشان انجام داده بودم، چگونه می‌توانستند چنین رفتاری را با من داشته باشند؟ برایم واضح بود که اکنون قضیهٔ دادگاه من به یک موضوع ملی تبدیل شده است - هند در برابر ایران. در واقع تبدیل به غرور ملی هند شده بود.

با عجله وارد هتل شدم و بسرعت از کنار خبرنگاران گذشتم. آنها در صدد تعقیب من بداخل هتل بودند. وقتی به پشت سرم نگاه کردم، دیدم که افسران پلیس مانع ورود آنها می‌شوند. احتمالاً به دستور آقای نوریان بود، گرچه مطمئن هم نبودم. وقتی که وارد اتاق شدم، آقای نوریان، خانم کیانی و آقای پرادیپ همه دور یک میز نشسته بودند. اولین چیزی که آقای پرادیپ گفت این بود: «حالا دیدید! به شما گفته بودم که حضور شما وضعیت را بدتر خواهد کرد.» صدایش می‌لرزید. هیچکس جوابی نداد. آقای نوریان نیم نگاهی به من انداخت و لبخندی زد. راستش را بخواهید، وقتی که دیدم آقای پرادیپ خیلی ترسیده و مضطرب به نظر می‌رسد، احساس کردم که این باید همان کارما باشد. بالاخره او فهمید که این همه سال، چه حسی را در من ایجاد کرده بود.

آقای نوریان از من پرسید که آیا برای رفتن بسمت دادگاه آماده‌ام یا نه و من سرم را به علامت تأیید تکان دادم. بسرعت بلند شد، کت و شلوارش را مرتب کرد و با صدای بلند و پرانرژی گفت: «پس برویم» و بعد همگی خارج شدیم. تعداد خبرنگاران و افرادی که از ما فیلم می‌گرفتند دو برابر شده بود. در میان هرج‌ومرج و شلوغی، آقای نوریان خیلی آرام زمزمه کرد: «نرگس خانم، شما سوار ماشین دیگری نشوید. با ماشین من بیایید، می‌خواهم ببینند که پلیس چاره‌ای جز محافظت از شما ندارد. بد نیست که کمی غرورشان را جریحه‌دار کنیم!» به نظرم رسید که او می‌خواست یک نمایش همبستگی را بین ما و یک دهن کجی بزرگ را به تمام کسانی که ما را تماشا می‌کردند، نشان دهد. ذهن دیپلماتیک او همیشه آمادهٔ به کار بود و این برای من بسیار قابل تحسین بود.

سوار ماشین شدیم و مسیر کوتاه هتل تا دادگاه را طی کردیم. وقتی که به آنجا رسیدیم، خبرنگاران و عکاسان زیادی از قبل منتظر ما بودند. همچنین جمعیت زیادی از مردم هم در آنجا تجمع کرده بودند - افرادی که قبلاً هرگز ندیده بودم - آنها فریاد می‌زدند و ادعا می‌کردند که اعضای خانواده کودک گم شده هستند. کاملاً صحنه‌سازی شده به نظر می‌رسید. این اولین باری نبود که در یکی از جلسات دادگاهم حاضر می‌شدم، اما نمی‌دانم این تعداد اعضای خانواده، ناگهان و بعد از این همه سال از کجا پیدا شده بودند؟

وقتی آقای نوریان از ماشین پیاده شد، حالت تعجب و شوک را در صورتش دیدم. او

مدام به اطراف نگاه می‌کرد و به نظرم داشت دنبال دادگاه می‌گشت، او متوجه نبود که ما درست روبروی آن ایستاده‌ایم. دادگاه رایاگادا شبیه یک آلونک، در وسط یک زمین کشاورزی متروکه بود. همه جا پر از آشغال بود و چند گاو هم به طور عادی در اطراف راه می‌رفتند. این اولین باری بود که می‌دیدم آقای نوریان حرفی برای گفتن ندارد.

چند متر دورتر از من، خبرنگاران داشتند با مردم مصاحبه می‌کردند. سپس ناگهان مادر کودک گم شده ظاهر شد. او آنجا ایستاد و تمام تلاشش را کرد که گریه کند، اما موفق نشد و در حالی که با انگشتش به من اشاره داشت مدام تکرار می‌کرد: «او بچهٔ من را کشته!» من غرق در خجالت و ناراحتی شدم، تنها کاری که کردم این بود که آنجا ایستادم و به او خیره شدم. تمام بدنم شروع به لرزیدن کرد و بغض گلویم را گرفت.

مطمئن نیستم که در آن لحظهٔ بخصوص در درونم چه اتفاقی افتاد. بسیار نزدیک بود که به گریه بیافتم، اما جلوی خودم را گرفتم و به سمتش رفتم. در چند قدمی او ایستادم. بعد مدام از او خواستم که به من نگاه کند، به چشمان من نگاه کند. به زبانِ محلی خودشان (اودیا) مدام به او می‌گفتم: «به من نگاه کن!» می‌خواستم که او مستقیماً به چشمان من نگاه کند و بعد، دروغ‌هایی را که می‌گفت، تکرار کند. اما او نتوانست این کار را انجام دهد. درعوض، به چمن‌ها نگاه می‌کرد، به من اشاره می‌کرد و می‌گفت: «این زن... این زن بچه‌ام را کشته!» ناگهان خانم کیانی پشت سرم ظاهر شد و بازوانم را گرفت. او مرا از آن زن و جمعیت زیادی که اطرافم شکل گرفته بود، دور کرد. من هرگز چشم از او برنداشتم، حتی زمانی که مرا می‌کِشیدند تا بِبرند. با هر کلمه‌ای که او بر زبان می‌آورد، احساس تحقیر و رنج عمیقی می‌کردم. من عصبانی نبودم – فقط احساس درد و غصهٔ بسیار عمیقی داشتم. درد می‌کشیدم چون زمانی این زن را مثل عضوی از خانوادهٔ خودم دوست می‌داشتم.

زمانی بود که ما یکدیگر را دیدی (خواهر) صدا می‌کردیم. سه سالی می‌شد که این زن و شوهر و دو پسرشان با من زندگی می‌کردند. آنها چند سال قبل زمانی که طوفان سهمناکی به روستای موکنداپور برخورد کرد و خانهٔ خشت و گلی آنها را ویران کرد، بی‌خانمان شده بودند. شنیده بودم جایی برای زندگی ندارند و چون خانهٔ آنها خیلی به خانهٔ ما نزدیک بود از آنها دعوت کردم که بیایند و با من و بچه‌ها زندگی کنند. حتی به هر دوی آنها پیشنهاد کار دادم تا احساس نکنند که سربار ما هستند. می‌خواستم با سربلندی زندگی کنند و درآمد داشته باشند. بیشتر از هر کس دیگری در آن منطقه، به آنها دستمزد دادم به این امید که پول خود را پس انداز کنند و بتوانند روزی خانهٔ خود را بازسازی کنند و دوباره مستقل شوند. خودش بر آشپزی نظارت داشت و شوهرش مسئول خرید مواد غذایی خانهٔ ما بود. در ضمن، هر دو پسرِشان هم همیشه با بچه‌هایی که من از آنها مراقبت می‌کردم همبازی می‌شدند. من واقعاً این خانواده را دوست داشتم، بچه‌ها

هم همینطور. به مرور زمان آنها عضوی از خانوادهٔ ما شده بودند.

چند سال قبل از اینکه متهم به قتل شوم، متوجه شده بودم که هر دو خانه‌ای که برای بچه‌ها ساخته بودم (یکی در رایاگادا و دیگری در موکونداپور) در زمین‌هایی ساخته شده‌اند که به من تعلق نداشتند. معلوم شد که اسناد انتقال زمین‌هایی که من از خانوادهٔ رمانجولو گرفته بودم؛ جعلی بودند. من ساده لوحانه به آنها اعتماد کرده بودم. من زیباترین و گران‌ترین خانه‌ها را ساخته بودم، اما در نهایت هیچ یک از آنها به شکل قانونی متعلق به خیریهٔ من نبودند. به بیان ساده، از من کلاهبرداری کرده بودند.

خانوادهٔ رمانجولو (زن و شوهر با نام‌هایِ طلاچین‌طلا و جِینی)؛ که فکر می‌کردم مسیحی‌های محترم و خیّری هستند، تقریباً بلافاصله پس از ساختن خانهٔ اول، مرا از آن خانه بیرون کردند. آنها با تصرّف خانه، جای من را گرفتند و کاری هم از دست من برنیامد. حتی اجازه ندادند که دوباره دختران یتیمم را ببینم. هیچ کسی به من کمک نکرد، حتی پلیس. من خیلی ترسیدم که با خانهٔ دومی که برای فرزندان نابینایم در موکنداپور ساخته بودم هم همین کار را انجام دهند و به دلیل همین ترس، جرأت کردم تا خلافهایی که آنها انجام داده بودند را مجدداً به پلیس گزارش دهم. امّا آنها از ثبت شکایت من سر باز می‌زدند. نهایتاً وقتی که آنها امتناع کردند، تهدیدشان کردم که نزد رسانه‌ها خواهم رفت و آبروی آنها را خواهم بُرد. البته من واقعاً قصد چنین کاری را نداشتم - حتی کسی را در رسانه‌ها نمی‌شناختم - اما این تهدید به نوعی کارگر افتاد. وقتی پلیس حس کرد که من می‌توانم برایشان مشکل‌ساز شوم، افرادی که از من کلاهبرداری کرده بودند را به هفت ماه زندان محکوم کرد. اما از نظر من این حکم برای آنها کافی نبود. و بدتر از همه اینکه، رمانجولوها را مجبور نکردند که زمین‌ها را به من پس بدهند.

روزی که آنها (زن و شوهر) را دستبند می‌زدند من آنجا بودم. درست قبل از اینکه آنها را ببرند، به سمت من برگشتند و گفتند که چقدر احمق هستم که با آنها درگیر شده‌ام. جینی (زن) با چهره‌ای پر از نفرت به من خیره شد و گفت: «فقط صبر کن تا ما بیاییم بیرون. فقط صبر کن!»

فقط صبر کن؟ برای چه چیزی صبر کنم؟ آیا آنها داشتند مرا تهدید می‌کردند؟ با وجود اینکه خانهٔ ما در موکنداپور قانوناً در زمینی متعلق به آنها بود، اما وقتی که آنها به زندان محکوم شدند، من و بچه‌ها به زندگیمان در آنجا ادامه دادیم و به خودم قول دادم که هر اتفاقی هم که بیافتد، دیگر هرگز اجازه ندهم که کسی مرا از آنجا بیرون کند. آنچه را هم که آنها گفتند به عنوان یک تهدید توخالی در نظر گرفتم - به عنوان تلاشی بیهوده برای ترساندنم.

امّا در واقعیت حق با آنها بود و زندگی من به زودی زیر و رو شد. آنها حتی تمام هفت

ماه را هم، در حبس نماندند. فقط سه ماه در زندان بودند و تازه بهترین خدمات ممکن را هم دریافت کردند. بعلاوه، آنها در حرکتی بسیار غیراخلاقی، نوزاد یک کارگر جنسی محلی که من او را می‌شناختم و برای نوزادش اقلام بهداشتی تهیه می‌کردم را با خود به زندان بردند. جینی بدروغ او را نوزاد خود معرفی کرد و ادعا کرد که برای شیردهی و جلوگیری از اضطراب جدایی نوزاد، مجبور است که او را هم همراه ببرد و بعد در مقابل رسانه‌ها با شرور و سنگدل خطاب کردن من، سعی کرد که ترحم افکار عمومی را بخود جلب کند تا شاید زودتر از زندان آزاد شود. متأسفانه این نوزاد تمام آن سه ماه را در زندان سپری کرد و هیچ مقام مسئولی هم به این موضوع رسیدگی نکرد. آن زمان بود که متوجه شدم این افراد بخشی از یک شبکه خلافکار سازمان یافتهٔ بسیار بزرگ هستند. حتی مقامات عالی رتبهٔ رایاگادا نیز بخشی از سازمان آنها بودند و از کارهای خلافی که رمانجولوها تحت عنوان خیریه خود بنام اسیست انجام می‌دادند، سود مالیِ کلانی می‌بردند. جمعیت زیادی از مهاجران مسیحی در رایاگادا وجود داشتند که عمدتاً از کرالا در جنوب هند به اینجا کوچ کرده بودند. آنها برای انجام کارهای خیریه و تشویق مردم به مسیحیت به رایاگادا آمده بودند. هر از گاهی با روستاییان محلی که تغییر دین داده بودند برخورد می‌کردم. تشخیص آنها بسیار آسان بود زیرا آنها نام‌های خود را از نام‌های سنتی اودیا به نام‌هایی مانند متیو یا پل تغییر می‌دادند. زوجی که برای زندگی با من آمده بودند - پدر و مادر پسرک گم شده - نیز از همین دسته بودند و چند سال قبل‌تر به مسیحیت گرویده بودند. آنها هم نامهای خود را به پیتر و سوزی تغییر داده بودند.

به محض اینکه خانوادهٔ رمانجولو از زندان آزاد شدند، به نظرم رسید که به یکباره رفتار همهٔ اطرافیانم با من تغییر کرد. اولین آدمهایی که تغییر کردند پیتر و سوزی بودند که عمیقاً آنها را دوست داشتم. آن‌ها بطور ناگهانی، ساعت‌ها ناپدید می‌شدند و به من هم نمی‌گفتند که کجا می‌روند یا با چه کسی ملاقات می‌کنند.

یک روز که با بچه‌ها رفته بودیم پیک‌نیک، این دو به سمت من آمدند و با آرامش تمام گفتند: «پسرمان گم شده است.» از آنها پرسیدم که آیا به اندازه کافی جستجو کرده‌اند؟ پاسخ مثبت دادند. سپس پرسیدم که آیا با پلیس تماس گرفته‌اند. گفتند: «خیر» از رفتار بسیار عادی و خونسردی آنها فهمیدم که یک چیزی درست نیست، اما هنوز نمی‌توانستم دقیقاً انگشت روی آن بگذارم بنابراین گفتم: «بهتر است با پلیس تماس بگیریم» و بعد در حضور خودشان با پلیس تماس گرفتم و گم شدن پسرک را گزارش کردم.

هفته‌ها گذشت و در این مدت پسرک پیدا نشد. پدر و مادرش بیشتر و بیشتر از من فاصله گرفتند تا اینکه بالاخره از خانه ما نقل مکان کردند و رفتند نزد خانوادهٔ رمانجولو.

زمانیکه رفتند خانهٔ آنها، ناگهان جرقه‌ایی در سرم روشن شد.

بعد از آن بود که همه چیز به سرعت تشدید شد. ابتدا مورد باج‌گیری قرار گرفتم. آنها ده لک روپیه (حدود دوازده هزار دلار) درخواست کردند. گفتند اگر پول را ندهی، می گوییم که تو پسرمان را کشته‌ایی و وقتی که من از پرداخت پول امتناع کردم، دقیقاً همان کاری را که گفته بودند، انجام دادند. از همین جا بود که کل این کابوس و تمام اتهامات قتل شروع شدند. تمام شهر، اعم از پلیس، دادگاه و حتی مردم عادی به نوعی تحت کنترل این شبکهٔ تبهکار بودند. همه در هر سطحی رشوه می‌خواستند، و چون من زیر بار نرفتم و تصمیم گرفتم که مقابله کنم، کل این گرفتاریها شروع شد. من واقعاً با افراد بسیار شروری درگیر شده بودم. حدس می‌زنم که ساختن دو خانهٔ بزرگ در مدت تنها دو سال باعث شد که مردم فکر کنند من پول زیادی دارم - که البته اصلاً اینطور نبود. من برای جمع‌آوری آن پولها سخت کار کرده بودم و هر چه داشتم هم متعلق به بچه‌ها بود. من به طور خاص برای آنها کمک مالی جمع‌آوری کرده بودم. آیا آنها واقعاً فکر می‌کردند که من حاضر خواهم بود در پولی که اختصاصاً برای این بچه‌ها جمع‌آوری شده است، دست ببرم و به آنها رشوه بدهم؟ به هیچ وجه!

بالاخره وارد دادگاه شدم. در یک طرفم آقای نوریان بود و سمت دیگرم خانم کیانی. هر دو از شرایط دادگاه شوکه شده بودند. سگ‌های ولگرد آزادانه رفت و آمد می‌کردند، زیرا اتاق دادگاه درب نداشت و در عوض با یک تکه پارچه پوشانده شده بود. پنجره‌ها میله‌های فلزی داشتند و شیشهٔ برخی از آنها شکسته بود. در قسمت جلو، سه ردیف صندلی پلاستیکی وجود داشت که مردم می‌توانستند آنجا بنشینند و به وقایع دادگاه گوش دهند.

هر وقت که من وارد اتاق دادگاه می‌شدم، باید مستقیماً به قسمت عقب اتاق می‌رفتم. سپس چند پلهٔ سیمانی را بالا می‌رفتم و داخل یک فضای کوچک و محصور می‌شدم که از اطراف توسط میله‌های چوبی محدود شده بود. لازم نبود که کسی مرا راهنمایی کند - من طی این دو سال بارها و بارها این مسیر را رفته بودم و با اینکه بارها در این قسمت ایستاده بودم، اما شرمندگی و تحقیر آن هرگز کمتر نمی‌شد. من قبل از این نوبت و در طی دو سال گذشته، در مجموع هشت بار به دادگاه رفته بودم. اگر همان اول کار همهٔ رشوه‌ها را می‌دادم یا رایاگادا را ترک می‌کردم، می‌توانستم سال‌ها قبل به این ماجرا پایان دهم، اما من بیش از حد مغرور بودم و نمی‌خواستم که نامم به خاطر کاری که انجام نداده بودم لکه‌دار شود. همچنین حاضر نبودم بچه‌ها را رها کنم _ آنها خیلی کوچک بودند و هنوز پیشرفت‌های بزرگی در انتظارشان بود. بنابراین، هم به خاطر آنها و هم به دلیل غرور خودم، به مبارزه ادامه دادم.

در این نوبت فضای دادگاه بسیار متفاوت بود. اتاق دادگاه مرتب‌تر و آماده‌تر بود،

گویی برای اولین بار در طی سال‌ها، تمیز شده بود. کارکنان هم یونیفورم پوشیده بودند که غیر معمول بود. حتّی آقای پرادیپ هم لباس وکَلا را پوشیده بود که معلوم بود لباس خودش نیست زیرا برای او خیلی تنگ بود. همچنین کارمندان بیشتری در دادگاه حضور داشتند، صندلی‌های پلاستیکی بهتری قرار داده بودند، و افرادی هم در گوشه کنار اتاق با کامپیوتر مشغول تایپ کردن بودند - همه چیز جدید بود. آنها همهٔ این کارها را انجام داده بودند تا در مقابل مقامات ایرانی مشروع جلوه کنند.

آقای نوریان روی یکی از صندلی‌های پلاستیکی قسمت عقب، خیلی نزدیک به من؛ نشست. در حالی که من در قفسم ایستاده بودم به سمت من برگشت و با اطمینان سری تکان داد و به فارسی گفت: «صاف بایست و سرت را بالا بگیر!» نمی خواستم به او نگاه کنم. من خیلی شرمنده بودم و به طرز عجیبی احساس می‌کردم که برای آنها و مردم ایران مایهٔ شرمساری هستم.

سپس خانم کیانی با عجله به سمت صندلی‌های ردیف اول رفت و کنار آقای پرادیپ نشست. می‌توانستم ببینم که دارد با او صحبت می‌کند، و می‌توانستم ببینم که هنگام صحبت کردن با او آشفته می‌شود. سپس اتاق ساکت شد و قاضی از پشت پرده‌ای از سمت مقابل، وارد شد. طوری وانمود می‌کرد که گویی نمی‌داند چه خبر است.

با تعجب به حاضرین نگاهی انداخت و پرسید: «این افرادی که امروز اینجا هستند از کجا آمده‌اند؟" فکر کنم اولین باری بود که صدایش را می‌شنیدم.

آقای پرادیپ به سرعت جواب داد و به او گفت که آنها از طرف دولت ایران هستند و قرار است که بر روند رسیدگی نظارت کنند. قاضی با قیافهٔ عصبانی و تلخ همیشگی‌اش شروع کرد به نوشتن چیزی روی کاغذ مقابلش. با دیدن اضطرابی که روی چهره‌اش نقش بسته بود، خواستم بلند فریاد بزنم: «بله! دولت ایران برای من اینجا آمده است!» اما می‌دانستم که اجازه صحبت کردن ندارم، در عوض سکوت کردم و تمام تلاشم را کردم تا همانطور که آقای نوریان به من توصیه کرده بود، با اعتماد به نفس به نظر برسم.

در نهایت، قاضی روی صندلی‌اش نشست و به این معنا بود که جلسهٔ دادگاه بزودی شروع خواهد شد.

بیرون دادگاه: میله‌های چوبی که در پشت پردهٔ قرمز رنگ قرار دارند همان محلی است که من آنجا می‌ایستادم

از راست به چپ؛ آقای نوریان، خانم کیانی، لارس و آقای پرادیپ

۲۸ ▪ آیا واقعا برنده شدم؟

محوطهٔ دادگستری رایاگادا: ساختمان قرمز رنگ متشکل از چندین اتاق دادگاه بود از جمله اتاقی که جلسات دادگاه من برگزار شد

فصل ۵

رئیس دادگستری

با شروع جلسهٔ دادگاه، خواهر(دیدی) سابق من و مادر کودک مقتول (به ادعای خودش)، برای شهادت فراخوانده شد. او از کنار قاضی گذشت و در محل شهادت نشست و حتی قبل از آغاز بازجویی، شروع کرد به گریه و زاری. دیدن او در آن حالت برایم شوک آور بود، چرا که من او را به عنوان فردی آرام، لطیف و خجالتی می‌شناختم. نمی‌توانستم به او نگاه کنم. در عوض، به پاهایم نگاه می‌کردم و احساس حماقت کردم - تنها به این دلیل که اجازه دادم او از من سوء استفاده کند.

آقای نوریان به عقب برگشت و دوباره به من نگاه کرد. عصبانی به نظر می‌رسید. با سر به من اشاره کرد که صاف بایستم. نزدیک بود به گریه بیافتم، اما بلافاصله توصیه‌هایی که به من کرده بود را با خودم تکرار کردم: «صاف بایست و سرت را بالا بگیر.» و بعد دقیقاً همین کار را انجام دادم. امّا به محض اینکه سرم را بالا آوردم احساس کردم اشک‌هایم روی صورتم می‌ریزند. دیوانه‌وار سعی کردم با آستین‌هایم اشک‌هایم را پاک کنم، بعد نفس عمیقی کشیدم و به ادامهٔ جلسهٔ دادگاه گوش دادم.

وکیلش از او سؤالاتی راجع به روزی که مدعی بود من پسرش را به رودخانه انداخته‌ام پرسید و او هم شروع کرد به توضیح دادن. طوری صحبت می‌کرد که گویی کلمات را حفظ کرده است. او گفت که من پسرش را به زور از بغل او کشیدم و او را در رودخانه انداختم و سپس غرق شدنش را تماشا کردم. همچنین اضافه کرد که من در آن زمان

بشدت مست بوده‌ام. او گفت که تمام این اتفاقات را به چشم خودش دیده اما از ما خیلی دور بوده، لذا نتوانسته به موقع برای نجات جان او اقدام کند.

و این تمام شهادت او بود - البته یکی از سه نسخهٔ متفاوت از داستانهایی که قبلاً هم گفته بود. در هیچکدام از این داستانها، نه خودش و نه همسرش هیچگاه حتّی اشاره‌ای هم نکردند که من اولین نفری بودم که گزارش به اصطلاح گم شدن این پسرک را به پلیس داده بودم. در اولین شهادتش او گفته بود که در روز پیک‌نیک، پسرش ناپدید شد و او را پیدا نکردند. در شهادت دومش گفت هنگامی که من با او در رودخانه بازی می‌کردم، تصادفاً او را کشته‌ام. ولی این بار او مرا به قتل عمد با خونسردی تمام متهم می‌کرد. این اولین باری بود که این روایت را از او می‌شنیدم. همین طور که داشت صحبت می‌کرد خانم کیانی ناباورانه سرش را بین دستانش گرفته بود و ناگهان بعنوان اعتراض بلند شد و ایستاد. آقای پرادیپ هم سریع پشت سر او بلند شد و از قاضی عذرخواهی کرد. قاضی با عصبانیت به او گفت که بنشیند و به خانم کیانی هم تذکر داد که حق ندارد در دادگاهش صحبت کند. خیلی عصبانی بودم؛ فکّم را با چنان شدتی روی هم فشار می‌دادم که دندان‌هایم درد گرفته بود.

شنیدن صحبت‌های خواهر سوزی برایم بسیار سخت و دردناک بود. زمانی که او فریاد زد و گفت که پسرش چقدر برایش با ارزش بوده، قاضی هم اشک‌هایش را از روی صورتش پاک کرد. مگر قاضی هم گریه می‌کند؟ این عجیب‌ترین چیزی بود که تا به حال در زندگی‌ام شاهدش بودم. پس رفتار حرفه‌ایی و بی‌طرفی در قضاوت کجا رفته بود؟ قاضی با چنان انزجاری به سمت من نگاه می‌کرد که گویی تصمیمش را از قبل گرفته است. می‌توانستم حس کنم که او بی‌صبرانه منتظر است تا من را به زندان بفرستد. همه چیز برنامه‌ریزی شده به نظر می‌رسید، و واضح بود که چرا از بین همهٔ جلسات گذشته، او را امروز برای ادای شهادت فراخوانده بودند - آنها می‌خواستند که ایرانی‌ها ببینند که پرونده تشکیل شده علیه من چقدر سنگین و جدّی است.

چند ساعتی گذشت و بلاخره جلسه رسیدگی پایان یافت و به من اجازه دادند که از قفسم خارج شوم. خسته و کوفته با آقای نوریان شروع کردیم به قدم زدن در محوطهٔ بیرون دادگاه. او ساکت بود و من هم همینطور - واقعیت این بود که چیزی برای گفتن وجود نداشت. خبرنگاران هنوز آنجا بودند. در طول جلسه دادگاه، آنها همه چیز را از پشت پرده گوش می‌دادند و ضبط می‌کردند. با عجله به سمت ماشین رفتیم تا از آنها دور شویم. چند لحظه‌ایی در سکوت نشستیم.

در حالی که اشک می‌ریختم پرسیدم: «شما که آنها را باور نمی‌کنید، درسته؟»

خانم کیانی گفت: «البته که نه! من اصلاً نمیدانم چه بگویم»

آقای نوریان هیچ جوابی به این سؤال من نداد. خشمگین به نظر می‌رسید. ناگهان

رو به خانم کیانی کرد و به او گفت که می‌خواهد رئیس دادگستری رایاگادا را ببیند. با لحنی عصبانی گفت: «من می‌خواهم او را همین امروز ببینم!» خانم کیانی به او نگاه کرد، شوکه شد و توضیح داد که ملاقات با رئیس دادگستری تقریبا غیرممکن است. سعی می‌کرد مراقب حرف‌هایش باشد، و من متوجه بودم که از نه گفتن به او می‌ترسید چون آقای نوریان جواب منفی را نمی‌پذیرفت.

نهایتاً خانم کیانی با اکراه گفت که می‌رود تا ببیند چه کاری می‌تواند انجام دهد و سپس با حالتی عصبی و سریع ماشین را ترک کرد. من هم بلافاصله بدنبالش رفتم، چون آقای نوریان به روشنی گفت که می‌خواهد تنها باشد و چند تماس تلفنی خصوصی برقرار کند. بعد از خروج ما، ماشین به سرعت به راه افتاد.

خانم کیانی از من خواست که او را به اتاق آقای پرادیپ راهنمایی کنم. در تمام این مدت، اصحاب مطبوعات اطراف ما حلقه زده بودند و همهٔ حرکات ما را زیر نظر داشتند. تلاش برای نادیده گرفتن و حرکت از میان آنها کار بسیار دشواری بود.

مستقیماً به سمت دفتر آقای پرادیپ رفتیم، از داخل صدای خنده می‌آمد. خانم کیانی با عصبانیت پردهٔ اتاق را کنار زد. آقای پرادیپ در حالی که پاهایش را روی میز گذاشته بود و چای می‌نوشید، با دوستان دیگرش که آنها هم در جلسه دادگاه حضور داشتند، مشغول گفتگو بود. خانم کیانی وقت تلف نکرد و بلافاصله به او گفت که آقای نوریان خواستار ملاقات با رئیس دادگستری رایاگادا است. آقای پرادیپ برای چند ثانیه سکوت کرد. او و بقیهٔ حاضرین در اتاق به یکدیگر نگاه کردند و سپس در یک لحظه همگی شروع کردند به خندیدن با صدای بسیار بلند.

«هیچ کس نمی‌تواند رئیس دادگستری را ببیند. برایم مهّم نیست که شما کی هستین. حتی اگر نخست وزیر مودی هم بیاید، نمی‌تواند او را ببیند. شماها فکر می‌کنید کی هستید؟» بقیه هم پوزخند می‌زدند و سرشان را به نشانهٔ تأیید تکان می‌دادند. اما خانم کیانی همچنان همان جا ایستاده بود و به او نگاه می‌کرد. برای مدتی سکوت بسیار ناخوشایندی که انگار قرنها طول کشید برقرار شد.

سپس آقای پرادیپ و دوستانش باغرور و تمسخر از اتاق خارج شدند. خانم کیانی روی یکی از صندلی‌ها نشست، من هم همین کار را کردم. سعی کردیم پرده پشت سرمان را بسته نگه داریم تا خبرنگارانی که بیرون بودند نتوانند ما را ببینند. پس از چند دقیقه سکوت، او گفت که چقدر از آنچه در جلسهٔ دادگاه اتفاق افتاد، متعجّب و عصبانی است. او گفت که در ده سال گذشته در بسیاری از دادگاه‌های مختلف حضور داشته است اما هرگز چنین چیزی را ندیده. نمی‌دانستم چه بگویم، پس ساکت ماندم. خسته‌تر از آنی بودم که بتوانم راجع به این موضوع صحبت کنم.

چند لحظهٔ بعد، آقای پرادیپ با عجله و در حالی که نفس‌نفس می‌زد به اتاق برگشت.

گیج و وحشت‌زده بود. گفت: «به آقای نوریان بگویید برگردد. رئیس دادگستری می‌خواهد او را ببیند.»

پیش خودم فکر کردم، عه، چی شد؟ *داره چه اتفاقی میافته؟*

ظاهراً رئیس دادگستری در یکی از اتاق‌ها منتظر آقای نوریان بود. همه با عجله از من می‌خواستند که به او زنگ بزنم و بگویم که به دادگاه برگردد. با او تماس گرفتم ولی قبل از اینکه بتوانم صحبتی کنم، گفت: «بله خودم در جریان هستم. دارم برمی‌گردم.» همین که تلفن را قطع کردم، ماشینش را دیدم که به سمت ما می‌آمد. به اطراف نگاه کردم و ناگهان متوجه تغییری در محیط شدم و پیش خودم گفتم، *صبر کن ببینم! آن همه مطبوعات و مردمی که اینجا بودند چی شدند؟ آیا ممکنه که دستور رئیس دادگستری بوده که همه آنجا را ترک کنند؟* حالا همه جا غرق سکوت بود.

آقای نوریان از ماشین پیاده شد و بدون هیچ صحبتی با ما، وارد اتاق رئیس دادگستری شد. بعدها متوجه شدم که طبق قانون، آنها حق نداشتند درخواست یک دیپلمات را برای ملاقات رد کنند.

آقای نوریان حداقل نیم ساعتی در دفتر رئیس دادگستری ماند. در این مدت من و خانم کیانی در ماشین منتظر بودیم. وقتی بالاخره بیرون آمد، دیدم که لبخند بزرگی بر چهره دارد. حدس زدم که حتماً همه چیز خوب پیش رفته است. پلیس تشریفات او را تا ماشین همراهی کرد. سوار ماشین شد و به راننده گفت که ما را به هتل برگرداند.

وقتی که به هتل نزدیک می‌شدیم، به سمت من برگشت و گفت که رئیس دادگستری قول داده و به او اطمینان داده که قرار نیست برای من اتفاقی بیافتد. او مدام همین کلمات را تکرار می‌کرد و گفت که حتی برای جلوگیری از انکار چنین جلسه‌ایی در آینده، او را قانع کرده که با هم عکس یادگاری هم بگیرند. با اینحال من نمی‌توانستم خودم را قانع کنم و این سخنان را باور کنم. این خبر آنچنان خوب بود که باورش برایم بسیار دشوار بود.

از خانم کیانی و آقای نوریان پرسیدم که آیا مایلند شب برای دیدن بچه‌ها به موکنداپور برویم؟ اگر بخواهم صادقانه بگویم؛ تنها چیزی که در آن زمان دوست داشتم این بود که به خانه برگردم و در کنار آنهایی باشم که از صمیم قلب دوستشان داشتم و برایم مهّم بودند. من نیازمند آغوش لطیف بچه‌ها بودم. در کمال ناباوری و تعجب، خانم کیانی و آقای نوریان هر دو بدون تردید موافقت کردند. غروب آن روز راهی موکنداپور شدیم.

وقتی که به سمت خانه در حال حرکت بودیم، ناگهان یادم افتاد که هیچ شیرینی یا غذای مناسبی برای پذیرایی از آنها نداریم. ما همیشه در خانه، غذا و میوه و خوراکی‌های مختلفی داشتیم، اما احساس می‌کردم که از این افراد باید پذیرایی بهتری صورت بگیرد.

بلاخره هر چه که باشد آنها دیپلمات بودند و این اولین باری بود که به خانهٔ ما می‌آمدند و من اصلاً آمادگی لازم را نداشتم. دوست نداشتم که آنها احساس کنند که کم ارزش هستند. بنابراین، همانطور که به موکنداپور نزدیک می‌شدیم، گفتم: «لطفاً در نظر داشته باشید که این فقط یک دیدار سرزده و سریع خواهد بود، باشه؟ دفعه بعد برای شما جشن مفصلی آماده خواهیم کرد.»

آقای نوریان با لبخند گفت: «نرگس خانم، نگران نباشید. ما میهمان نیستیم، اما خوشحالم که می‌بینم مهمان‌نوازی ایرانی‌تان را حفظ کرده‌اید.» حق با او بود – این نگرانی من یک مطلب غیرضروری و جزو خصوصیات ایرانیها بود. وقتی که از ماشین پیاده شدیم و به سمت خانه می‌رفتیم، دیدم که بچه‌ها بیرون آمدند و به سمت ما هجوم آوردند. آنها به خاطر صدای خلخال‌هایم همیشه می‌فهمیدند که من در حال نزدیک شدن هستم. من مخصوصاً خلخال‌هایی سفارش داده بودم که منگوله‌های اضافه‌تری روی آن‌ها باشد، تا صدایشان بیشتر از خلخال‌های معمولی شنیده شود.

همانطور که بچه‌ها داشتند به ما نزدیک می‌شدند، احساس خفگی می‌کردم، انگار نمی‌توانستم مثل خود همیشگی‌ام با آنها حرف بزنم یا رفتار کنم. معمولاً در این جور مواقع وقتی که بچه‌ها را می‌دیدم، می‌پریدم وسطشان و اول آنها را می‌بوسیدم و بعد برای مدتی دور هم می‌دویدیم و بازی می‌کردیم. زمانهایی که فقط من و بچه‌ها تنها بودیم، همواره این حس آزادی وجود داشت که همانطور که هستیم و دوست داریم رفتار کنیم. اما امشب باید کمی سنگین‌تر و جدی‌تر رفتار می‌کردم. ضمناً این اولین باری بود که شال سر کرده بودم. البته بیشتر بچه‌ها بینایی خوبی نداشتند، اما چون تقریباً همه آنها اغلب اوقات سر و صورت من را لمس می‌کردند، مطمئن بودم که در مورد آن از من سؤال می‌کنند. فقط امیدوار بودم که جلوی آقای نوریان نپرسند.

بچه‌ها یکی‌یکی جلو آمدند و به آقای نوریان و خانم کیانی سلام کردند. حتی برخی از بچه‌ها آنها را در آغوش گرفتند و با آنها دست دادند. من از اینکه می‌دیدم آنها چقدر با غریبه‌ها گرم و میهمان نواز هستند احساس افتخار می‌کردم. بچه‌ها همیشه بهترین قاضی شخصیت بودند. ما اکثر اوقات کسی را نداشتیم که به دیدنمان بیاید – نه به این دلیل که نمی‌خواستیم، بلکه به این دلیل که این بچه‌ها دالیت و طردشده بودند. علاوه بر این، آنها دارای معلولیتهای جسمی هم بودند. بنابراین و به نوعی، آنها بچه‌هایی نبودند که خیلی‌ها دوست داشته باشند به دیدنشان بیایند. بعضی اوقات سیاستمداران چند دقیقه‌ایی می‌آمدند و با بچه‌ها عکس می‌گرفتند و می‌رفتند. برخی از آنها آنقدر گستاخ بودند که بعداً به دروغ ادعا می‌کردند که برای بچه‌ها یا برای خانهٔ ما چیزی اهداء کرده‌اند. به نظر می‌رسید که همیشه حول و حوش زمان برگزاری انتخابات به ما سر می‌زدند- آنها می‌آمدند تا با این کار پایگاه اجتماعی خود را تقویت کنند. هر وقت که آنها می‌آمدند،

گویی که بچه‌ها حس می‌کردند آنها آدم‌های درستکاری نیستند، لذا بعضی‌هایشان در اتاق خود، و برخی دیگر پشت من پنهان می‌شدند.

اما این بار و در مورد آقای نوریان و خانم کیانی قضیه فرق داشت. بچه‌ها با آغوش باز از آنها استقبال کردند.

برخی از دختران بزرگتر دست خانم کیانی را گرفتند و او را به داخل کشیدند. متوجه شدم که آقای نوریان و خانم کیانی بسیار تحت تأثیر قرار گرفته‌اند. آنها مدام به یکدیگر نگاه می‌کردند و لبخند می‌زدند.

داخل رفتیم و من از بچه‌ها خواستم که بنشینند و با زبان اودیا برایشان توضیح دادم که این افراد دوستان ایرانی هستند که برای کمک به من آمده‌اند. ناگهان همگی شروع کردند به کف زدن و تشویق -منظرهٔ بسیار شگفت‌انگیزی درست شد. در یک لحظه دیدم که آقای نوریان اشک‌های روی صورتش را پاک می‌کند.

برخی از دختران از من پرسیدند که آیا می‌توانند برای مهمانان آواز بخوانند؟ من هم با کمال میل قبول کردم. آنها هرگز این کار را برای کسی انجام نمی‌دادند مگر اینکه واقعاً آنها را دوست داشتند. زمانی که یکی از دخترها شروع کرد به خواندن، دیدم که خانم کیانی خیلی تلاش می‌کند که جلوی گریه‌اش را بگیرد. سپس بی سروصدا بلند شد، به بیرون رفت و داخل ماشین نشست. وقتی آواز خواندن دخترها تمام شد، چند کودک دیگر شروع کردند به نواختن آهنگ با استفاده از قابلمه (این روش مورد علاقه آنها بود). آنها عاشق این بودند که با استفاده از دستانشان موسیقی خلق کنند و علیرغم اینکه طی سال‌ها انواع و اقسام ابزارآلات موسیقی را برایشان تهیه کرده بودم اما با این‌حال آنها باز هم دوست داشتند که با استفاده از قابلمه و ظروف مختلف این‌کار را انجام دهند. حواس همه پرت بود و در حال تفریح بودند، بنابراین فکر کردم که الآن بهترین زمانی است که بروم و ببینم خانم کیانی در چه حالی است.

وقتی که او دید من از پله‌ها به سمت ماشین می‌روم، صورتش را پاک کرد و سعی کرد که لبخند بزند. از او پرسیدم که آیا حالش خوب است. پاسخ داد که مشکلی نیست و فقط کمی احساساتی شده بوده. گفت که نگران نباشم و چند دقیقهٔ دیگر دوباره برمی‌گردد داخل، بنابراین او را به حال خود رها کردم و برگشتم.

وقتی که برگشتم داخل، یکی از دخترهای کوچکتر را دیدم که مشغول صحبت با آقای نوریان بود. او داشت جملات فارسی را که بلد بود به او می‌گفت و آقای نوریان هم در کمال تعجب داشت گوش می‌کرد. داشت به او می‌گفت: «خیلی خیلی خوشگلی» من به برخی از بچه‌ها وقتی که کوچکتر بودند کمی فارسی یاد داده بودم - جملات ساده‌ایی مثل «تو خیلی خیلی نازی»، «خیلی خیلی خوشگلی»، «خیلی خیلی باهوشی» و « خیلی خیلی دوستت دارم». در واقع من همهٔ داستان زندگیم را به آنها گفته بودم. اینکه من در

ایران به دنیا آمدم و پدر و مادرم ایرانی بودند، دوست داشتم که آنها با آن بخش از زندگی من هم ارتباط برقرار کنند.

وقتی که نشستم، چند نفر از بچه‌ها از من پرسیدند که دوست دیگرمان خانم کیانی کجا است؟ قبل از اینکه بتوانم جوابی بدهم، از پنجره به بیرون نگاه کردم و دیدم که بعضی از بچه‌های بزرگتر رفته‌اند بیرون در کنار خانم کیانی و در حالی که دست‌هایش را گرفته‌اند در حال خندیدن هستند. او داشت بهمراه بچه‌ها برمی‌گشت داخل - ولی این بار، خیلی خوشحالتر بود.

چون طبق قانون دیپلماتیک آقای نوریان باید همیشه تحت محافظت می‌بود، مأموران پلیس دائماً در اطراف او بودند. اما با این حال، هیچکدام از آنها به داخل نیامدند و در عوض، در چند قدمی خانه و نزدیک درب ورودی ایستادند. بعد از مدتی آقای نوریان از آنها خواست بداخل بیایند. نمی‌دانم که این دعوت او عمدی بود یا نه، اما من به خاطر رفتاری که آنها در گذشته با من داشتند، نسبت به حضور آنها دچار احساسات متفاوتی بودم. علاوه بر آن، فکر می‌کنم این اولین باری بود که آنها رابطهٔ من و بچه‌ها را از نزدیک شاهد بودند. من شرم و پشیمانی زیادی را در چهره‌هایشان می‌دیدم که باعث عصبانیت بیشتر من می‌شد.

آنها تمام مدت سکوت کرده بودند و در گوشه‌ای ایستاده بودند و همه چیز را تماشا می‌کردند. همین افسران در گذشته، بارها به خانه ما آمده بودند و همیشه بیرون درب ایستاده و از من بازجویی کرده بودند - همیشه همان سؤالات تکراری و با همان شیوهٔ تحقیرآمیز و زشت. حتی یکی از آنها، افسر جوان‌تر؛ بارها از من درخواست رشوه کرده بود. من حاضر بودم که تا آخر عمرم به همین سؤالات احمقانهٔ آنها پاسخ بدهم، ولی حاضر نبودم ریالی از پولی را که متعلق به فرزندانم بود رشوه بدهم.

و حالا آنها آمده بودند داخل خانه‌ای که من ساخته بودم - و با قلب‌هایی که به نظر می‌آمد از سنگ است ما را تماشا می‌کردند.

در یک لحظه یکی از پسرانم به سمت آنها رفت و به آنها میوه تعارف کرد. نه تنها قبول نکردند، بلکه از او فاصله گرفتند و با دستانشان او را دور کردند، گویی که از حضور پسرم منزجر شده بودند. وقتی که این صحنه را دیدم، دیگر از کوره در رفتم.

در حالیکه صدایم می‌لرزید فریاد زدم: «آیا از این بچه می‌ترسید؟»

بلافاصله آقای نوریان به من توصیه کرد که آرام باشم. «شما فکر کن که آنها اصلاً اینجا نیستند. خیلی مهم است که آنها همه چیز را ببینند.»

در آن لحضه، برای من کنترل کردن احساساتم و ساکت ماندن؛ کار بسیار بسیار سختی بود- اما از آن به بعد، دیگر کلمه‌ای به آنها نگفتم. با چهره‌ایی پر از خشم و نفرت به آنها نگاه می‌کردم، اما دهانم بسته ماند.

۳۶ ■ آیا واقعا برنده شدم؟

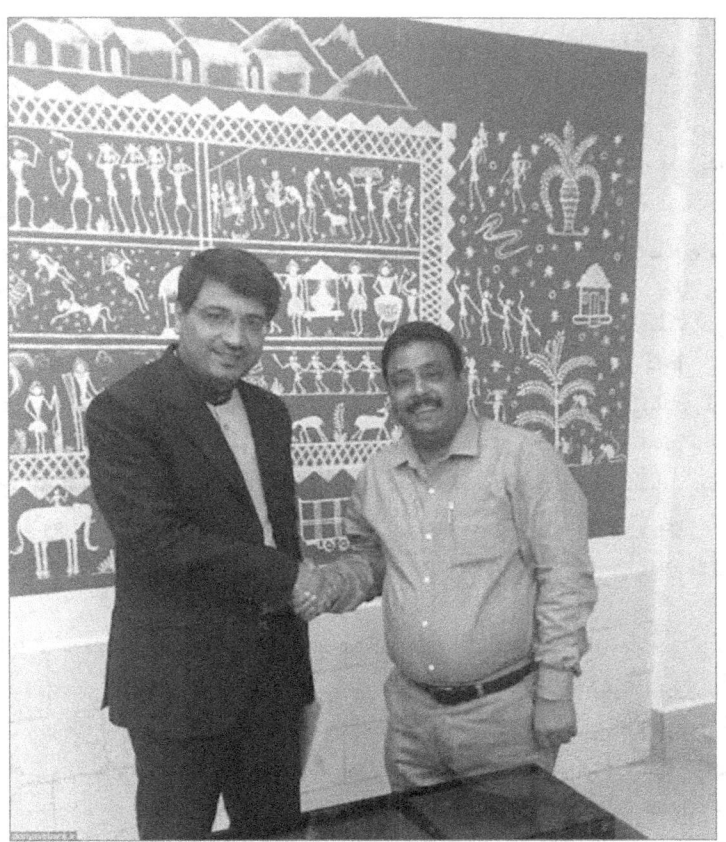

آقای نوریان و رئیس دادگستری رایاگادا

فصل ۶

واقع بین باش

کمی بعد آقای نوریان بلند شد و ایستاد و به من هم اشاره کرد که دنبالش بروم. همانطور که من او را دنبال می‌کردم، یکی از افسران هم بدنبال من آمد. فکر کردم، قاعدتاً این افسران نمی‌توانند صحبتهای ما را بفهمند، پس چرا دنبال من راه افتاد؟ آیا قصد دارد که گفتگوهایمان را ضبط کند؟ با این فکر، موهای بدنم سیخ شدند.

همین‌که چند متری از خانه فاصله گرفتیم، آقای نوریان رو به من کرد و گفت که احساس می‌کند دیگر رفت و آمد من به این منطقه به صلاح نیست. به نظرم او نگران سلامتی و امنیت من شده بود. گفت که اگر موافقت کنم، او با وزارت خارجهٔ ایران صحبت خواهد کرد و از آنها اجازه می‌گیرد تا مرا در یکی از اتاق‌های مهمانسرای کنسولگری ایران در حیدرآباد اسکان دهد.

و دوباره تکرار کرد: «اینجا دیگر امنیت ندارین نرگس خانم.»

مات و مبهوت نگاهش کردم و نمی‌دانستم که چه احساسی داشته باشم یا چه بگویم. قبل از اینکه بخواهم پاسخی بدهم، او ادامه داد: ایام مقدس عاشورا تاسوعا است و این بدان معنا است که حالا فرصت خوبی هم هست که با بخش اسلامی فرهنگ سرزمین خودتان آشنا شوید و در ضمن، افراد و پرسنل کنسولگری ایران هم از شما مراقبت خواهند کرد.

من بلافاصله تصمیمم را گرفتم. به هیچ وجه به جایی که تاسوعا و عاشورا برگزار می‌شد، نمی‌رفتم.

در آن لحظه، من حتّی مطمئن نبودم که این کلمات چه معنایی دارند، اما با اینحال من را بسیار ترساندند. خاطره‌ایی از دوران کودکی‌ام را بیاد آوردم. اواخر شب بود و با پدرم در خیابان‌های باریک شهرمان اصفهان، در ایران در حال رانندگی بودیم که ناگهان دسته‌ایی از مردان در جلوی ما ظاهر شدند. آنها با قمه و زنجیر به خود ضربه می‌زدند و شعارهای مذهبی سر می‌دادند. همانطور که داشتم نگاهشان می‌کردم از وحشت ناشی از دیدن چهره‌های خون آلودشان؛ جیغ می‌زدم.

پدرم در حالی که سعی داشت من را آرام کند، گفت: «خیلی متأسفم که مجبور شدی این صحنه را ببینی، نرگس. سرت را پایین بگیر و نگاه نکن. چیزی نیست؛ این فقط تاسوعا عاشورا است.»

نگاهی به آقای نوریان انداختم و بلافاصله گفتم: «نه!» به او گفتم که می‌دانم نگران من است، اما حاضر به رفتن به کنسولگری نیستم. این تصمیم من شاید به خاطر تاسوعا عاشورا بود، اما در عین حال هم می‌دانستم که اگر با این پیشنهاد موافقت کنم و با آنها بروم، به این معنا خواهد بود که باید دوست‌پسرم لارس را نیز ترک کنم.

او به وضوح از من دلخور شده بود، اما من هم خیلی خجالت‌زده و شرمنده بودم که بخواهم دلیل دیگر این تصمیمم را که ترس بود، برایش بازگو کنم. البته که من از رایاگادا می‌ترسیدم، ولی در عین حال از ایران هم می‌ترسیدم. فکر می‌کردم اگر به کنسولگری ایران بروم، دیگر نمی‌توانم آنجا را ترک کنم. آن زمان، حتی فکر کردن به ایران هم، من را می‌ترساند. نه فقط به خاطر جنبه اسلامی همه‌چیز، بلکه به این دلیل که در آنجا بود که من پدر و مادرم را از دست داده بودم. احساس می‌کردم که ارتباطم با این کشور، نفرین شده است. همین فکرِ رفتن به کنسولگری، که اساساً بخشی از ایران بود، باعث نگرانی زیادی در من شد.

او در حالی که اخم کرده بود و دندانهایش را بهم می‌فشرد گفت: «پس لطفاً اینجا هم نمانید. حداقل به بنگلور بروید. هزاران دانشجوی ایرانی آنجا هستند. من با آنها تماس خواهم گرفت و از آنها می‌خواهم که از شما مراقبت کنند. خواهش می‌کنم نرگس خانم، فقط اینجا نمانید، به جای دیگری بروید.» او داشت مرتب اصرار می‌کرد و در نهایت من متوجه شدم که باید چیزی بگویم تا او را متوقف کنم. بنابراین، به او گفتم که به همان خانه‌ای که در بوبانشوار اجاره کرده‌ام خواهم رفت، همان جایی که هر روز با لارس می‌نشستیم و با استفاده از اینترنت برای افراد مختلف ایمیل‌های درخواست کمک می‌فرستادیم. «من به آنجا برمی‌گردم. امشب می‌روم، قول می‌دهم.» این که چه چیزی ناگهان به ذهن آقای نوریان آمد و چرا نگران شده بود را هیچ وقت نفهمیدم. آیا به خاطر همان درگیری کوچکی بود که با پلیس پیدا کرده بودم؟ شاید.

آقای نوریان پیش از آمدن به رایاگادا، از من خواسته بود که کسی را پیدا کنم که

دوربین داشته باشد و حاضر باشد تمام اتفاقات سفرشان را فیلمبرداری کند. بر همین اساس، من با یک دانشجوی جوان به نام راجش تماس گرفته بودم. او را می‌شناختم و به او اعتماد داشتم. او در تمام مدتی که آقای نوریان و خانم کیانی آنجا بودند در کنارشان بود و از همه چیز فیلم می‌گرفت، البته اجازهٔ حضور در دادگاه را نداشت. بنابراین، او نیز مانند خبرنگاران، از پشت پرده فیلم گرفته بود. او مرد جوان و شجاعی بود، یکی از معدود افراد تحصیل کرده آن منطقه. او از همان ابتدای کار، از من دفاع کرده بود.

او و برخی دیگر از دوستانش در دانشگاه، جزو گروه بسیار کوچکی بودند که به قانون طبقه‌بندی (کست سیستم) هند یا معلول بودن بچه‌ها هیچ اهمیتی نمی‌دادند. در واقع، آنها غالب اوقات ساعتها برای بازدید و بازی با بچه‌ها به خانهٔ ما می‌آمدند. محبّت آنها نسبت به بچه‌ها صادقانه بود و هر بار که مرا می‌دیدند بابت کاری که سیستم با من کرده بود عذرخواهی می‌کردند.

آن روز، بدون هیچ مقدمه‌ای آقای نوریان رو به راجش کرد و به او گفت که تمام ویدیوهایی را که ضبط کرده روی سی‌دی منتقل کند و برایش به هتل ببرد. در ضمن به او اطلاع داد که تا چند ساعت دیگر عازم هستند و از او خواست که هر چه سریعتر دست بکار شود. راجش با کمال میل موافقت کرد. سوار موتورش شد و با سرعت به سمت رایاگادا حرکت کرد و می‌توانستم ببینم که چقدر خوشحال است که می‌تواند کمکی انجام دهد.

وقت آن رسیده بود که آقای نوریان و خانم کیانی خانهٔ ما را ترک کنند. بچه‌ها یکی‌یکی با آنها خداحافظی کردند. من هم به سرعت مقداری لباس را داخل یک ساک گذاشتم. تصمیم داشتم قبل از سفر به بوبانشوار، همراه با آنها به هتل برگردم. از بچه‌ها خداحافظی کردم و گفتم که مدتی دور خواهم بود ولی به زودی برمی‌گردم. بعد به کارمندانی که با بچه‌ها زندگی می‌کردند مقداری پول دادم و گفتم که وقتی پولها تمام شد به من اطلاع بدهند. به این ترتیب، می‌توانستم در صورت نیاز، مقدار بیشتری ارسال کنم. در حالی که داشتم یکی از دخترها را می‌بوسیدم، او شال مرا لمس کرد و با لحنی نگران پرسید: «سردت شده مامی؟»

در گوشش زمزمه کردم: «بله، این را پوشیدم چون سردم است.» دستان کوچکش را بوسیدم و از نگرانی‌اش تشکر کردم. به این فکر کردم که چطور ممکن است کسی این بچه‌های معصوم را دوست نداشته باشد؟ آنها مهربان‌ترین و لطیف‌ترین روح‌ها را داشتند.

زمانی که در ماشین بودیم و به سمت رایاگادا برمی‌گشتیم، آنها دوباره اصرار کردند که با آنها به حیدرآباد بروم. اما این بار خانم کیانی بود که صحبت می‌کرد. او حتی به موضوع لارس هم اشاره کرد: «آیا واقعاً فقط به خاطر لارس مخالفت می‌کنی؟»

از این سوالش اصلاً خوشم نیامد. می‌دانستم که داشتن دوست پسر چیزی نیست

که مذهبی‌هایی مثل آقای نوریان از آن استقبال کنند. من هم لارس را به خاطر احترام به آنها دوست پسرم معرفی نکرده بودم، اما حدس می‌زنم که آنها خودشان متوجه شده بودند. خانم کیانی همچنان اصرار می‌کرد و معلوم بود که آقای نوریان او را به این کار واداشته است. احساس می‌کردم برای انجام کاری که دوست ندارم، تحت فشار زیادی قرار گرفته‌ام و صادقانه بگویم؛ از این که مجبور بودم مکرراً نه بگویم، ناراحت بودم. او هم تکرار کرد که تاسوعا عاشورا است؛ گویی دلیل جذابی است که من نظرم را عوض کنم. با خود گفتم، *مگر عاشورا ماه عزای امامی نیست که کشته شده؟ چرا فکر می‌کنند که یادآوری این موضوع به نوعی باعث می‌شود که من با پیشنهاد آنها موافقت کنم؟* این ماه، ماهی پر از غم، عزا، گوش دادن به قرآن و گریه بود... اما طوری رفتار می‌کردند که انگار مرا به جشن کریسمس دعوت می‌کنند. و این موضوع به من نشان می‌داد که دنیای ما چقدر از یکدیگر فاصله دارد.

حدس می‌زنم که در آن مرحله هنوز به اندازهٔ کافی به آنها اعتماد نداشتم. من برای مدتهای طولانی بود که در زندگی‌ام کمک و دل‌نگرانی واقعی دیگران را دریافت نکرده بودم. مدام به همه چیز و همه کس مشکوک بودم. بلاخره خانواده رمانجولو - که در ابتدا برایشان احترام زیادی قائل بودم – از من کلاهبرداری کرده بودند و مثلاً خواهر خوانده‌ام، هم مرا فریب داده بود؛ بنابراین فکر نمی‌کنم که واقعاً کسی می‌توانست مرا به خاطر این بدبینی‌ام سرزنش کند. چند ماه پیش بود که یکی از کارمندانم بهم گفته بود خیلی عوض شده‌ام. به گفته او حتی به سایه خودم هم مشکوک شده بودم. هرگز آن جمله را فراموش نخواهم کرد، زیرا نشان می‌داد که علیرغم میل باطنی‌ام، واقعاً چقدر تغییر کرده‌ام. در این مورد بخصوص هم، من باید به آنها اعتماد می‌کردم، اما نتوانستم.

زمانی که مجدداً آقای نوریان با اصرار پیشنهادش را مطرح کرد، با صدایی بلندتر و محکم‌تر پاسخ دادم: «نه!» ناراحتی و دلخوری که در چهره آنها وجود داشت را هرگز فراموش نخواهم کرد. از آن به بعد، آنها دیگر چیزی نگفتند و بقیهٔ راه را در سکوت گذراندیم.

وقتی که به هتل رسیدیم، راجش بیرون درب ورودی در حال قدم زدن بود. او کاملاً پریشان به نظر می‌رسید. به محض اینکه از ماشین پیاده شدیم، او با عجله به سمت آقای نوریان دوید.

فریاد زد: «آقای نوریان! به محض ورودم به رایاگادا، پلیس دوربینم را ضبط کرد و من واقعاً نمی‌دانستم که باید چکار کنم.» او بارها و بارها عذرخواهی کرد و سپس رو به افسرانی که در اطراف آقای نوریان بودند کرد و گفت که چقدر از رفتار همه آنها شرمنده است. من شجاعت او را تحسین کردم. در آن دوران، باورکردنی نبود که کسی در مقابل پلیس بایستد، زیرا آنها معروف بودند به اینکه برای افرادی که تحقیرشان کنند، دردسر

درست می‌کنند. اما او جوان و شجاع بود و به این چیزها اهمیتی نمی‌داد.

آقای نوریان به او پیشنهاد داد که برایش دوربین جدیدی بخرد، اما او نپذیرفت. واضح بود که او از اینکه به افسران اجازه داده بود دوربینش را ضبط کنند، احساس شرمندگی عمیقی می‌کرد. سوار موتورش شد و با اینکه هنوز کاملاً متزلزل و ناراحت بود، خداحافظی کرد و به سرعت آنجا را ترک کرد. پیش خودم فکر کردم، *آخه اگر این کار مهمی بوده چطور این دیپلمات‌ها خودشان فیلمبردار نیاورده بودند؟* ناگهان احساس کردم که من مسئول استرسی هستم که به راجش وارد شده بود. مطمئناً دیپلمات‌ها در کنسولگری به این چیزها دسترسی داشتند، پس چرا از من خواسته بودند که چنین چیزی را در رایاگادا ترتیب بدهم؟

(ضمناً پس از آن روز، دیگر از راجش چیزی نشنیدم. سالها بعد فهمیدم که او نیز از رایاگادا رفته است. وقتی دادگاه من شروع شد او تجمعات و تظاهرات زیادی را در رایاگادا برای پشتیبانی از من ترتیب داده بود. در مجموع، او کارهای خیلی زیادی برای من انجام داد. با این حال او نیز احساس درماندگی و تنهایی کرد و نهایتاً مجبور شد که آنجا را ترک کند. من برای همیشه از او سپاسگزارم.)

آقای نوریان بدون اینکه هیچ حرفی بزند، دوباره به من نگاه کرد. می‌دانستم که می‌خواهد چه بگوید اما من در تصمیمی که گرفته بودم مصمّم بودم. این بار با لحنی بسیار آرام تر به او گفتم که امشب می‌روم و لازم نیست که نگران من باشد.

طی مدتی که آنها به اتاقشان رفتند تا وسایلشان را جمع کنند، من در لابی هتل منتظر نشسته بودم و به تمام اتفاقات چند روز گذشته فکر می‌کردم. همه چیز خیلی سریع اتفاق افتاده بود و من فرصت نکرده بودم که آنها را برای خودم تجزیه و تحلیل کنم. وقتی که آنها آماده شدند و بیرون آمدند، همگی دور یک میز نشستیم تا یک بار دیگر درباره همهٔ اتفاقاتی که افتاده بود صحبت کنیم. من خیلی بی‌قرار بودم که بدانم آنها چه برنامه‌ایی برای آینده دارند. آیا قرار بود که بروند و دیگر برنگردند؟ آیا آنها هنوز هم قصد داشتند که به من کمک کنند؟ قدم بعدی آنها چیست؟

هر سؤالی که می‌پرسیدم، آقای نوریان مدام پاسخ می‌داد: «نمی‌دانم! فعلاً نمی‌توانم به آن پاسخ بدهم.» احساس می‌کردم که این پاسخ به اندازه کافی قانع کننده نیست، بنابراین برای دریافت پاسخ بهتر، پافشاری می‌کردم.

بالاخره آقای نوریان از کوره در رفت و ناگهان با لحنی عصبانی گفت: «نرگس خانم باید واقع بین باشین!» او طوری به من نگاه کرد که قبلا هرگز نگاه نکرده بود، گویی گناه نابخشودنی مرتکب شده بودم.

وقتی که این کلمات را شنیدم خشکم زد. کلمات نیشداری بودند. اولین باری بود که او با من انگلیسی صحبت می‌کرد و برایم بسیار ناراحت کننده بود که او چنین کلماتی

را انتخاب کرده بود. در آن لحظه احساس کردم همین کلمات ساده ولی نیشدار، تمام خوبی‌هایی را که او در حق من انجام داده بود، از بین برد. در آن ایام من خیلی حساس بودم و این تغییر رفتار او کاملاً مرا خرد کرد. از نظر من، درواقع او داشت می‌گفت که شرایط من خیلی بد است و از دست آنها هم کاری برنمی‌آید. به نظر می‌رسید که او معتقد بود من باید در مورد جدی بودن موقعیتی که در آن قرار داشتم واقع بین باشم.

همانطور که در محوطهٔ هتل ایستاده بودم و دور شدن ماشین آنها را تماشا می‌کردم، دوباره احساس پوچی و تنهایی شدیدی بر من مستولی شد. حتی طرز ایستادنم هم در حال تغییر بود. اعتماد به نفسی که داشتم - با شانه‌های رو به عقب و ستون فقرات صاف - همه از بین رفتند. در عوض، من ناگهان تبدیل شدم به آدمی که در شهری بودم، در میان مردمی که دیگر مرا نمی‌خواستند. انگار همه جا فضای متشنجی حاکم شده بود. خطری که آقای نوریان در مورد آن صحبت کرده بود را به محض رفتن آنها احساس کردم. راست می‌گفت: «من در امان نبودم.» چند دقیقه بعد از رفتن آنها، من و لارس سوار ماشین شدیم و تصمیم گرفتیم که بلافاصله به بوبانشوار برویم. (باید ذکر کنم که لارس، در تمام مدتی که دیپلمات‌ها اینجا بودند، کنار ما بود و همواره در پس زمینه شاهد اتفاقات و گفتگوها بود.)

او هیچ چیزی از صحبت‌های ما متوجه نمی‌شد، بنابراین اغلب از من می‌پرسید که چه خبر است. اما من هم نمی‌توانستم مدام برایش ترجمه کنم. من خودم بسیار خسته و داغان بودم و انرژی کافی نداشتم که همه چیز را دوباره برای او تکرار کنم. می‌دانستم که این بسیار بی‌رحمانه است، زیرا او از همان روزهای اول و با تمام وجود در تمام این لحظات در کنار من بود. تصمیم گرفتم به نوعی برایش جبران کنم. بنابراین در حالی که او در حیاط هتل نشسته بود، با عجله به سمت او رفتم و او را محکم‌تر از همیشه در آغوش گرفتم. اشک ریختم و گفتم: «خیلی ببخشید! حتما در راه بازگشت به بوبانشوار همه چیز را برایت مفصل توضیح خواهم داد.»

لارس فقط دوست پسر من نبود، او بهترین دوست من هم بود. اگر او در تمام این سال‌ها در کنار من نبود، نمی‌توانستم ادامه دهم. او بود که مرا عاقل و متمرکز نگه می‌داشت و مدام به من اطمینان می‌داد که نهایتاً روزی بی‌گناهیم را اثبات خواهم کرد. او هلندی بود، اما هرگز به هلند بازنگشت، حتی زمان‌هایی که فرصت‌های خیلی خوبی برایش پیش آمده بود. او با ماندن در رایاگادا مدام خود را در معرض خطر قرار داد. او همهٔ این کارها را به این دلیل انجام می‌داد که من را دوست داشت. و حالا به شدت احساس می‌کردم که لیاقت عشق او را ندارم.

وقتی سوار ماشین شدیم و از میان شهر رایاگادا رد می‌شدیم، متوجه شدم که مردم به ما خیره می‌شوند. فضا تغییر کرده بود و یک بار دیگر احساس کردم که به یک خارجی

ناخوانده تبدیل شده‌ام. حالا دیگر هوا تاریک شده بود و من می‌دانستم که بزودی دوباره از کنار خانه‌ام در موکنداپور عبور خواهیم کرد. با اینکه فقط چند ساعت قبل بچه‌ها را دیده بودم، هیجان زده بودم که بتوانم دوباره آنها را ببینم، حتی اگر شده، از فاصله دور.

وقتی به موکنداپور نزدیک شدیم، از لارس خواستم سرعتش را کم کند و نزدیک خانه توقف کند. جاده اصلی حدود سیصد متر با خانه ما فاصله داشت. وقتی کنار جاده توقف کردیم، پنجره را کشیدم پایین تا بتوانم به خانه خیره شوم. بعضی از بچه‌ها در محوطهٔ بیرون خانه بودند. به نظر می‌رسید که خوشحال هستند. با یکدیگر بازی و در اطراف جست و خیز می‌کردند. مشخص بود که به تازگی شام خود را خورده‌اند، زیرا با استفاده از آب چاهی که چند ماه قبل‌تر حفر کرده بودیم، در حال شستن ظرف‌هایشان بودند. برای مدت بسیار طولانی به آنها خیره شدم، می‌دانستم که ممکن است مدتها طول بکشد تا بتوانم دوباره آنها را ببینم.

کمی بعد به نظرم آمد که آنها بتدریج از کارهایشان دست می‌کشند و به سمت ما نگاه می‌کنند. این بچه‌ها بسیار باهوش بودند و شنوایی آنها بسیار بسیار خوب بود. بعضی شب‌ها در تابستان وقتی روی پشت‌بام خانه دراز می‌کشیدیم، یک نوع بازی حدس‌زدن انجام می‌دادیم. آنها باید به نوبت حدس می‌زدند و به من می‌گفتند که در جادهٔ اصلی چه وسیلهٔ نقلیه‌ای در حال حرکت است. چون نمی‌توانستند ببینند، شنوایی‌شان بسیار قوی‌تر از یک فرد معمولی بود - انگار قدرت‌های خارق‌العاده‌ای داشتند. آنها از فاصله بسیار دور صداهایی را بصورت خیلی واضح می‌شنیدند که من اصلاً قادر به شنیدن آنها نبودم. مثلا می‌گفتند: «این که داره رد می‌شه یک موتورسیکلت است، مامی.» یا کامیون یا ون. آنها فقط با گوش دادن به صدای موتور می‌توانستند بفهمند که چه وسیلهٔ نقلیه‌ایی در حال عبور است و در ۹۹ درصد مواقع درست حدس می‌زدند. برای من واقعاً باورکردنی نبود.

آن شب هم وقتی در ماشین نشسته بودم و آنها را تماشا می‌کردم، احساس کردم که متوجه شدند که من آنجا هستم. احساس کردم صدای موتور ماشین را شناختند. چون نمی‌خواستم آنها را ناراحت کنم، تصمیم گرفتیم که آنجا را ترک کنیم. وقتی حرکت کردیم، می‌توانستم ببینم که سر برخی از بچه‌ها به سمت ما می‌چرخد. به آنها خیره شدم تا جایی که دیگر نتوانستم ردی از آنها را ببینم.

سپس در حالی که لارس رانندگی می‌کرد، دست او را گرفتم و شروع کردم به تعریف تمام اتفاقاتی که در زمان حضور دیپلمات‌ها رخ داده بود. همه چیز را از ابتدا تعریف کردم.

۴۴ ■ آیا واقعا برنده شدم؟

لارس و بچه‌ها روی پله‌های ورودی خانهٔ ما در موکوندا‌پور

فصل ۷

آیا می‌خواستند ما را بکشند؟

دو ساعتی از سفرمان گذشته بود و من هنوز داشتم درباره اتفاقات اخیر برای لارس تعریف می‌کردم.

سه ساعت دیگر تا رسیدن به بوبانشوار باقی مانده بود. حالا هوا کاملاً تاریک شده بود. جاده‌ای که به بوبانشوار منتهی می‌شد، اصلاً جاده مناسبی نبود. از یک جایی به بعد ناگهان به یک جادهٔ خاکی بسیار باریک تبدیل می‌شد و برای کسانی که با این جاده آشناییِ نداشتند یا ماشین مناسبی نداشتند، می‌توانست بسیار خطرناک باشد. خوشبختانه ما قبلاً بارها این مسیر را طی کرده بودیم و این جاده را مثل کف دستمان می‌شناختیم.

هر چند دقیقه یکبار از روستاهای مختلفی رد می‌شدیم و مردان روستایی را می‌دیدیم که کنار جاده نشسته‌اند و سیگار می‌کشند و ماشین‌ها را تماشا می‌کنند. در گذشته، هنگام عبور از این جاده، همیشه برایشان دست تکان می‌دادم و آنها هم برایم دست تکان می‌دادند. تقریباً تمام روستاهای ۱۰ کیلومتری موکنداپور را می‌شناختم، ناسلامتی اینجا همان منطقه‌ای بود که من در آن کار می‌کردم. بنیاد من در طول سال‌ها، کلاس‌های آموزشی زیادی را برای اهالی این روستاها تشکیل داده و گاهیِ هم بسته‌های غذایی ضروری را برای کمک به افراد نیازمند، توزیع کرده بود. تقریباً همه را می‌شناختم، و خدمت کردن به آنها برایم بسیار لذت‌بخش بود. اما آن شب، وقتی برایشان دست تکان می‌دادم، حتی یک نفر هم پاسخ نداد.

مدام سعی می‌کردم خودم را متقاعد کنم که حتماً دلیلش این است که هوا تاریک

شده و مردم نمی‌توانند من را ببینند. اما پس از آن دوباره در روستای بعدی تلاش می‌کردم، و باز هم پاسخی وجود نداشت. حتی می‌دیدم که گاهی صورتشان را از ما برمی‌گردانند. برخی حتی وانمود می‌کردند که ماشین ما را نمی‌بینند. ظاهراً اخبار مربوط به پروندهٔ من به این مناطقِ قبیله‌ایی هم رسیده بود.

پیش خودم تعجب کردم؛ آخه، آنها چه چیزی در مورد من شنیده‌اند که به این سرعت نظرشان تغییر کرده؟ آیا به این دلیل بود که حالا من متهم به قتل عمد بودم و نه قتل غیرعمد؟ آیا به این دلیل بود که دیپلمات‌های ایرانی به کمک من آمده بودند؟ یا اینکه آنها فکر می‌کردند من یک شبه به دلیل شالی که بر سر کرده‌ام، عوض شده‌ام؟ مرتب از این نوع سؤالات در ذهنم شکل می‌گرفت. پس از آنکه من به قتل آن پسرک متهم شدم، بسیاری از روستاییان به من گفته بودند که آنها می‌دانند برایم دسیسه چیده‌اند. اما حالا؛ ناگهان احساس کردم حتی کسانی که سال‌های سال از من حمایت کرده بودند دیگر در کنارم نیستند. با خودم فکر کردم، *آیا ورود دیپلمات‌های ایرانی به پرونده‌ام ارزش چنین تأثیر منفی را داشت؟*

کم‌کم داشتیم به خطرناک‌ترین قسمت جادهٔ بوبانشوار نزدیک می‌شدیم. در این قسمت، وارد مسیر کوهستانی باریکی می‌شدیم که درّه‌هایی با شیب‌های بسیار تند و بدون حفاظ ایمنی وجود داشت. این بخش از جاده بهِ عنوان قسمت خطرناک و بسیار رایج برای تصادفات شناخته می‌شد. با وجود اینکه قبلاً صدها بار این مسیر را طی کرده بودیم، اما این بار هم اضطراب زیادی را در من ایجاد کرد. و این موضوع که ما در شب رانندگی می‌کردیم هم به این اضطراب دامن می‌زد.

بطور اتفاقی و ناگهان من متوجه شدم که یک ماشین و دو موتورسوار در پشت سرمان در حال حرکتند. به نظر می‌آمد که چند دقیقه‌ایی هست که پشت سر ما حرکت می‌کنند. در ابتدا سعی کردم اهمیتی ندهم و آنها را نادیده بگیرم– آنها حداقل ۱۰۰ متری از ما فاصله داشتند. فکر کردم که شاید خیالاتی شده‌ام و البته لارس هم اصلاً از این موضوع نگران نشد. بنابراین، بی‌خیال شدیم و به رانندگی ادامه دادیم.

وقتی به خطرناک‌ترین قسمت جادهٔ خاکی که بسیار هم باریک بود نزدیک شدیم، از لارس خواستم سرعتش را کم کند تا ببینم آیا ماشین و موتورسیکلت‌ها از ما سبقت می‌گیرند یا خیر. او سرعت را کم کرد، اما در کمال تعجب آنها سبقت نگرفتند بلکه آنها هم سرعتشان را کم کردند. از طریق نورهایشان قابل تشخیص بودند. لارس سرعت خود را زیاد کرد و سپس دوباره کم کرد و آنها نیز همین کار را کردند. حالا بدون شک معلوم شد که آنها در حال تعقیب ما هستند.

هردو بسیار وحشت کردیم. نه تنها داشتیم به قسمت خطرناک جاده نزدیک می‌شدیم، بلکه حالا حتی اگر می‌خواستیم هم، دیگر نمی‌توانستیم دور بزنیم، زیرا جاده بسیار باریک

شده بود. هیچ راه برگشتی وجود نداشت و تنها انتخابمان ادامهٔ مسیر و حرکت رو به جلو بود.

سپس لارس از من خواست که آماده باشم و بعد سعی کرد که با حداکثر سرعت حرکت کند. اما ماشین ما یک رنو پی‌کی خیلی قدیمی بود که نمی‌توانست زیاد سرعت بگیرد. در یک چشم برهم‌زدنی، ماشینی که ما را دنبال می‌کرد از فاصله ۱۰۰ متری؛ دقیقاً به پشت‌سر ما رسید و ناگهان به سپر عقب ماشین کوبید. بدتر این که، آن دو موتورسوار هم به نوعی موفق شده بودند از ما عبور کنند و حالا در جلوی ما در حال حرکت بودند. با عجله و دیوانه‌وار سعی کردم که پنجره سمت خودم را بالا بکشم و در همان حال آنقدر بلند جیغ می‌زدم که می‌توانستم پژواک صدایم را در کوهستان بشنوم.

آنها سعی می‌کردند که ما را از جاده منحرف و به درون درّه پرتاب کنند. تنها چیزی که به‌یاد دارم این است که سرم را بین زانوهایم گرفته بودم، جیغ می‌زدم و با خودم فکر می‌کردم که آن شب خواهم مُرد. ماشین ما مرتب این طرف و آن طرف می‌رفت، ترمز می‌کرد و یکدفعه شتاب می‌گرفت. من قادر نبودم که جلوی ترسم را بگیرم.

مدتی به این منوال گذشت. بعد احساس کردم لارس به پشتم ضربه می‌زند. دستانش می‌لرزید و مدام می‌گفت: «رفتند؛ رفتند.» خیلی می‌ترسیدم که به اطرافم نگاه کنم، اما نهایتاً سرم را بلند کردم و نگاهی به بیرون انداختم. ترس را در چهرهٔ لارس دیدم- گونه‌هایش سفید شده بودند- و بعد متوجه شدم که او حقیقت را می‌گفت. آنها رفته بودند.

برای مدتی هنوز دست او را رها نکردم - هر دو متحیر و وحشت‌زده بودیم و در عین حال خیلی تلاش می‌کردیم که دیگری را آرام کنیم. بالاخره به بزرگراه رسیدیم. از دیدن دوبارهٔ چراغ‌های بزرگراه، دیدن ماشین‌های دیگر، دیدن زندگی و انسان‌های عادی به وجد آمدیم و دوباره تا حدودی احساس امنیت کردیم. وقتی که نهایتاً دستانم از لرزش ایستادند، به آقای نوریان زنگ زدم. زمانی که جزئیات را برایش تعریف می‌کردم، ساکت بود.

بعد از اینکه حرفهایم تمام شد فقط گفت: «نرگس خانم، بیا حیدرآباد!» از لحنش می‌توانستم بفهمم که از من ناامید و دلخور است، اما با این‌حال نمی‌توانستم باور کنم که این تنها چیزی بود که او می‌توانست بگوید!

پاسخ دادم: «من نمی‌توانم بیایم. چرا متوجه نیستید؟ آیا هیچ کار دیگری نیست که بتوانید انجام دهید؟ پس لارس چه می‌شود، شاید جان او هم در خطر باشد و من نمی‌خواهم که او را ترک کنم!»

قبل از اینکه تلفن را قطع کند، تکرار کرد که باید به حیدرآباد بروم. و این تمام چیزی بود که گفت. این پاسخ او واقعاً مرا شوکه و ناراحت کرد. وقتی تلفن را قطع کرد، آنقدر عصبانی شدم که به خودم قول دادم دیگر هرگز به او زنگ نزنم. در آن لحظه احساسم

این بود که با درخواست از آنها برای آمدن به رایاگادا، بزرگترین اشتباه زندگی‌ام را مرتکب شده‌ام. بله؛ دو سال گذشته برای من جهنم بود، اما در طی این مدت هرگز به این شدت احساس ناامنی نکرده بودم.

ناگهان به نظرم رسید که شرایط کاملاً تغییر کرده است.

اوایل صبح بود که به خانه‌ایی که اجاره کرده بودیم رسیدیم. این خانه، درست خارج از بزرگراه اصلی و در جای نسبتاً دنجی قرار داشت. من این خانه را اولاً به دلیل اقامت صاحبخانه در خارج از کشور انتخاب کرده بودم و همچنین اینجا، تنها خانه‌ای بود که برای اجارهٔ آن نیازی به ملاقاتِ چهره به چهره با کسی نداشتم. جای خیلی خوبی بود – مکانی عالی برای اینکه کاملاً ناشناس زندگی کنی. من هرگز همسایه‌ها را نمی‌دیدم، فقط از روشن و خاموش شدن چراغ‌ها در دوردست می‌فهمیدم که عده‌ایی در نزدیکی ما زندگی می‌کنند. ماشین را داخل حیاط خانه پارک کردیم و من برای احتیاط یک ملافه هم روی آن کشیدم تا بیشتر پنهانش کنم. حتی با تمام این اقدامات احتیاطی، هنوز هم احساس ترس می‌کردم.

یکی دو روز گذشت و در این مدت به هیچ وجه از خانه خارج نشدیم. حتی نزدیک پنجره‌ها هم نمی‌رفتیم. از ایرانی‌ها هم مطلقاً خبری نبود. هر ثانیه از هر روز وسوسه شدیدی داشتم که به آنها پیام بدهم، اما جلوی خودم را می‌گرفتم. خیلی تعجب کرده بودم که چرا آقای نوریان پیگیری نکرده بود که ببیند حال ما خوب است یا نه؟ اینکه آیا این توقع من موجه بود یا نه را نمی‌دانم ولی من بتدریج بیشتر و بیشتر نسبت به او حسّ بدی پیدا می‌کردم.

من قبل از این و در طی سال‌های گذشته بارها و بارها با سفارت انگلستان در رابطه با شرایطم تماس گرفته بودم. آن روز لارس پیشنهاد داد که دوباره تماس بگیریم و ماجرایی را که به تازگی در جاده رخ داده به آنها نیز بگوییم. او فکر می‌کرد که شاید آنها داستان را بشنوند، و وضعیت مرا جدی‌تر بگیرند. بنابراین، پس از کمی بحث و گفتگو برای قانع کردن من، با سفارت تماس گرفتیم.

بعد از اینکه من را تقریباً به تک‌تک افراد حاضر در آن مرکز وصل کردند نهایتاً پاسخ آنها همچنان مثل گذشته بود – آنها نمی‌توانستند به من کمک کنند. حتی یکی از افرادی که با او صحبت کردم، این حماقت را داشت که به من پیشنهاد بدهد که از پلیس محلی کمک بخواهم! از دست آنها خیلی عصبانی شدم و از شدت عصبانیت تلفن را قطع کردم. معلوم بود که اهمیّتی نمی‌دادند. من همیشه آنها را با نگاهی بسیار فراتر از ایران می‌دیدم، شاید به دلیل نحوه پوشش رسانه‌ها از دو کشور بود. اما آن زمان بود که فهمیدم چقدر اشتباه کردم.

یکی دو روز دیگر هم گذشت و از آنجایی که در خانه دیگر غذایی نداشتیم، تصمیم

گرفتیم که بالاخره بیرون برویم و چیزی بخوریم. فکر کردیم که اوضاع آرام شده و احساس می‌کردیم که در امان خواهیم بود. به رستوران معروفی رفتیم که می‌دانستیم همیشه شلوغ است و به نظرمان امنیت خوبی هم داشت.

وقتی به آنجا رسیدیم، از شدت گرسنگی حس کردم معده‌ام در حال سوراخ شدن است، و به همین دلیل بیشتر از همیشه غذا سفارش دادم. در حالی که روبرویم همه جور غذایی بود و در حال سیر شدن بودم، ناگهان احساس خوشحالی بسیار زیادی کردم. زندگی من، اگر هم شده لااقل برای مدت کوتاهی، به حالت عادی نزدیک شده بود.

در همین افکار بودم که ناگهان لارس روی شانه‌ام زد و در یک آن، همه چیز تغییر کرد. به او نگاه کردم و دیدم که با انگشت به سمت تلویزیون رستوران اشاره می‌کند. وقتی به آن سمت برگشتم، دیدم که تصویرم در تلویزیون در حال پخش است! یک نوع برنامه خبری معروف و پربیننده بود که در آن مجری داشت در مورد من صحبت می‌کرد. او طوری دربارهٔ من صحبت می‌کرد که گویی گناهکارم. او همچنین تصویر وحشتناکی از دیپلمات‌های ایرانی ارایه می‌داد.

لارس مدام از من می‌پرسید: « دارند راجع به چی صحبت می‌کنند؟»

من گفتم: «زود پاشو بریم!» و دست کردم در کیفم تا مقداری پول نقد روی میز بگذارم.

کمی بعد و ناگهان حس کردم که تمام رستوران به ما نگاه می‌کنند. سپس احساس سبکی و ضعف شدیدی کردم، گویی مجبور بودم که چشمانم را ببندم و تا ابد استراحت کنم. جهان اطرافم شروع کرد به چرخیدن. حتی وقتی که سعی می‌کردم با این حس مقابله کنم، نمی‌توانستم چشمانم را باز نگه دارم.

زمانی که چشم باز کردم، در بیمارستان بودم.

۵۰ ▪ آیا واقعا برنده شدم؟

ماشین رنو پی‌کی من

گزارشات خبری اختصاصی متعدد راجع به دادگاه من که در شبکه‌های تلوزیونی سراسر استان اودیشا پخش می‌شد

فصل ۸

تسلیم می‌شوم

ضربان قلبم بسیار بالا بود و به نظرم می‌آمد که در اطرافم همه چیز بشکل غیر عادی نورانی است. وقتی که چشمانم را باز کردم دیدم چیزهای زیادی به سینه، بازوها و انگشتانم وصل است. به اطرافم نگاه کردم و بلافاصله لارس را دیدم که با غم و اندوه زیادی که در چشمانش بود، کنارم نشسته است. او گفت: «دکتر گفته که تو دچار یک سکتهٔ خفیف مغزی شده‌ایی؛ چیزی به نام TIA» باورم نمی‌شد! من فقط بیست‌وهفت سال داشتم و حالا یک سکتهٔ خفیف مغزی کرده بودم؟ این خبر، من را به وحشت انداخت. خواستم فوراً بیمارستان را ترک کنم، اما دکتر جوانی که روبروی من ایستاده بود گفت که این تصمیم خوبی نیست و باید حداقل ۲۴ ساعت دیگر در بیمارستان بمانم. پس از سالها زندگی در روستاهای دورافتاده و قبیله‌ای، بدون دسترسی به مراقبت‌های پزشکی اولیّه، صحبت کردن با یک پزشک خوش اخلاق و بسیار باهوش که با من به زبان انگلیسی روان صحبت می‌کرد، برایم خوشایند و عجیب بود. من کاملاً مطمئن بودم که هر چه مدت طولانی‌تری در بیمارستان بمانم، نهایتاً مردم من را از طریق اخباری که در حال انتشار است، خواهند شناخت. آن وقت نمی‌توانستم خجالتی که ناشی از اجبار به دفاع از خودم و توضیح شرایطم به افراد کاملاً غریبه باشد، را تصور کنم. مطمئن بودم که من تنها خیّر امدادرسان خارجی هستم که در کل ایالت اودیشا زندگی می‌کند (دریافت ویزای کار برای اودیشا بسیار بسیار سخت و تقریباً غیرممکن بود.) بنابراین شناسایی من در میان این عده، کار چندان دشواری نبود. به دکتری که آنجا بود گفتم که مجبورم بیمارستان را

ترک کنم و با وجود اینکه هنوز اصلاً حال خوبی نداشتم، با رضایت خودم مرخص شدم و همراه با لارس به خانه برگشتیم.

با آقای نوریان تماس نگرفتم، راستش را بخواهید به نظرم بیهوده بود. بعلاوه، از دست او خیلی ناراحت و عصبانی بودم. من و لارس ساعت‌ها در مورد گزینه‌های محدودی که داشتیم صحبت کردیم و نهایتاً به این نتیجه رسیدیم که بهترین قدم بعدی ما این خواهد بود که کنسولگری ایرانی دیگری را امتحان کنیم، نه کنسولگری حیدرآباد، بلکه کنسولگری دیگری در هند. در آن زمان ایدهٔ خوبی به نظرمان می‌رسید.

بلافاصله بلیط را رزرو کردیم و همان شب با قطاری که یک و نیم روز در راه بود، به سمت بمبئی براه افتادیم. ما در واقع از یک انتهای کشور به انتهای دیگر آن، از شرق به غرب می‌رفتیم. این سفر، زمان زیادی را در اختیار من قرار داد تا هم خوب بخوابم و هم از اتفاقاتی که در این چندروز اخیر افتاده بود فاصله بگیرم و تجدید قوا کنم. عصر روز بعد ما به بمبئی نزدیک شدیم. آدرس کنسولگری ایران در بمبئی را در گوگل پیدا کردم. از قبل هیچ وقت ملاقاتی نگرفته بودیم. یک توک‌توک کرایه کردیم و رفتیم آنجا. لارس در توک‌توک منتظر ماند و من به سمت درب ورودی کنسولگری رفتم. بدون مقدمه به افرادی که در داخل نگهبانی نشسته بودند گفتم که می‌خواهم با رئیس کنسولگری صحبت کنم. نام و کارت شناسایی خواستند و من گذرنامه ایرانی‌ام را به آنها نشان دادم. وقتی که گذرنامه‌ام را بیرون می‌آوردم احساس می‌کردم که دارم به آقای نوریان خیانت می‌کنم، اما از طرفی می‌دانستم که باید هر کاری که از دستم بر می‌آید برای نجات خودم انجام دهم. آن روز حس‌های متفاوت زیادی در من غلیان داشتند.

با تردید بسیار به من اجازه ورود دادند و تقریباً بلافاصله مردی بسیار مسن‌تر از آقای نوریان را دیدم که در کنار درب ورودی به من سلام کرد. ظاهراً او قبلا در مورد پرونده من مطالبی شنیده بود. از همان ابتدا تردید و بی‌میلی او را برای صحبت با خودم احساس کردم. او مرا به داخل اتاقی هدایت کرد و حداقل نیم ساعت تمام به صحبت‌هایم گوش داد. من بین جمله‌هایم حتی یک نفس هم نکشیدم! وقتی که در حال حرف زدن بودم و صحبت‌های خودم را می‌شنیدم؛ مدام به این فکر می‌کردم که: *این مرد حتماً تصور می‌کند که من کاملاً عقلم را از دست داده‌ام.* خصوصاً وقتی که آخرین جمله‌ام را با گفتن «و تازه از بیمارستان مرخص شده‌ام» تمام کردم... وقتی که صحبتم تمام شد به او نگاه کردم. صورتش کاملاً بی‌تفاوت و بدون احساس بود. به نظرم مجموعهٔ این اطلاعات، برای هیچ فرد عاقلی قابل هضم نبود. از نوع نگاهی که او به من داشت حس کردم که حرف‌هایم را باور نکرده است، به خصوص زمانی که از من خواست چگونگی جلسه آخر دادگاهم را مجدداً برایش تکرار کنم. «یعنی شما می‌فرمایید که قاضی در جلسه دادگاهتان گریه کرد؟»

در حین اینکه داشتم به صحبت‌های او که با بی‌حوصلگی و اِنکار ادا می‌شد، گوش می‌کردم، نمی‌توانستم از فکر کردن به آقای نوریان و خانم کیانی و تفاوت بسیار زیاد آنها با این مرد دست بردارم. او آدم بسیار خونسردی بود و به نظر می‌رسید که خیلی اهل قضاوت کردن بود، طوری با من صحبت می‌کرد که به من احساس حماقت و کوچکی می‌داد. احساس می‌کردم که او فکر می‌کند من دروغ می‌گویم یا مطالب را با بزرگنمایی زیاد بیان می‌کنم. در مجموع حس می‌کردم برای اینکه حرفهایم را باور کند باید آنها را مدام تکرار کنم.

در حالی که من داشتم هنوز صحبت می‌کردم از جایش بلند شد و گفت: «خانم کلباسی، فکر می‌کنم بهترین گزینهٔ شما این است که فقط به آقای نوریان اعتماد کنید.» سپس به سمت درب خروجی به راه افتاد و من آن را نشانهٔ اشاره او به اتمام جلسه در نظر گرفتم. بعد، از اتاق خارج شد و به سمت درب ورودی کنسولگری حرکت کرد، من هم مثل بچه‌ایی که راهش را بلد نیست پشت سر او راه افتادم. احساس شرمندگی و تحقیر خیلی زیادی می‌کردم. درب ورودی را برایم باز کرد و خداحافظی کرد. من فقط سرم را تکان دادم و به سمت توک‌توکی که لارس در آن منتظر من نشسته بود براه افتادم و زدم زیر گریه. آنچه اتفاق افتاد برایم باورکردنی نبود. آقای نوریان خیلی متفاوت بود، خیلی خونگرم و مهربان بود و به من توجه عمیق و واقعی داشت. حدس می‌زنم که آن زمان تصوّرم این بود که حتماً دیپلمات‌های دیگر هم همینطور هستند، اما تصوّرم اشتباه بود. سرانجام تسلیم شدم و در حالی که هنوز داخل توک‌توک روبروی کنسولگری بمبئی نشسته بودیم و من هنوز اشک می‌ریختم، با آقای نوریان تماس گرفتم و با شرمندگی تمام برایش تعریف کردم که چکار کردم. از او عذرخواهی کردم و پرسیدم که آیا دوست دارد که حالا همان درخواستی را که همیشه از من داشت تکرار کند؟ چند ثانیه سکوت کرد و با حالتی طنز گفت: «نرگس خانم، بیا حیدرآباد!» چشمانم را بستم و اجازه دادم تا آرامشی که در من ایجاد شد، تمام وجودم را فرا بگیرد. سپس به او گفتم: «باشه! من تسلیمم و بابت این کارم عذرخواهی می‌کنم؛ دارم میام حیدرآباد.»

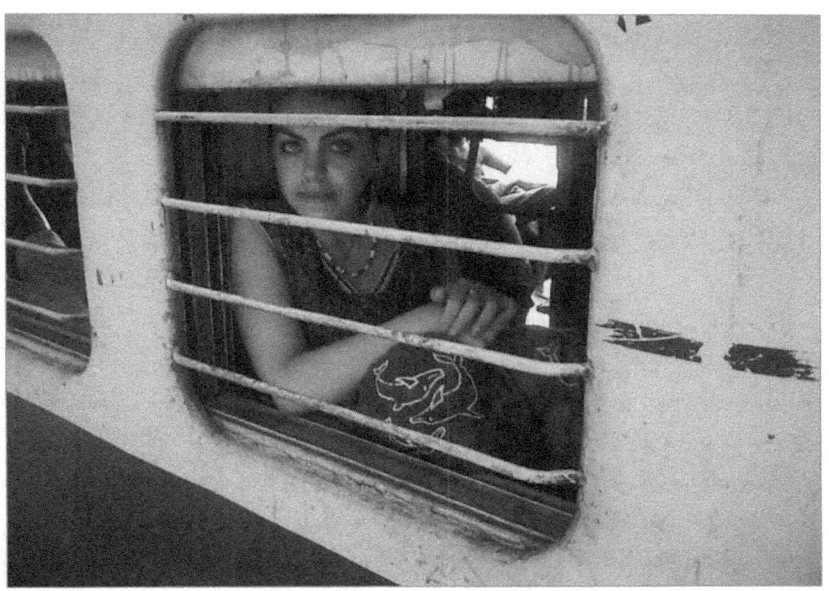

این عکس را لارس در قطار از من گرفت

فصل ۹

خیلی بهتر از آنکه بتوان تصّورش را کرد

او گفت: «می‌دانستم که بالاخره شما می‌آیید.» انتظار داشتم که به خاطر رفتن به یک کنسولگری دیگر از دستم عصبانی باشد، اما اصلاً این گونه نبود. با دیدن تواضع و مهربانی او، از خودم بسیار خجالت کشیدم و شرمنده شدم. چه دنیای بزرگی از تفاوت بین این دو سرکنسول وجود داشت.

بعد از آن تماس تلفنی، من و لارس اولین پرواز را به سمت حیدرآباد گرفتیم. لارس ترتیبی داد که در هتلی در نزدیکی کنسولگری اقامت کند. شرایط واقعاً در آستانه تغییر بود. او برای من خوشحال بود؛ اما من برای اینکه مجبور بودم او را ترک کنم، احساس گناه می‌کردم. مشخصات پروازمان را برای آقای نوریان فرستادم. او گفت که یکی از پرسنل کنسولگری را می‌فرستد دنبالم که مرا سوار کند و با تأکید از من خواست که فقط منتظر او بمانم. تمام آن پرواز ۲ ساعته، از پنجره به بیرون نگاه و به این فکر می‌کردم که چگونه در این ۲ سال گذشته تقریباً به سراسر کشور هند سفر کرده‌ام فقط برای اینکه بی‌گناهیم را اثبات کنم و بتوانم پیش بچه‌ها بمانم که اصلاً موفق نبودم و حالا هم قرار بود بروم و داخل کنسولگری ایران زندگی کنم! زندگی من بی‌نهایت عجیب و بهم ریخته بود و حالا قرار بود که بهم ریخته‌تر هم بشود.

در فرودگاه حیدرآباد فرود آمدیم و به محض پیاده شدن از هواپیما من و لارس برای مدت طولانی یکدیگر را در آغوش گرفتیم. قول دادم که هر شب تمام اتفاقات آن روز را برایش تعریف کنم و در اولین فرصت دوباره یکدیگر را ببینیم. همانطور که شاهد دور

شدنش بودم، همزمان درد شدیدی در وجودم حس می‌کردم. وقتی که از سالن پروازهای ورودی خارج شدم، مرد هندی خوش‌پوشی را دیدم که شلوار خاکستری و بالاتنه همرنگی پوشیده بود و مرا با نام خانوادگی‌ام صدا می‌زد. ظاهر بسیار تمیز و مرتبی داشت و خود را رانندهٔ کنسولگری جمهوری اسلامی ایران معرفی کرد. پیش خودم فکر کردم، *ای وای بر من. جمهوری اسلامی؟* در ذهن من همیشه فقط کشور ایران بود، اما در واقع نام رسمی آن جمهوری اسلامی ایران بود و این واقعیت من را ترساند. او کوله پشتی‌ام را از من گرفت تا برایم حمل کند. بلافاصله من حس غیرعادی و بدی پیدا کردم. چند روزی بود که دوش نگرفته بودم و صندل‌هایم هم خیلی کثیف بودند. هنوز همان شال و لباسی را که در جلسه دادگاهم در رایاگادا پوشیده بودم بر تن داشتم. یک‌مرتبه خیلی احساس خجالت کردم. رفتیم بیرون و به سمت ماشینی که درست جلوی درب ورودی سالن پارک شده بود حرکت کردیم. یک ماشین بی‌ام‌و مشکی بسیار تمیز و شیک بود. آنطور که من متوجه شدم، تنها ماشینی بود که به نظر می‌رسید اجازه داشت در آنجا پارک کند. سپس او درب عقب را برایم باز کرد و من با این احساس که واقعاً تناسبی بین من و این ماشین وجود ندارد، روی صندلی عقب نشستم. همانطور که او رانندگی می‌کرد، چشمم به صندل‌های کثیفم افتاد. یک بطری آب داخل درب ماشین بود، آن را برداشتم و در حالی که تلاش زیادی می‌کردم که راننده متوجه نشود، کمی از آن را روی یک تکه دستمال کاغذی ریختم و شروع کردم به تمیز کردن صندل‌هایم. بعد از حدود یک ساعت رانندگی به درب ورودی بسیار بزرگی رسیدیم که چندین پرچم ایران در بیرون آن در اهتزاز بودند. تا قبل از آن من هیچ وقت با پرچم ایران واقعاً ارتباطی برقرار نکرده بودم، اما آن شب وقتی که دیدم آنها در اهتزاز هستند، احساس آرامش کردم و به طرز غریبی احساس کردم که به خانه می‌روم. نگهبانان مسلح درب ورودی راننده را شناختند، نگاه جزئی به داخل خودرو انداختند و سپس اشاره کردند تا درب‌ها را برایمان باز کنند. بداخل مجموعه رفتیم. واقعا نمی‌توانستم باور کنم که این مجموعه به این اندازه بزرگ است. کمی بعد راننده، ماشین را جلوی ساختمانی پارک کرد و بسرعت بیرون پرید، کوله پشتی‌ام را از صندوق عقب ماشین برداشت و از من خواست که تا اتاقم او را دنبال کنم. با خودم فکر کردم، *اتاقم؟* عجب، *آیا اینجا واقعاً خانهٔ من خواهد شد؟* درب را باز کرد و کلید و کارتی را به من داد و گفت که اگر چیزی لازم داشتم با شمارهٔ روی کارت تماس بگیرم. سپس برایم شب خوبی را آرزو کرد و رفت.

ناباورانه وارد اتاق شدم. بسیار زیبا بود. اتاق بوی گل رُز تازه چیده شده می‌داد. روی دیوارها، دورتادور آثار هنری زیبا و تابلوهایی از مکان‌های معروف ایران آویزان بود. عکسی از تخت‌جمشید در شیراز و بعد عکس سی‌وسه پل اصفهان (یکی از معروف‌ترین و زیباترین پل‌های اصفهان) را دیدم. ناگهان صدای زنگ بلندی از گوشهٔ اتاق شنیدم

که من را از جا پراند. صدای زنگ تلفن بود. مطمئن نبودم که آیا باید جواب بدهم یا نه. بعد از چندین زنگ، گوشی را برداشتم و حرفی نزدم تا اینکه صدای آقای نوریان را شنیدم «خوش آمدین نرگس خانم، خیلی خوشحالیم که اینجا هستین و در امانید. کمی استراحت کنید و فردا صبح به دفتر من بیاید.» سپس قبل از اینکه بتوانم از او تشکر کنم تلفن را قطع کرد. خیلی شاداب و سرحال به‌نظر می‌رسید. مات و مبهوت گوشی را قطع کردم. تمام آنچه که درحال روی دادن بود برایم بسیار غیرواقعی می‌نمود و بسیار بهتر از آن‌چیزی بود که می‌توانستم حتی تصّورش را بکنم.

آن شب، شگفت‌انگیزترین دوش را گرفتم، احساس کردم تمام کثیفی‌هایی که سال‌ها روی من جمع شده بود، در حال شسته شدن است. من به دوش گرفتن با آب گرم عادت نداشتم. دوش با آب گرم از آن جمله امکانات خیلی لوکسی بود که حتی در خانه‌ای که در بوبانشوار اجاره کرده بودیم هم نداشتیم، مخصوصاً با این فشار آب بالا. حداقل یک ساعت زیر دوش بودم و از هر ثانیهٔ آن لذت بردم. وقتی که از حمام خارج شدم چند نفر از کارکنان برایم غذا آوردند، یکی از غذاهای ایرانی که از همه بیشتر دوست داشتم؛ «قیمه»، همراه با انواع تنقلات و نوشیدنی‌های ایرانی! احساس می‌کردم که جزو خاندان سلطنتی شده‌ام. در قسمت انتهای تخت‌خواب نشستم و مشغول خوردن شدم و به عکس اصفهان نگاه کردم و احساس کردم که گویی به خانه‌ام نگاه می‌کنم. فکر کردم که چقدر تصادفی و عجیب است که بعد از سالها دوری از ایران و فرهنگ آن، اولین شبی که به اینجا رسیده‌ام، مشغول خوردن غذای ایرانی مورد علاقه‌ام هستم و روبروی عکس سی‌وسه‌پل نشسته‌ام که واقعاً چندقدم بیشتر با محل تولد واقعی من در اصفهان فاصله نداشت. در حالی که شکمم پر شده بود و احساس می‌کردم تمیزتر از همیشه هستم، روی راحت‌ترین تختی که تا به حال روی آن خوابیده بودم، با احساس یک شاهزاده خانم به خواب رفتم.

۵۸ ▪ آیا واقعا برنده شدم؟

من در کنسولگری ایران در مقابل یکی از تابلوهای مربوط به ایران

نمای کنسولگری ایران در حیدرآباد از خیابان روبرو

فصل ۱۰

بازجویی متفاوت

روز بعد صدای زنگ تلفن مرا از خواب بیدار کرد. ترسیدم و با صدای خواب آلود جواب دادم.

آن طرف گوشی دختری بود با صدایی آرام و ظریف. او به زبان انگلیسی، خود را منشی آقای نوریان معرفی کرد و گفت که چند ساعتی است که تلاش می‌کند با من تماس بگیرد. همچنین گفت که کم‌کم نگران من شده بوده. به ساعت نگاه کردم و متوجه شدم ساعت ۱۲:۳۰ ظهر است. در چنان خواب عمیقی فرو رفته بودم که حتی صدای زنگ تلفن را هم نشنیده بودم. یادم نمی‌آمد آخرین باری که این اندازه و اینقدر عمیق خوابیده بودم، کِی بود.

او گفت: «آقای نوریان در دفترش منتظر شماست. هر زمان که آماده بودین تشریف بیاورین.»

سریع لباس پوشیدم و از اتاقم بیرون رفتم. مسحور زیبایی کنسولگری بودم. اطراف ساختمان اصلی، فضاهای سبز بسیار بزرگی وجود داشت، و در یکی از این فضاها حتی اردک‌های کوچک و بامزه‌ای وجود داشتند که کواک‌کواک کنان در اطراف حرکت می‌کردند. می‌توانستی بوی چمن‌های تازه کوتاه شده را حس کنی و می‌دیدی که همه چیز چقدر تمیز و مرتب نگهداری شده است. باغبان‌ها در اطراف حرکت می‌کردند و همه با مهربانی و احترام به من سلام می‌کردند. اتاق من یکی از شش اتاقی بود که در پشتِ

فضاهای سبزِ مجموعه قرار داشت. به نظر می‌رسید که این قسمت مخصوص مهمانان ساخته شده و از ساختمان اصلی کنسولی جدا بود.

دیوارهای بلندی کل محوطه را احاطه کرده بود. هیچ راهی برای دیدن بیرون کنسولگری وجود نداشت، بنابراین نمی‌دانستم که دقیقاً کجای حیدرآباد هستم. گوشی تلفنم را بیرون آوردم و نقشه گوگل را باز کردم، سپس از موقعیت مکانیم اسکرین شات گرفتم و برای لارس فرستادم. او به من اطمینان داده بود که یک هتل در همان نزدیکی‌ها رزرو کرده است، اما من می‌خواستم مطمئن شوم که او واقعاً به من نزدیک است. از چند نفری که در اطراف قدم می‌زدند آدرس دفتر آقای نوریان را پرسیدم و آنها به سمت درب اصلی ساختمان کنسولگری اشاره کردند و گفتند که باید به طبقهٔ آخر بروم. رفتم، و بالاخره منشی‌اش را پیدا کردم.

چند دقیقه‌ای با او صحبت کردم. او دختری شیرین و در عین حال خیلی خجالتی به نظر می‌آمد. گفت که نیمه ایرانی، نیمه هندی است. بدون لحظه‌ایی فکر کردن، از دهنم پرید و گفتم: «خدا را شکر که فقط نیمه هندی هستین!» نمی‌دانم چرا این حرف را زدم اما فکر می‌کنم با توجه به تمام بلاهایی که هند در طی دو سال گذشته بر سر من آورده بود، این حرفِ من نمایش ناشیانه‌ایی بود برای یکجور شوخ‌طبعی. بلافاصله حس کردم که او آن را نژادپرستانه تلقی کرده است. متوجه شدم که او احساس ناخوشایندی پیدا کرد و من هم هر چه بیشتر آنجا می‌ماندم، بیشتر و بیشتر احساس خجالت و شرمندگی می‌کردم. لذا بسرعت سری تکان دادم و چرخیدم بسمت درب اتاق آقای نوریان و بعد از چندین بار در زدن، به محض اینکه شنیدم که گفت بفرمایید داخل، با سرعت تمام وارد شدم.

با لحنی کنایه آمیز گفت: «نرگس خانم خوش آمدین. امیدوارم اینجا به شما خوش بگذرد و خرابکاری هم نکنید!»

با خودم فکر کردم: *هنوز ۵ دقیقه نیست که اینجام و تو همین فاصله منشی‌ات را حسابی ناراحت کردم.*

او دفتر بزرگی داشت - تقریباً به اندازهٔ طبقهٔ پایین خانه ما در موکنداپور بود. آن زمان بود که متوجه شدم این مرد کیست و چقدر آدم مهمّی است. از پشت میزش بلند شد و آمد روی یک دست مبل زیبا نشستیم. همانطور که می‌نشستم، نمی‌توانستم از تماشای آن همه تابلوهای زیبای آویزان شده به دیوارهای اتاق او دست بردارم. سپس شروع کردم به تعریف همهٔ اتفاقاتی که بعد از آنکه آنها هتل رایاگادا را ترک کردند، پیش آمده بود. حتی در مورد TIA مغزی‌ام هم به او گفتم. تمام مدتی که من صحبت می‌کردم، او خونسرد و آرام بود. هنگامی که بالاخره حرف‌هایم تمام شد، از من پرسید که چرا در مورد بستری

شدنم چیزی به او نگفته بودم. او واقعاً غمگین به نظر می‌رسید.

جواب دادم: «برای اینکه حتماً دوباره با گفتن همان جملهٔ آزار دهنده که نرگس خانم بیا حیدرآباد جواب می‌دادی» و هر دو زدیم زیر خنده.

کمی بعد خانم کیانی و به دنبال او دو مرد دیگر وارد اتاق شدند. یکی خیلی جوانتر بود و دیگری باید در اوایل دهه ۶۰ زندگی‌اش می‌بود. آنها خیلی جدی و رسمی به نظر می‌رسیدند؛ دقیقاً مانند دیپلمات‌های فیلم‌های سینمایی. شروع کردیم به صحبت در مورد اینکه برای جلسهٔ بعدی دادگاه من چه کاری باید انجام شود. از اینکه بلاخره داشتیم برنامه ریزی می کردیم بسیار خوشحال بودم.

مرد مسن‌تر مذهبی به نظر می‌رسید. با اینکه همگی به صورت دایره وار روی مبل‌ها نشسته بودیم ولی او هرگز مستقیماً در چشمان من نگاه نمی‌کرد – حتی زمانهایی که با من صحبت می‌کرد. از این نظر کمی احساس ناراحتی می کردم، اما می‌توانستم حس کنم که صرف‌نظر از اینکه چقدر مذهبی است، او مردی فوق‌العاده ملایم و دوست داشتنی است. از آن پیرمردهایی که دوست دارید پدربزرگ شما باشند.

دیگری که مرد جوان‌تری بود، به نظر می‌آمد که از بودن در آنجا اصلاً راضی نیست. او بسیار بی‌حوصله و ناآرام بود. بعلاوه، در رفتارش گستاخی زیادی بود و هر زمان که آقای نوریان حرفی می‌زد او کاملاً برعکسش را مطرح می‌کرد. من حس کردم که شاید او یک کینه و حسادت اساسی نسبت به آقای نوریان دارد.

در کل، جمع پیچیده‌ای بودیم متشکل از افرادی با شخصیت‌های کاملاً متفاوت.

جلسهٔ ما حدود یک ساعت طول کشید. زمانیکه همه بلند شدند تا اتاق را ترک کنند، من هنوز در مورد اینکه قدم بعدی چیست مطمئن نبودم. در حالی که آقای نوریان در اتاق قدم می‌زد و اطلاعات ارائه شده در جلسه را حلاجی می‌کرد، من از سردرگمی خودم به او گفتم. او گوش داد و بعد توضیح داد که فعلاً باید از این خوشحال باشم که این دو نفر یعنی آقایان امجدی و جوادی قرار است همراه من در جلسهٔ بعدی دادگاه حضور داشته باشند. او درست می‌گفت؛ واضح بود که نباید نگران باشم، بنابراین از او تشکر کردم و به اتاقم برگشتم.

روزهای بعدی حضور من در کنسولگری به سرعت برق و باد گذشت. به ندرت با کسی صحبت می‌کردم و بیشتر اوقات در اتاقم می‌ماندم. خودم را منزوی کرده بودم که البته می‌دانستم برایم خوب نیست. مطالبی که در اینترنت راجع به من نوشته شده بود را می‌خواندم و بیشتر شب‌ها گریه می‌کردم زیرا احساس تنهایی و سردرگمی زیادی داشتم. لارس اغلب به من پیام می‌داد و از احوال من و اخبار جدید پرس‌وجو می‌کرد، اما من تصمیم نداشتم که راجع به غم و اندوهی که مرا فراگرفته بود برایش چیزی

بگویم. ولی ای‌کاش که گفته بودم—ممکن بود به کاهش فشاری که تحمل می‌کردم کمک کند.

یک روز عصر، همانطور که روی تخت دراز کشیده بودم و به جلسه بعدی دادگاهم فکر می‌کردم، صدایی از بیرون اتاق شنیدم. بی سروصدا بلند شدم و به آرامی و دزدکی طوری که از بیرون متوجه نشوند، به بیرون نگاهی انداختم. دیدم که چندین میز درست جلوی باغچه‌ها و روبروی اتاق من چیده شده است و چندین خانم هم که همگی چادر مشکی به سر داشتند در حال حرکت به سمت اتاق من هستند.

با خودم فکر کردم، *ای وای... اگر در بزنند، چه؟*

رفتم و در دورترین انتهای اتاق نشستم و منتظر شدم ببینم چه اتفاقی می‌افتد. سپس همانی که انتظار داشتم اتفاق افتاد. آنها زنگ زدند و همزمان بشدت به در کوبیدند. داد می‌زدند: «نرگس جان، نرگس جان! لطفاً در را باز کن!»

من معمولاً اکثر شب‌ها در تاریکی می‌نشستم تا به نظر برسد که آنجا نیستم یا خوابم. اغلب، افراد مختلفی به اتاقم می‌آمدند و می‌خواستند که با من صحبت کنند و با اینکه می‌دانستم بیشترشان از روی مهربانی و محبّت است، ولی متوجه شده بودم که برخی هم از روی کنجکاوی می‌آیند. برای این گروه، من یک موجود عجیب و هیجان‌انگیز بودم. خبر محاکمهٔ من در سراسر ایران منتشر شده بود و ایرانیان مقیم هند نیز از آن مطلع بودند.

از نظر من گویی که مثلاً شبیه موجودی بودم در باغ وحش که مردم برای تماشایم می‌آمدند. درصورتیکه من دوست داشتم مثل یک فرد عادی با من رفتار شود و به حال خود رها باشم.

برخلاف همیشه، در این شب بخصوص، تمام چراغ‌های اتاقم روشن بود. خیلی از دست خودم عصبانی شدم که چرا فراموش کردم آنها را خاموش کنم. نهایتاً مجبور شدم که در را باز کنم - این خانم‌ها هرکه بودند، خوب می‌دانستند که من داخل هستم. با شلوارک و لباس خواب به سمت در رفتم، کمی لای در را باز کردم - فقط به اندازه‌ایی که بتوانند صورتم را ببینند - و به فارسی به آنها سلام کردم. همگی سخت تلاش می‌کردند که از لابلای در، نگاهی به من بیاندازند. همگی با هم سلام کردند و همزمان خودشان را معرفی کردند. تمام زوری که داشتم را بکار بردم تا مانع شوم که در را بطور کامل باز کنند.

یکی از خانم‌ها با هیجان زیادی گفت: «نرگس جان، من همسر آقای جوادی هستم.» پیش خودم فکر کردم، *آقای جوادی؟* و بعد یادم آمد که او همان مرد جوان و ناخوشایندی بود که قبلاً در دفتر آقای نوریان با او آشنا شده بودم. او پر سروصداترین این خانم‌ها بود

و برای معرفی دیگران پیش‌قدم شد. به نظر نمی‌رسید که هیچ کدام متوجه عمق ناراحتی من، که در قیافه و حرکاتم مشهود بود، شده باشند.

از من درخواست کردند که با آنها بروم بیرون زیرا برایم یک شام خوش‌آمدگویی برپا کرده‌اند. همسر آقای جوادی گفت: «بیاین، فرصتی خوبی است که با ما آشنا بشین!»

من هیچ وقت یک فرد اجتماعی نبودم - در واقع کاملاً برعکس. همیشه خیلی غیرعادی، درونگرا و فقط در کنار بچه‌ها شاد بودم. بنابراین، دعوت‌هایی از این دست همیشه برایم اضطراب‌آور بود. خیلی دوست داشتم به آنها بگویم که خسته هستم و نمی‌توانم، اما احساس بدی داشتم و تحت فشار بودم، چراکه آنها همهٔ این کارها را برای خوش‌آمدگویی من ترتیب داده بودند. بنابراین با اکراه موافقت کردم و به آنها گفتم که به زودی به ایشان ملحق خواهم شد.

لباسم را پوشیدم، شال به سر کردم و رفتم به سمت قسمتی که آنها در آن جمع شده بودند. آنها با صدای بلند و همزمان با هم مشغول صحبت بودند و بچه‌ها هم با جیغ و داد در اطراف می‌دویدند. خودم را متقاعد کردم که فقط پنج دقیقه یا کمی بیشتر می‌مانم. به نزدیکی میزها که رسیدم، خانم‌ها یکی‌یکی از جا بلند شدند و دوباره خودشان را معرفی کردند. حداقل پانزده نفری بودند. همهٔ آن‌ها با کنجکاوی نگاهی به سرتاپای من انداختند. به دلیل تفاوت لباس‌هایم با آن‌ها، احساس کردم که وصلهٔ خیلی ناجوری هستم.

روی یکی از صندلی‌های خالی نشستم. همسر آقای جوادی صریح‌ترین آنها بود. او مدام در حال صحبت بود و به سختی بین جمله‌ها نفس تازه می‌کرد. او به زودی شروع کرد به سؤال و جواب از من و بسرعت، دیگران هم از او تبعیت کردند. آنها شروع کردند به پرسیدن سؤالاتی در مورد دوران کودکی‌ام، سپس تحصیلاتم، بعد نحوهٔ مرگ والدینم، سپس راجع به دوستانِ و روابطم... و سرانجام درمورد گرفتاری که در حال‌حاضر در آن قرار گرفته بودم. واقعاً حس می‌کردم که دوباره توسط پلیس بازجویی می‌شوم. با هر سؤالی که جواب می‌دادم، آرزو داشتم که این آخرین سؤال آنها باشد. برخی از سؤالات خیلی خصوصی بودند و به من این حس را می‌داد که آنها باید بشدت بی‌ادب باشند - آیا این فقط یک تفاوت فرهنگی بود؟ آیا در فرهنگ ایرانی، کنجکاوی در تک‌تک جنبه‌های خصوصی زندگی یک فرد، مطلب عادی بود؟

یکی از خانم‌ها با خجالت پرسید: «اجازه هست با هم یک سلفی بگیریم؟» اولین باری بود که صدای او را می‌شنیدم و از این که او حداقل در درخواستش گستاخ نبود خوشحال بودم. گرچه این سؤال من را گیج کرده بود، اما با درخواستش موافقت کردم. همانطور که او برای گرفتن سلفی می‌آمد که پشت سرم بایستد، همسر آقای جوادی

خندهٔ شیطنت‌آمیزی کرد و گفت: «حتما می‌دانید که الان در ایران خیلی معروف شدین، درسته؟»

من خیلی متعجب بودم که می‌دیدم هیچ یک از آنها متوجه نمی‌شوند که من چقدر مُعذَب و ناراحت هستم. بله، آنها برای من یک میهمانی شام گرفته بودند، اما به طرز عجیبی حس می‌کردم که در واقع آنها یک بازجویی ترتیب داده‌اند. سؤالات آنها تمامٍ شدنی نبود. در مقطعی، یکی از خانم‌ها شروع کرد به سخنرانی راجع به اینکه من اصلاً نباید به هند می‌آمدم. دیگر انرژی کافی نداشتم که با او در مورد بچه‌ها صحبت کنم و بگویم که چگونه آنها دلیل اصلی آمدنم به هند بودند، بنابراین به سادگی سرم را پایین انداختم و با او موافقت کردم. سپس خانم دیگری انتهای آزاد شال من را بین انگشتانش گرفت، با اخم نگاهی به آن کرد و سپس رو به من گفت: «مرکز خرید آن طرف خیابان شال‌های بهتری دارد.»

بعد از حدود بیست دقیقه گفتگو و گوش دادن به صحبتهای این خانم‌ها، دیدم که تعدادی از کارکنان آشپزخانه به سمت ما می‌آیند. بشقاب‌های غذا در دستشان بود. وقتی که به ما نزدیک‌تر شدند و بشقاب‌ها را جلوی ما گذاشتند، متوجه شدم که کباب است. پیش خودم فکر کردم، *عالی شد! این بهترین زمان برای بهانه آوردن و جیم شدن است.* به عنوان یک گیاه‌خوار، نمی‌توانستم کباب بخورم.

از جایم بلند شدم و به آنها گفتم که با توجه به گیاه‌خوار بودنمٍ، از اینکه نمی‌توانم برای شام بمانم چقدر متأسفم. همچنین اضافه کردم که حتی فعلاً گرسنه هم نیستم. سپس از آنها برای سازماندهی شام تشکر کردم و به آنها گفتم که قطعاً دوباره آنها را خواهم دید.

یکی از خانم‌ها، گویی که اولین باری بود که این کلمه را می‌شنید، پرسید: «گیاه‌خواری؟»

«بله، من گوشت نمی‌خورم.»

و قبل از اینکه کسی فرصت کند و راجع به گیاه‌خوار بودنم سخنرانی کند، خداحافظی کردم و با عجله به اتاقم برگشتم. خانمها همگی ساکت شدند و همانطور که بسمت اتاقم برمی‌گشتم مرا تماشا می‌کردند. قبل از باز کردن در، به عقب برگشتم تا برایشان دستی تکان دهم و خداحافظی کنم. دهانشان باز بود و گویی که در شوک بودند. حدس می‌زنم که بسیار متفاوت‌تر از آن چیزی بودم که آنها انتظارش را داشتند.

سریع درب اتاقم را باز کردم، چراغ ها را خاموش کردم و با همان لباسی که تنم بود، روی تخت دراز کشیدم و صورتم را با پتو پوشاندم.

یکی از عکسهایی که در کنسولگری ایران در حیدرآباد از من گرفته شد

فصل ۱۱

زنی در آینه

چند روز گذشت و بالاخره موفق شدم که تلفنی با لارس صحبت کنم. اخیراً ما به ندرت به یکدیگر پیام می‌دادیم، بنابراین تصمیم گرفتم که با او تماس بگیرم و اتفاق‌های اخیر را برایش تعریف کنم. توصیف فضای کنسولگری برایم بسیار سخت بود، اما تمام تلاشم را کردم. از شنیدن این خبر که آقایان امجدی و جوادی برای جلسهٔ بعدی دادگاهم، همراه من می‌آیند خیلی خوشحال شد. من هم خوشحال بودم اما فکر می‌کنم که من بیشتر مشتاق دیدن دوبارهٔ بچه‌ها بودم.

با لارس خداحافظی کردم، چشمانم را بستم و سعی کردم که در ذهنم تصور کنم که الآن بچه‌ها در چه حالی هستند. تصّور کردم ساعت ۷ صبح در موکونداپور است، بچه‌ها صبحانه‌شان را تمام کرده‌اند و همراه با سگ‌هایمان؛ "بِریزی" و "کای" (از نژاد لابرادور) آماده می‌شوند که به مدرسه بروند. زندگی که من قبلاً داشتم و مدت هفت سال صرف ساختنش کرده بودم، اینگونه بود. اما حالا اینجا گیر افتاده بودم، تک‌وتنها در اتاقی که توسط دیوارهای بلند کنسولگری احاطه شده بود و حتی می‌ترسیدم که با کسی صحبت کنم یا از محل اقامتم خارج شوم.

در همین زمان بود که تصمیم گرفتم ببینم آیا اصلاً اجازه دارم حتی برای مدت کوتاهی از کنسولگری خارج شوم یا خیر. بلافاصله گوشی کنار تختم را برداشتم و با منشی آقای نوریان تماس گرفتم. به او گفتم که دوست دارم چند ساعتی به مرکز خرید آن طرف خیابان بروم و پرسیدم که آیا امکان دارد یا خیر. او گفت که از آقای نوریان

می‌پرسد و به من اطلاع می‌دهد.

گوشی را قطع و شروع کردم به قدم زدن در اتاق. *اگر جواب منفی بدهد چکار کنم؟ آیا در آنصورت باید سروصدا راه بیاندازم و به هر قیمتی که شده بروم؟* سؤالات و سناریوهای زیادی در ذهنم نقش می‌بست.

مدت کوتاهی بعد، تلفن زنگ خورد. به سرعت به سمت آن دویدم، گوشی را به گوشم چسباندم و با هیجان زیادی پرسیدم: «چه جوابی دادند؟»

صدایی مردانه در پاسخ گفت: «رفتن شما اشکالی ندارد، نرگس خانم» خود آقای نوریان بود. خیلی خجالت کشیدم. گفت که مشکلی نیست و می‌توانم بروم اما برای حفظ امنیت من، بهتر است که یک نفر همراهم باشد. مخالفت کردم و به او گفتم که قول می‌دهم که خودم مواظب باشم، فقط تا مرکز خرید می‌روم و تا یک ساعت دیگر هم برمی‌گردم. نهایتاً به مصالحه رسیدیم - قرار شد که کمتر از یک ساعت وقت داشته باشم، اما بدون محافظ.

انگار که ماموران امنیتی درب ورودی کنسولگری از قبل اطلاع داشتند چون وقتی به آنجا رسیدم، بدون اینکه چیزی بپرسند، درها را برایم باز کردند و اجازه دادند که خارج شوم. به مرکز خرید بزرگی که با چراغ‌های درخشان و چشمک‌زنش روبرویم بود، نگاهی انداختم و به این فکر کردم که چطور ممکن بود آن شبی که به سمت کنسولگری می‌آمدم اینجا را ندیده باشم. شاید به این دلیل که آن زمان هوا خیلی تاریک بود. در هر صورت حالا روبروی آن ایستاده بودم.

وقتی که از خیابان عبور کردم و به ورودی مرکز خرید نزدیک شدم، یک شعبه از استارباکس را دیدم. دیدن این کافی‌شاپ باعث شد که موجی از احساسات در درونم غلیان کند. آخرین باری که به استارباکس رفته بودم در ونکوور کانادا نزدیک آرت گالری بود. آن زمانها در سرمای خیلی شدید زمستان به افرادی که از استارباکس بیرون می‌آمدند، شیرینی خانگی می‌فروختم و تلاش می‌کردم که برای اولین خانه‌ای که تصمیم داشتم در رایاگادا برای دختران یتیم بسازم، پول کافی جمع‌آوری کنم. ولی این بار، من اینجا بودم و به استارباکس می‌رفتم تا برای خودم نوشیدنی بگیرم، در حالی که در کشوری گیر افتاده بودم که علیرغم تمام کارهایی که برایشان انجام داده بودم مرا دیگر نمی‌خواستند.

نوشیدنی‌ام را سفارش دادم. مدام ساعت را چک می‌کردم تا ببینم چه مقدار از وقتم باقی مانده است. به جمعیت زیادی که آنجا بودند نگاه کردم. همه با دوستان خود نشسته بودند و می‌خندیدند و با یکدیگر صحبت می‌کردند ولی من حس می‌کردم که نامرئی هستم – هیچ کسی من را نمی‌دید یا اصلاً برایشان اهمیتی نداشتم. نوشیدنی‌ام را گرفتم و با عجله بداخل مرکز خرید رفتم. از مردم آدرس مغازه‌های فروش شال را پرسیدم و به آن سمت حرکت کردم.

هنگامی‌که سوار پله‌برقی بودم و به سمت مغازه می‌رفتم، با خودم فکر کردم: *آیا من اصلاً باید شال سرم کنم؟* من واقعاً چنین آدمی نبودم. تصمیم گرفتم که بدون جلب توجه، آن را از روی سرم بردارم اما روی شانه‌هایم نگه دارم. به این ترتیب، اگر به طور تصادفی یک نفر از کنسولگری در مرکز خرید بود و من را می‌دید، به نظر می‌رسید که شال من تازه از سرم افتاده است.

بالاخره مغازه شال فروشی را پیدا کردم و بیش از ۱۰ شال در رنگ‌ها و طرح‌های مختلف خریدم. تمام پولی که داشتم را خرج خودم کردم. بعد از سالهای بسیار طولانی این اولین باری بود که برای خودم چیز قشنگی می‌خریدم. اگرچه این خرید برایم بسیار رضایت‌بخش و خوشحال‌کننده بود، اما در عین حال احساس گناه بسیار عظیمی را نیز به همراه داشت. می‌دانستم که می‌شد از این پول استفاده بهتری کرد.

بعد از خرید، به سمت کنسولگری برگشتم. نگهبانان هنوز آنجا ایستاده بودند. بدون اینکه چیزی بگویند در را باز کردند و اجازه دادند که داخل شوم. نمی‌دانم چرا، اما عبور از کنار این نگهبانان برایم حس خوبی بهمراه نداشت. راستش آرزو می‌کردم که ای کاش آنها ایرانی بودند. محافظت شدن توسط افسران پلیس هند برایم آرامشی به همراه نمی‌آورد.

همانطور که به سمت اتاقم در حرکت بودم حس کردم که دوباره کنترل زندگی‌ام را بدست گرفته‌ام. خوب می‌دانستم که زندانی کردن خودم در اتاق برای مدت طولانی، بر سلامت روانم تأثیر منفی می‌گذارد و باید حتماً روشی پیدا کنم تا خودم را نبازم و افسرده نشوم. همین ماجراجویی کوچکی که انجام دادم - این نیم ساعتی که برای انجام یک کارِ قشنگ برای خودم اختصاص دادم - کلّ طرز فکر و روحیه‌ام را تغییر داد. واقعاً از روزهای قبل خیلی خیلی خوشحالتر بودم.

شنیده بودم که در داخل ساختمان کنسولگری مدرسه‌ای مخصوص فرزندان دیپلمات‌ها وجود دارد. آنجا همه چیز بر اساس برنامه درسی ایران تدریس می‌شد. فکر کردم شاید بتوانم با آموزش زبان انگلیسی به بچه‌ها مفید واقع شوم. بنابراین تصمیم گرفتم نوبت بعدی که آقای نوریان را می‌بینم از ایشان بپرسم که آیا می‌توانم برای بچه‌ها کلاس زبان انگلیسی تشکیل دهم؟

آن روز هم مثل هر روز دیگر نشستم و تمام اتفاقاتی که افتاده بود را یادداشت کردم. شخصی که در ایران بود و من می‌شناختمش (سپهر) این نوشته‌های من را به فارسی ترجمه می‌کرد و همهٔ آنها را در یکی دو پلتفرم از شبکه‌های اجتماعی منتشر می‌کرد تا داستان من همچنان زنده بماند. من واقعاً قدردان تمام زحماتی که او برایم می‌کشید بودم. حتی در روزهایی که من واقعاً حوصله نوشتن نداشتم، او مرا وادار می‌کرد که بنویسم، حتی اگر شده چند جمله کوتاه. هزاران نفر بودند که یادداشت‌های روزانهٔ من را

می‌خواندند، و به خاطر همین افراد بود که دولت ایران همچنان احساس وظیفه می‌کرد که به من کمک کند.

بعد از اینکه نوشتنم تمام شد و یادداشت روزانه‌ام را برای سپهر فرستادم، تمام شال‌های جدیدی که خریده بودم را از کیف بیرون آوردم و جلوی آینه ایستادم و تک‌تک آنها را امتحان کردم. این اولین بار بعد از یک مدت طولانی بود که به خودم در آینه نگاه می‌کردم و آنجا بود که احساس کردم به یک غریبه نگاه می‌کنم. زنی که در آینه دیدم خسته و درمانده به نظر می‌رسید.

مدّتی طولانی همانجا روبروی آینه ایستادم و به خودم خیره شدم. حتی در مقطعی شروع کردم آرام آرام با خودم صحبت کردن. نه به شکل هذیان - بلکه بیشتر به عنوان روشی برای ایجاد آرامش و تسلّای خودم.

من سال‌های زیادی از عمرم را صرف دوست داشتن و مراقبت از دیگران کرده بودم؛ ولی همین کار را برای خودم انجام نداده بودم. فکر می‌کنم که اگر در یکی از روستاها آدم غمگینی مثل خودم را می‌دیدم، حتماً تمام تلاشم را می‌کردم تا او را خوشحال کنم و لبخند را به لبانش بازگردانم. اما بدلیل آنکه این زن، خودم بودم؛ این فکر هرگز به ذهنم خطور نمی‌کرد.

آنجا بود که متوجه شدم مدت‌هاست خود را کاملاً نادیده گرفته‌ام. بنابراین، در آن لحظه، با خود عهد کردم که از آن پس از خودم بهتر مراقبت کنم. عهد کردم که شادتر باشم، امیدوارتر باشم و دیگر هرگز خود را فراموش نکنم.

عکسی از من داخل کنسولگری ایران در حالی که یکی از شال‌هایی که همان روز خریداری کردم پوشیده‌ام

فصل ۱۲

مراسم نیایش

شب قبل از رفتن ما به رایاگادا بود. روز به درازا کشیده بود. هر باری که به جلسهٔ دادگاه فکر می‌کردم، ناگهان موجی از اضطراب بر من مستولی می‌شد. بنابراین، سعی می‌کردم که خودم را مشغول نگاه دارم. مدتی با لارس صحبت کردم، بعد به نوشتن پرداختم. هر کاری که از دستم بر می‌آمد انجام می‌دادم تا ذهنم را مشغول نگهدارم.

در میانهٔ نگارش یک پاراگراف از یادداشت‌های روزانه‌ایی که برای سپهر ارسال می‌کردم بودم که ناگهان سر و صداهای بلندی شنیدم. به نظر می‌رسید که صدا از یک سیستم صوتی قوی از آن طرف مجموعهٔ کنسولگری می‌آمد. مثل اینکه یکی داشت قرآن می‌خواند. خیلی بلند بود و در عین حال خیلی زیبا. سریع یادداشت روزانه‌ام را برای سپهر فرستادم، لباس و شالم را پوشیدم و تصمیم گرفتم بروم ببینم صدا از کجا می‌آید. (یادم آمد وقتی که بچه بودم، از مسجد نزدیک خانه‌مان در اصفهان همیشه صدای اذان را می‌شنیدم. من در آن دوران، واقعاً آن صدا و حسی که منتقل می‌کرد را بسیار دوست داشتم. این صدا البته همان کیفیت را نداشت، اما بسیار شبیه به آن بود.)

از اتاقم خارج شدم و به سمت صدا براه افتادم. در راه، خانمی را دیدم که آشنا به نظر می‌رسید - فکر کردم او را در شب مهمانی شام دیده‌ام، اما یادم نمی‌آمد که با او صحبت کرده باشم. ما چشم در چشم شدیم، بنابراین به او نزدیک شدم و سلام کردم. او با لبخند بسیار گرمی از من استقبال کرد و گفت: «بیا نرگس جان. لطفاً با من بیا.» به گوشی تلفنم نگاه کردم و دیدم که ساعت حدود شش بعد از ظهر است و من ساعت

هشت و نیم با آقایان امجدی و جوادی جلسه دارم. هنوز زمان زیادی در اختیار داشتم، لذا همراهشان رفتم.

هر چه به سمت صدا می‌رفتیم شدت آن بیشتر و بیشتر می‌شد. همچنان که باهم راه می‌رفتیم گفت که همسر آقای امجدی و مدیر مدرسه کنسولگری است. او واقعاً هم مانند یک مدیر به نظر می‌رسید - یک مدیر مهربان و با ملاحظه. از ملاقات با او بسیار خوشحال بودم، زیرا قبلاً بشدت تحت تأثیر همسرش قرار گرفته بودم. گفت که شوهرش یکی از افرادی است که فردا صبح با من به رایاگادا خواهد آمد. به او گفتم که قبلاً یک بار ایشان را برای مدت کوتاهی ملاقات کرده‌ام و واقعاً انسان دوست داشتنی هستند. او برای چند ثانیه صحبتش را قطع کرد. احساس کردم شاید حرف اشتباهی زده باشم، خصوصاً وقتی که یادم افتاد او یک خانم مذهبی است و من درباره شوهرش اظهارنظر کرده‌ام. «منظورم این است که احساس می‌کنم او انسان فوق‌العاده‌ای است. درست مثل شما. شما هم آدم فوق‌العاده‌ای به نظر می‌رسید.» قرمز شدن گونه‌هایم را حس می‌کردم. بعضی مواقع احساس می‌کردم هر چه بیشتر سعی می‌کنم چیزها را توضیح دهم، برعکس؛ کارها را خراب‌تر می‌کنم. بنابراین، کلاً ساکت شدم. خوشبختانه اکنون صدا آنقدر بلند بود که حتی اگر می‌خواستیم هم دیگر نمی‌توانستیم به صحبت کردن ادامه دهیم.

به قسمتی از کنسولگری رسیدیم که قبلاً آنجا نرفته بودم. جلوی درب ورودی ایستادیم. کفش‌های زیادی کنار هم و مرتب بیرون درب ورودی چیده شده بودند. او کفش‌هایش را درآورد، به من نگاهی کرد و لبخند زد، من هم همان کار را انجام دادم. وقتی که با هم به داخل اتاق می‌رفتیم، او به آرامی دستم را گرفت.

روبروی ما خانم‌های زیادی روی زمین نشسته بودند. همه مستقیم به ما نگاه کردند. برخی از آنها برای استقبال از ما برخاستند، در حالی که دیگران فقط روی آنچه می‌خواندند تمرکز کردند و از جایشان تکان نخوردند. برخی از آنها را از شب مهمانی شام شناختم. اتاق نسبتاً کوچکی بود که با یک پردهٔ بزرگ به دو نیمه تقسیم شده بود. مردها در یک طرف و زن‌ها در طرف دیگر نشسته بودند.

آن شب حالم خیلی بهتر بود. واقعاً سعی کردم که به درستی با همه سلام و احوال‌پرسی کنم. با اینکه همین چند شب گذشته بود که اکثریت آنها نام‌هایشان را به من گفته بودند، ولی هیچ کدام را به خاطر نمی‌آوردم. این‌بار امّا تمام تلاشم را کردم که نام آنها را در حافظه خود ثبت کنم.

خانم امجدی مابین چند خانم مسن‌تر نشست. خیلی دوست داشتم که کنارش بنشینم، برای همین به سمتش رفتم. اما درست در زمانی که می‌خواستم بنشینم، خانمی روی شانه‌ام زد و در گوشم زمزمه کرد: «من را که یادت هست؟»

با خودم گفتم، خدای من! چطور ممکنه فراموشت کرده باشم!؟ همسر آقای جوادی

بود. دستم را کشید و از خانم امجدی دورم کرد و کنار خودش و چند خانم دیگر نشاند.

به محض اینکه نشستم یکی از بچه‌های کوچکتر به سمتم آمد و یک کتاب دعای کوچک به دستم داد. همان مردی که از بیرون صدایش را می‌شنیدم، هنوز داشت دعا می‌خواند. اکثراً به کتاب دعایی که در دست داشتند نگاه، و با او همخوانی می‌کردند.

من هم آن کتاب دعا را باز کردم اما نمی‌دانستم به چه چیزی نگاه می‌کنم یا از کجا باید شروع به خواندن کنم. یکی از خانم‌هایی که کنارم نشسته بود از من پرسید آیا می‌توانم عربی بخوانم؟ من در همان حّد فارسی‌ام می‌توانستم عربی هم بخوانم، که قطعاً به خوبی آنها نبود؛ ولی خیلی خجالت می‌کشیدم از اینکه به او بگویم. پس فقط سرم را تکان دادم و گفتم بله.

او به من لبخند زد، سپس چند صفحه را ورق زد و به قسمتی که در حال خواندنش بودند اشاره کرد و گفت: «ما اینجا هستیم. از همین جا ادامه بده.» من خیلی تلاش کردم که از همانجا دنبال کنم، اما آنها خیلی سریع می‌خواندند. به آرامی به سمت خانم امجدی نگاهی انداختم و دیدم که او هم به سمت من نگاه می‌کند. به نظر می‌رسید او تنها کسی بود که این دعا را حفظ بود. او حتی یک بار هم سرش را پایین نبرد تا به کتاب دعا نگاه کند. به من لبخندی زد و بعد چشمانش را بست و دعا را ادامه داد. به نظر می‌رسید که در خلسهٔ کامل و سرشار از آرامش است. آرزو کردم ای کاش می‌توانستم حسّ و حال او را تجربه کنم.

دعا تمام شد و سپس نفر دیگری شروع کرد به سخنرانی. با اینکه پرده‌ای ما را از هم جدا کرده بود، اما از روی صدا متوجه شدم که آقای نوریان است. او در مورد یک مطلب مذهبی صحبت می‌کرد. خیلی زود تمرکزم را از دست دادم، زیرا دیدم که خانم امجدی بسمت من می‌آید. او کنارم نشست و به آرامی‌شروع کرد به توضیح راجع به اینکه چگونه هر هفته برخی از مسلمانان مراسم دعایی به نام دعای کمیل برگزار می‌کنند. او خیلی متین و آهسته صحبت می‌کرد. حدس می‌زنم می‌خواست مطمئن شود که من می‌توانم هرآنچه می‌گوید را بخوبی بفهمم. من به عنوان یک فرد مسلمان، باید خودم از قبل این مطالب را می‌دانستم. بنابراین، واقعاً قدردانش بودم که بدون هیچ قضاوتی همه چیز را برایم توضیح می‌داد.

او گفت که در این مراسم دعا، می‌توانم هر چیزی را که دلم می‌خواهد از خدا درخواست کنم. گفت: «از او درخواست کن و او حتماً به تو خواهد داد.» به نظر می‌رسید که واقعاً به آن باور داشت.

چند لحظه بعد آقای نوریان صحبت‌هایش را تمام کرد و مرد دیگری دعای زیبای دیگری را شروع کرد. خانم امجدی رو به من کرد و گفت: «چنانچه هر زمان نتوانستی خودِ متن را درست بخوانی یا ترجمهٔ زیر آن را متوجه نشدی، بعداً از من بپرس تا برایت

توضیح دهم». از نظر من او انسان خیلی دوست داشتنی بود.

اگرچه قبلاً تجربهٔ حضور در چنین مراسم دعایی را نداشتم، اما در مجموع، این مجلس باعث شد تا احساس آرامش بیشتری کنم. به آنچه که در مورد درخواست هر چیزی از خدا گفت، فکر کردم. انجام چنین کاری برایم خیلی غیرعادی بود. اینطور نبود که من به خدا اعتقاد نداشته باشم - فقط نمی‌توانستم خودم را در حال بیان این کلمات تصّور کنم.

در نهایت، من از تلاش برای دنبال کردن دعا منصرف شدم. کتاب دعا را بستم و چشمانم را هم بستم تا فقط به صدایی که از بلندگوها پخش می‌شد گوش دهم. دعا به زبان عربی بود، بنابراین من آن را متوجه نمی‌شدم. اما به طرز عجیبی همه چیز برایم آرام‌بخش بود.

ناگهان ذهنم رفت به زمانی که مادرم فوت کرده بود. وقتی که این اتفاق افتاد، ما در ایران در حال سپری کردن تعطیلاتمان بودیم. چند روز پس از فوت او، پدرم؛ من و برادرانم را به مشهد مقدس برد تا برای سوگواری و غم از دست دادن مادرمان در آنجا باشیم. به نظرم زمان این سفر بسیار عالی و انجامش واقعاً ضروری بود. ما بچه‌ها همگی می‌نشستیم و به صدای بلندگوهای مسجد گوش می‌دادیم و یادم هست که آرامش عجیبی را تجربه می‌کردم. آن زمان فقط یازده سال داشتم و حتی یک کلمه هم از معنی چیزی که پخش می‌شد نمی‌فهمیدم، اما ریتم و لحن آن، باعث شد که من عاشق اذان شوم.

آن شب در کنسولگری هم دقیقاً همین احساس را پیدا کردم.

دعا تمام شد و همزمان متوجه شدم که جلسهٔ من هم چهل و پنج دقیقه دیگر شروع خواهد شد. به سراغ خانم‌ها رفتم، با تک‌تک آنها دست دادم و شب خوبی را برایشان آرزو کردم. نمی‌دانستم که تا چه مدتی قرار است در کنسولگری باشم - شاید ماه‌ها، شاید هم حتی سال‌ها. در هر صورت، احساس می‌کردم که لازم است تمام تلاشم را انجام دهم تا در بین آنها جایی پیدا کنم.

در راه بازگشت به اتاقم احساس آرامش و شادی زیادی می‌کردم. چند کودک را دیدم که بیرون محوطهٔ اتاق در حال بازی بودند، تصمیم گرفتم بروم و با آنها صحبت کنم. در همان حالی که خودم را به آنها معرفی می‌کردم، متوجه شدم که تعدادی از پسرها از من فاصله گرفتند، اما دخترهای بزرگتر به من نزدیک شدند. از آنها پرسیدم که آیا دوست دارند که من به آنها انگلیسی یاد بدهم؟ همگی بسیار هیجان‌زده و متعجّب شدند و به سرعت پاسخ دادند که بله حتماً دوست دارند. به آنها گفتم که البته باید قبلش اجازه بگیرم، اما امیدوارم که بتوانیم به زودی شروع کنیم.

سپس رفتم که در جلسه شرکت کنم. همهٔ افراد حاضر، بدلیل شرکت در جلسهٔ دعا،

در شرایط روحی خوبی بودند. آقای نوریان از من پرسید که آیا این مراسم را دوست داشتم یا خیر. به او گفتم که واقعاً چقدر تحت تأثیر فضای کلّی و نیز صدای شگفت‌انگیز کسی که دعا را می‌خواند قرار گرفتم. در حالی که لبخند می‌زد، نگاهی به آقای امجدی انداخت.

با خودم گفتم: *«وای خدای من! آقای امجدی پشت میکروفون بوده!»*

آن شب تقریباً دو ساعتی گفتگو کردیم. به نظر می‌رسید که همه چیز برای سفر ما به رایاگادا مرتب و آماده شده بود. از اینکه آقای امجدی قرار است این سفر را سرپرستی کند، بسیار خوشحال بودم. من البته نگران بودم که او چگونه می‌خواهد با مردم رایاگادا ارتباط برقرار کند، زیرا از سطح زبان انگلیسی او مطمئن نبودم. آقای نوریان به من اطمینان داد که یک مترجم نیز همراه ما خواهد آمد.

آن شب به سختی خوابم برد. مدام بدلیل خوابهایی که می‌دیدم، در حالی که خیس عرق بودم بیدار می‌شدم. سالن دادگاه و اتفاقات روز بعد را تصّور می‌کردم. بسرعت و قبل از اینکه متوجه بشوم، خورشید طلوع کرد و زمان حرکت ما فرا رسید.

فصل ۱۳

مترجم

سفر روز بعدمان نسبتاً روان بود. تنها نکتهٔ عجیبش این بود که کارمند کنسولی نیمه‌هندی_نیمه‌ایرانی که به آقای امجدی در ترجمه کمک می‌کرد، مدام رفتار عجیبی نسبت به من داشت. او دائماً به من نزدیک می‌شد، سعی می‌کرد کنارم بایستد، حتی یکبار سعی کرد کیفم را نگه دارد و "تصادفی" بازویم را لمس کرد. همه اینها برایم عجیب و در عین حال ناراحت کننده بود و از همان ابتدا در کنار او احساس خوبی نداشتم.

بعد از گذشت زمان کوتاهی، مشخص شد که این آدم واقعاً مشکل جدی دارد. او بسیار بلندقد و تنومند بود و ما در مقابلش مثل کوتوله‌ها بودیم و این باعث می‌شد که حتی بیشتر از او بترسم. سعی کردم به آقای امجدی نزدیک‌تر باشم و تا حد امکان از مترجم دور باشم اما به دلیل دیدگاه مذهبی افراطی که آقای امجدی داشت، او همیشه از آنچه در اطرافش می‌گذشت تقریباً بی‌خبر بود. در واقع، او غالباً سرش را پایین می‌انداخت، احتمالاً برای اینکه به من یا سایر زنانِ اطرافش نگاه نکند. مترجم هم از این موضوع نهایت سوءاستفاده را می‌کرد و حتی زمانهایی که آقای امجدی بین ما می‌نشست، باز هم از آن طرف به من خیره نگاه می‌کرد. او حتی تلاشی هم نمی‌کرد که این رفتارش را پنهان کند.

آقای جوادی هم البته با ما بود، اما او همیشه پای تلفن بود. به سختی یک کلمه با هم حرف می‌زدیم. خیلی خوشحال بودم که آقای امجدی همراهم بود. اگر او نبود؛ من با این دو مرد، حتماً دیوانه می‌شدم.

در تمام طول سفرمان احساس می‌کردم که واقعاً دوست دارم آقای امجدی را از

پوسته‌اش بیرون بیاورم. برایش در مورد بچه‌ها و در مورد تمام کارهایی که قبل از شروع این گرفتاری‌ها انجام داده بودم، صحبت کردم. او هم متقابلاً برای من از خدا می‌گفت و داستان‌های پیامبران را تعریف می‌کرد. به نظرم، ما عجیب‌ترین ترکیب ممکن از آدم‌ها بودیم، با دو دیدگاه کاملاً متفاوت از زندگی. ولی با این حال ارتباط خیلی خوبی بین ما شکل گرفت. شدت ایمانی که او داشت برایم بسیار دوست داشتنی بود. او یکی از کسانی بود که واقعاً به خدا ایمان داشت و با تعالیم اسلام زندگی می‌کرد. در همین سفر بود که من از درگیری و رابطهٔ پر تلاطمی که با خدا داشتم به او گفتم. او با حوصله و بدون قضاوت کردن به من گوش داد. او داستان‌های پیامبران را به زبانی ساده برای من تعریف می‌کرد و مدام هم توقف می‌کرد تا مطمئن شود که متوجه صحبتهایش می‌شوم. با وجود اینکه نسبت به من بسیار محترم و مهربان بود، اما گاهی اوقات حس می‌کردم که مُعذّب می‌شود، به خصوص زمانهایی که خیلی نزدیک او می‌نشستم. بنابراین، دائم حواسم بود که باعث آزارش نشوم یا از مرزهای مذهبی‌اش عبور نکنم.

تقریباً ۷ ساعت بعد بالاخره به رایاگادا رسیدیم و به سمت همان هتلی که قبلاً آقای نوریان و خانم کیانی در آن اقامت کرده بودند به راه افتادیم. بازگشت دوباره به این مکان برایم خیلی عجیب بود. شهر برایم متفاوت شده بود. هفت سال از اولین سفر من به اینجا می‌گذشت. در آن زمان کل این منطقه برایم خیلی جذّاب بود. به نظرم جایی بود که من می‌توانستم تفاوت معنی‌داری ایجاد کنم و مردمانش نیز ارزش کمک و دوستی را می‌دانستند. شاید ساده لوح بودم، اما در آن ایام واقعاً باور داشتم که می‌توانم تفاوتی ایجاد کنم.

ولی اکنون، ۷ سال بعد از آن زمان و پس از فهمیدن همه چیز در مورد سیستم طبقه‌بندی اجتماعی (کست سیستم) و فساد رایج در هند؛ هر آنچه که نماد این شهر و مردم آن بود برایم حقیر و بی‌ارزش شده بودند. تنها چیزی که برایم مهم بود بچه‌ها بودند. آرزو می‌کردم که می‌توانستم همهٔ آنها را از رایاگادا ببرم به جای دیگری تا بتوانند زندگی بهتری داشته باشند. قبل از رفتن به هند، زمانی که بیست و یک ساله بودم، بسیاری از افراد به من توصیه می‌کردند که به این سفر نروم. اما من به حرف آنها گوش نکردم. احساس می‌کردم که هیچ‌کسی، من و دلایل‌ام را برای رفتن نمی‌فهمد. من با انگ بچهٔ یتیم بزرگ شده بودم و خیلی خوب می‌دانستم که این حس، چقدر دردناک است. قصدم این بود که به بچه‌هایی مثل خودم کمک کنم.

همانطور که به هتل نزدیک می‌شدیم، از آقای امجدی پرسیدم که آیا امکان دارد با آنها در هتل اقامت کنم؟ خیلی خجالت کشیدم تا این سؤال را از او بپرسم و ساعت‌ها در ذهنم مرور کردم که بهتر است آن را چگونه مطرح کنم. واقعاً برایم سخت بود اعتراف کنم که از بازگشت به موکونداپور و ماندن در کنار بچه‌ها احساس امنیت نمی‌کنم.

پاسخی که به من داد باعث آرامش زیادی در من شد. لبخندی زد و به من گفت که آقای نوریان به او هشدار داده بوده که من گاهی می‌توانم بسیار لجباز باشم ولی به هر حال باید یک جوریِ تلاش کند و مرا متقاعد کند که در هتل اقامت کنم. سپس خندید و به من گفت: «اصلاً هم لجباز نیستی.» واقعاً خنده‌دار بود، اگر من فقط چند دقیقه بیشتر صبر کرده بودم، او همانی را که من از او درخواست کرده بودم، از من می‌پرسید! آن زمانها من هنوز آدم خیلی مغروری بودم و بنظرم خیلی خوب شد که بتوانم با این تظاهر به سرسختی مقابله کنم، خصوصاً در کنار شخصی مثل آقای امجدی. رفتار پدرانهٔ زیادی در او بود و براحتی به من این امکان را می‌داد که بتوانم بدون هیچ احساس ضعف و خجالتی همانی باشم که هستم. او مدام می‌گفت: «از خدا بخواه که به شما کمک کند و به شما قدرت بدهد. او شما را دوست دارد، و به همین دلیل است که شما را امتحان می‌کند.» هر چه بیشتر در کنار او می‌ماندم، احساس راحتی بیشتری در ابراز احساساتم می‌کردم. من در طول زندگیم با افراد مذهبی زیادی برخورد کرده بودم – مسلمانان، مسیحیان، هندوها – بنابراین وقتی که کسی موعظه می‌کرد خیلی خوب می‌توانستم تشخیص بدهم. اما آقای امجدی هیچ وقت این کار را نمی‌کرد و این حس متفاوتی بود. هر چه زمان بیشتری را با او سپری می‌کردم، احساس صداقت و صمیمیت بیشتری هم می‌کردم.

آن شب در دورترین اتاق ممکن از مترجم خوابیدم. این بار هم مأموران محافظ همراه ما بودند، اما با تعداد خیلی کمتری نسبت به زمانی که آقای نوریان آمده بود. درست قبل از اینکه بخوابم، شنیدم که آقای امجدی از مترجم خواست که به افسری که بیرون از اتاق او ایستاده است بگوید برود و جلوی اتاق من نگهبانی بدهد. با خودم گفتم: «*جناب امجدی شما خیلی لطف دارین... اما واقعیت این است که تنها خطری که مرا تهدید می‌کند و برایش نیاز به محافظت دارم خودِ شخصِ مترجم است.*»

کم‌کم داشت خوابم می‌برد که در زدند. سریع بلند شدم و پرسیدم کیست؟

«خسرو هستم. در را باز کن.» مترجم بود. از پشت در از او پرسیدم که چه می‌خواهد. بعد از چند ثانیه سکوت گفت که می‌خواهد مطمئن شود که همه چیز مرتب است و من چیزی لازم ندارم. ساعت تقریباً ۱۰ شب بود و ما همگی تازه شام را تمام کرده بودیم. علاوه بر این، کمتر از ۱۰ دقیقه قبل از اینکه به اتاقم بیایم، عین همین گفتگو را انجام داده بودیم و به او گفته بودم که به چیزی نیاز ندارم.

قبل از اینکه بتوانم جوابی بدهم، او از پشت در گفت که هر زمانی احساس ترس یا ناراحتی کردم، می‌توانم به اتاقش بروم. خیلی عصبانی شدم؛ گرم شدن پوست صورتم را حس کردم. فریاد زدم: « تنهایم بگذار ای لجن لعنتی!»

صدای قدم‌هایش را شنیدم که به سرعت دور شد. اما حتی بعد از رفتن او، من چند لحظه‌ایی پشت در ایستادم درحالی که هنوز بدنم می‌لرزید. احساس کردم به حریم من

تجاوز شده است. اگر بجای من دختر دیگری بود چه؟ اگر دختری بود که از شدت ترس قادر نبود نه بگوید چه؟ این افکار باعث تنفرم شد. با وجود اینکه آقای امجدی در انتهای همین راهرو بود، اما خوب می‌دانستم که در این سفر باید همواره هوشیار باشم و خودم از خودم محافظت کنم.

صبح که شد زنگ زدم به اتاق آقای امجدی. می‌خواستم مطمئن شوم که او بیدار است تا هنگام خوردن صبحانه با خسرو تنها نمانم. تلفن مدام زنگ می‌خورد ولی هیچ پاسخی در کار نبود. چند دقیقه دورتادور اتاقم قدم زدم و سعی کردم تصمیم بگیرم که چه کار کنم و اینکه آیا به آقای نوریان زنگ بزنم و ماجرا را برایش تعریف کنم یا خیر.

در نهایت به این جمع بندی رسیدم که خودم کاملاً قادرم که از خودم محافظت کنم. در حالی که آماده بودم که اگر خسرو حتی نیم‌نگاهی هم به من بیاندازد، با او درگیر شوم، از اتاقم رفتم بیرون. خودم را آماده کردم و با قدم‌های استوار از راهرو به سمت رستوران رفتم. نزدیک‌تر که شدم، دیدم آقای امجدی از قسمت سرویس رستوران خارج شد. در آن لحظه انگار تمام عصبانیت و تنش‌ام از بین رفت. وقتی که نزدیک شدم طبق معمول سرش را پایین انداخته بود. به من سلام کرد و گفت که هر چه دوست دارم سفارش بدهم و بروم به سمت میزی که انتخاب کرده‌اند تا باهم سر یک میز، صبحانه بخوریم. نگاهی به میز انداختم. دیدم آقای جوادی و خسرو حسابی سرگرم گفتگو هستند و می‌خندند. کنار آمدن این دو نادان باهم چقدر معنی‌دار بود.

صبحانه را سفارش دادم و بسمت میز رفتم. زمانی که نزدیک شدم، آقای امجدی به نشانۀ احترام بلند شد. آن دو نفر دیگر البته نشسته ماندند. در فرهنگ ایرانی، زمانی که بزرگتری وارد اتاق می‌شود، ایستادن افراد جوانتر مرسوم است. اما اینجا، او برای من بلند شد و ایستاد. این نمونۀ دیگری از مهربانی و بزرگواری او بود.

رفتار آقای جوادی هیچ وقت دوستانه نبود. وقتی به او صبح‌بخیر گفتم حتی حوصلۀ جواب دادن هم نداشت. او همیشه طوری رفتار می‌کرد که گویی کارهای بهتری برای انجام دادن دارد و همۀ این‌ها صرفاً حرام کردن وقت گرانبهای اوست. تا جایی که ممکن بود سعی کردم از تماس چشمی با خسرو پرهیز کنم، اما هر کاری می‌کردم او صندلی خود را بیشتر و بیشتر به من نزدیک می‌کرد. در نهایت آنقدر نزدیک شد که از زیر میز پایش به پای من برخورد کرد. تمام ستون فقراتم به لرزه افتاد. از روی صندلی‌ام بلند شدم، مستقیم به چشمانش نگاه کردم و با صدای بلند فریاد زدم: «به من نزدیک نشو! به من دست نزن! و حتی به من نگاه هم نکن!»

همه در رستوران ساکت شدند. شروع کردم به اشک ریختن و دویدم به سمت اتاقم. بالاخره از کوره در رفته بودم.

در را پشت سرم قفل کردم. هم به خودم افتخار می‌کردم که در مقابل یک شخص

منحرف ایستادم و هم از اینکه جلوی آقای امجدی عصبانی شده بودم خجالت می‌کشیدم.

بلافاصله به آقای نوریان زنگ زدم و تمام رفتارهای خسرو را برایش تعریف کردم. عذرخواهی بسیار زیادی کرد و به من گفت که قبل از این مورد نیز چندین شکایت دیگر از سایر کارکنان کنسولگری دریافت کرده بوده است. او همچنین خبر داد که چندین بار به خسرو اخطار داده است.

اما این دیگر آخرین خطای اوست. آقای نوریان گفت: «به محض اینکه به کنسولگری برگردد، او را اخراج خواهم کرد.»

نمی‌دانم کدام بخشِ این گفتگو بیشتر مرا ناراحت کرد، اینکه خسرو این رفتار را با دیگران هم داشته و با این‌حال او را با ما فرستاده بود، یا این موضوع که آقای نوریان قرار است منتظر بماند تا بعد از برگشتن ما او را اخراج کند؟

چند لحظه بعد تلفن اتاقم زنگ خورد. ابتدا برای جواب دادن مردد بودم. اما همچنان زنگ می‌خورد و زنگ می‌خورد، بالاخره جواب دادم. آقای امجدی بود. خیلی عذرخواهی کرد و از من خواست که برای صحبت به قسمت لابی هتل بروم و برایم توضیح داد که چرا صورت خوبی ندارد که او به اتاق من بیاید.

با هم در فضای سبز بیرون هتل قدم زدیم. گفت که آقای نوریان همه چیز را برایش تلفنی توضیح داده است و از اینکه در این سفر متوجه این مسائل نبوده عذرخواهی کرد. بعد گفت که چقدر مایه تأسف اوست که برخی از مردان، به ویژه در جهان اسلام، ارزش زنان را درک نمی‌کنند. سپس شروع کرد به مثال آوردن از زنان شهید و مهّم در اسلام و توضیح داد که چقدر به آنها احترام می‌گذارد.

قبل از اینکه برگردیم بداخل هتل، ایستاد و رو به من کرد و گفت که اگر از این به بعد خسرو به من نگاه کرد یا حرفی زد، حتی بدون اینکه از آقای نوریان اجازه بگیرد، فوراً او را به حیدرآباد برمی‌گرداند. می‌دانستم که او جدی است و اگر لازم باشد شغلش را هم به خطر خواهد انداخت.

ساعت حدود ۱۰ صبح بود و جلسهٔ بعدی دادگاه من هم فردا صبح برگزار می‌شد. از قبل برنامه‌ریزی کرده بودیم که امروز با وکیل تسخیری‌ام، آقای پرادیپ؛ ملاقاتی داشته باشیم تا آمادگی‌های لازم برای جلسهٔ محاکمهٔ فردا را فراهم کنیم. از آقای امجدی پرسیدم که آیا امکانش هست که این جلسه را در موکنداپور برگزار کنیم تا بتوانم همزمان بچه‌ها را هم ببینم. او موافقت کرد.

برای دیدن یکی از دخترها، پرومیلا؛ بسیار هیجان زده بودم، گرچه در عین حال مضطرب هم بودم. قرار بود که او فردا در دادگاه شهادت بدهد و من تصمیم داشتم به او اطمینان بدهم که چیزی برای نگرانی وجود ندارد. هرچند می‌دانستم که گفتن چنین چیزی دروغ محض است اما او فقط چهار سال داشت و من نمی‌توانستم بیش از این

برایش توضیح دهم. حتی تصّور اینکه کلّ این مصیبت چه تأثیر مخرّبی بر او خواهد گذاشت، مرا دیوانه می‌کرد.

وقتی سوار ماشینی شدیم که قرار بود ما را به موکنداپور برساند، آقای امجدی به خسرو، که حالا مثل موش مرده‌ها پشت سر ما حرکت می‌کرد؛ نگاهی انداخت. سپس با صدای خشن و محکمی به خسرو گفت که به جای ماشین ما سوار ماشین آقای جوادی شود. او اضافه کرد که دیگر به ترجمهٔ او نیازی ندارد و من بسیار بهتر از او توانایی دارم که در صورت لزوم برایش ترجمه کنم. همچنین به خسرو تذکر داد که تا پایان سفر از ما فاصله بگیرد.

خسرو فقط توانست بگوید: «چشم قربان» بوضوح ترس را در صدایش می‌شنیدم. بالاخره این احمق متوجه شد که چه کسی اینجا رئیس است.

فصل ۱۴

صادق، آرام و مؤدب

در مسیر رفت به سمت موکنداپور، آقای امجدی گفت که چگونه زندگی من او را بشدت به یاد زندگی یوسف پیامبر در قرآن می‌اندازد. من هرگز داستان او را نشنیده بودم، بنابراین از او خواستم که داستان را برایم تعریف کند. در طول سفرمان، او داستان یوسف را برایم تعریف کرد. در تمام مدتی که به این داستان گوش می‌کردم مو به تنم سیخ شده بود.
«اما می‌دانی که در آخر، پس از این همه درد و رنج چه بر سر یوسف آمد؟ او محبوب هزاران نفر شد. من ایمان دارم که این اتفاق برای شما هم خواهد افتاد، نرگس خانم.»
اولین باری بود که به این دقت به داستان یکی از پیامبران گوش می‌کردم. زیبایی و عمق داستان اشکم را در آورده بود.

با خودم فکر کردم: «*ولی تنها خواسته و آرزوی من پایان این همه درد و رنجی است که می‌کشم. حقیقتاً نه دلم می‌خواهد و نه نیازی دارم که توسط هزاران نفر دوست داشته شوم.*»

در آن زمان، از نظر روحی واقعاً آماده نبودم که به این شدت از من تعریف شود. آن زمانها برخلاف الآن، برای خودم ارزش و احترام زیادی قائل نبودم. بنابراین وقتی که آقای امجدی آنگونه راجع به من صحبت کرد، تصورم این بود که او هدفش این است که به من دلداری بدهد تا روحیهٔ بهتری پیدا کنم. تعامل با او واقعاً روی شخصیت و عزت نفس من تأثیر بسیاری گذاشت.

وقتی که نزدیک موکنداپور شدیم از من پرسید که چطور باید با بچه‌ها سلام و

احوالپرسی کند؟ به او گفتم که بچه‌ها عاشق بغل هستند. پرسید: «در مورد دخترها چطور؟» نمی‌دانستم چه جوابی باید بدهم. با لحن ملایم همیشگی‌اش به من گفت که چطور متأسفانه نمی‌تواند همین کار را برای دخترها انجام دهد. این حرف او مرا به فکر فرو برد و ناراحت کرد. می‌دانستم که اگر قرار باشد آقای امجدی فقط پسرها را در آغوش بگیرد، باعث ناراحتی بی موردی در بچه‌ها می‌شود.

اما قبل از اینکه بتوانم افکارم را جمع و جور کنم، راننده خبر داد که به خانه نزدیک می‌شویم.

آقای امجدی با چشمانی گرد و هیجان زده گفت: «وای خدای من، این ساختمان فوق‌العاده است، نرگس خانم!» نمای خانه را با رنگ‌های صورتی؛ بنفش و سبز، رنگ کرده بودیم. همچنین یک نفر را از بوبانشوار استخدام کرده بودم تا نقاشی‌هایی از مردم قبیلهٔ دالیت با همان لباس‌های قبیله‌ای خودشان در قسمت پایینی نما بکشد. می‌خواستم که همه ببینند فرهنگ این بچه‌ها چقدر باشکوه است و من چقدر به قبیلهٔ آنها افتخار می‌کنم. هدفم این بود که به همه نشان دهم که خواستگاه این بچه‌ها کجاست. بعد از مدتی، مردم زیادی از شهرهای اطراف می‌آمدند فقط برای اینکه جلوی خانهٔ ما عکس بگیرند. بنابراین به نظرم این ایده واقعاً کارساز بود و باعث شد که گفتگوهای زیادی شکل بگیرد. به نوعی باعث شد که مردم تمایل بیشتری پیدا کنند تا به جای پذیرش کورکورانهٔ نظام طبقاتی هند، آگاهی خود را در این زمینه افزایش دهند.

از ماشین که پیاده شدیم بلافاصله بچه‌ها را صدا زدم. آنها آمدند بیرون و بسمت ما دویدند. با هیجان فراوان فریاد می‌زدند: «مامی؛ دیدی!» برخی مرا مامی و برخی دیگر من را دیدی (یعنی خواهر به زبان محلی) صدا می‌کردند. انتخابش به آنها بستگی داشت که هر چه می‌خواهند مرا صدا بزنند. می‌دانستم که برخی از آنها توسط مادرانشان رها شده یا مورد آزار و اذیت قرار گرفته‌اند. به همین دلیل (و به دلیل تجربه خودم از مادرم) نمی‌خواستم که این کلمه برای آنها یادآور تجربیات دردناک گذشته باشد. بنابراین همیشه انتخاب را به خود آنها واگذار کرده بودم که من را "مامی" یا "خواهر" صدا بزنند.

بعضی از بچه‌ها از سروکولَم بالا می‌رفتند و بعضی دیگر از بچه‌های کوچکتر خودشان را محکم دور پاهایم حلقه کردند. به سمت آقای امجدی برگشتم تا او را به بچه‌ها معرفی کنم، اما چیزی که دیدم مرا متحیّر کرد. او چند متری ما ایستاده بود و درحالیکه اشک از چشمانش جاری بود ما را تماشا می‌کرد. تصمیم گرفتم که بچه‌ها را به داخل ببرم تا چند دقیقه‌ایی به او فرصت بدهم تا آرام شود.

وقتی که رفتیم داخل برای بچه‌ها توضیح دادم که آقای امجدی یکی دیگر از دوستان ایرانی ماست. بچه‌ها خیلی خوشحال شدند. آنها پرسیدند که آیا می‌توانند برای دیدنش بروند بیرون، من موافقت کردم و آنها با عجله رفتند. متوجه شدم که عده‌ای

از بچه‌ها به جای آقای امجدی بسمت راننده می‌روند و او را در آغوش می‌گیرند. من جوری خنده‌ام گرفت که مدتها بود نخندیده بودم. بعد در حالی که بالای پله‌های ورودی خانه‌مان ایستاده بودم به سمتشان فریاد زدم که آقای امجدی آن مرد دیگر است.

می‌دیدم که آقای امجدی راجع به نحوهٔ برخورد با بچه‌ها دچار سردرگمی است. او به آهستگی از دخترانی که داشتند از ماشین بعنوان راهنما استفاده می‌کردند و آرام آرام به او نزدیک می‌شدند، فاصله می‌گرفت. در همین موقع ماشین دوم هم رسید (ماشین خسرو و آقای جوادی). برای خلاص کردن آقای امجدی از این مخمصه، رسیدن ماشین دوم را بهانه کردم و از همهٔ بچه‌ها خواستم که جاده را خالی کنند تا ماشین بتواند پارک کند. این نوبت، زمان‌بندی عالی بود، اما نمی‌دانستم وقتی که داخل می‌رفتیم چگونه باید این وضعیت را مدیریت کنم. این بچه‌ها برای درک چنین باورهای مذهبی، بسیار کوچک بودند. علاوه بر این، من هیچ وقت دوست نداشتم که بچه‌ها، چه پسر و چه دختر؛ احساس کنند که با یکدیگر تفاوت دارند.

بچه‌ها کم‌کم اطراف ماشین دوم جمع شدند و بعد از اینکه آقای جوادی از ماشین پیاده شد او را بغل کردند. در آغوش گرفتن، روش من برای ابراز عشق و محبت بود و دیدن اینکه بچه‌ها هم همین کار را انجام می‌دهند برایم واقعاً شگفت‌انگیز و زیبا بود.

در حالی که بچه‌ها با استفاده از دست کشیدن به ماشین‌ها به جلو حرکت می‌کرند و با آقای جوادی احوالپرسی می‌کردند؛ من آقای امجدی را بداخل خانه دعوت کردم. در همان زمان احساس کردم که یک دست کوچک پاهایم را گرفت. پایین را نگاه کردم و دیدم پرومیلا است. او با زیباترین لبخند و درشت‌ترین و قشنگ‌ترین چشم‌ها به من خیره شده بود. بلندش کردم و محکم در آغوشش گرفتم. او بدون شک مهربان‌ترین کودک خانهٔ ما بود. با نگاه کردن به او، هرگز متوجه نمی‌شدید که او نابینا است. چهار سالش بود، اما زیاد صحبت نمی‌کرد – وقتی هم که صحبت می‌کرد بیشتر شبیه به یک زمزمه بود.

در گذشته، یکی از کارهای مورد علاقهٔ من این بود که هر روز صبح پرومیلا را تماشا کنم که با دست‌های کوچکش به فرزند کوچکترمان، روشن؛ صبحانه می‌داد. او حتی گاهی اوقات کمی از صبحانهٔ خودش را نیز به او می‌داد. پرومیلا خودش بچه بود، ولی با این حال علاقهٔ شدیدی به روشن داشت و همیشه دوست داشت که از او مراقبت کند. به طرز عجیب و خنده‌آوری، پرومیلا تنها کسی بود که می‌توانست باعث لبخند و حتی گاهی قهقههٔ روشن شود.

به آقای امجدی گفتم: «این پرومیلا است. او شاهزاده خانم کوچولوی ماست. پرومیلا، این عمو امجدی است.» او دستش را دراز کرد تا با آقای امجدی دست بدهد و همزمان قلب من هم فروریخت. جالب اینکه در کمال تعجب، آقای امجدی بدون هیچ تردیدی دست او را فشرد. با وجودیکه این کارش، یک نوع محبت بسیار ساده و ابتدایی

بود، اما به شکل بسیار عمیقی قلبم را تحت تأثیر قرار داد.

از آقای امجدی خواستم که بنشیند و راحت باشد چونکه تصمیم داشتم پرومیلا را ببرم و بطور خصوصی در مورد اتفاقی که قرار است روز بعد بیافتد با او صحبت کنم. او روی زمین نشست و بعد هم، یکی یکی بچه‌ها وارد شدند و دورتادور او دایره‌وار نشستند. آقای امجدی خوشحال و هیجان زده به نظر می‌رسید. طبق معمول همیشگی، بچه‌ها شروع کردند به آواز خواندن و طبل زدن.

ما هم رفتیم داخل یکی از اتاقها. من در را پشت سرمان بستم و نشستیم. پرومیلا فوراً پرید بغلم و من هم شروع به نوازش موهایش کردم.

نمی‌دانستم که باید از کجا شروع کنم. بنابراین، چند دقیقه‌ایی در سکوت نشستیم تا اینکه در نهایت جرأت پیدا کردم و شروع کردم به توضیح دادن راجع به اتفاقات فردا. «پوری، فردا برای تو روز بسیار عجیبی خواهد بود. من از تو می‌خواهم که قوی باشی و نگران چیزی نباشی.» در حالی که صورتش دقیقاً روبروی صورت من بود، ساکت ماند و شروع کرد به نوازش موهایم. «فردا قرار است جایی بروی که پُر است از آدمهای زیاد و صداهای بلند. از تو می‌خواهم که فقط روی همان شخصی که از تو سؤال می‌پرسد تمرکز کنی. هر چه که او از تو پرسید، فقط صادق باش و به او پاسخ بده.»

با همان صدایِ لطیفی که شبیه زمزمه بود، پرسید: «مثلاً چه نوع سؤالاتی؟» نمی‌دانستم که واقعاً چه جوابی بدهم لذا شروع کردم به گفتن چیزهایی که حدس میزدم شاید پرسیده شوند. گفتم سؤالاتی مثل «اسم تو چیه؟» و «چند سالته؟» البته شاید سؤالات دیگری هم باشند. او از نوازش موهایم دست کشید، چانه ام را در دستان کوچکش گرفت، مستقیم به من خیره شد و گفت: «من می‌توانم این کار را انجام دهم مامی. میخوای نشونت بدم؟ نام من پرومیلا است، من چهار سالم هست.»

سپس از خنده منفجر شد و از من پرسید که آیا می‌تواند دوباره آن را بگوید زیرا فکر می‌کرد که در نوبت اول آنرا بدرستی نگفته است. در حالی که بسختی سعی می‌کردم جلوی اشکهایم را بگیرم به او گفتم که کارش عالی بوده. «اما پوری، ممکن است از تو راجع به عصیم هم پرسیده شود. پس ناراحت نشو، باشه؟ می‌تونی به من قول بدی؟»

گفت: «بله قول می‌دهم. من مؤدب، آرام و صادق خواهم بود.» این سه؛ کلماتی بودند که همیشه وقتی مأموران پلیس به خانه ما می‌آمدند به بچه‌ها یادآوری می‌کردم: «مؤدب، آرام و صادق باشید.» تکرار این کلمات توسط او برای خودِ من، باعث شد که از اعماق وجودم خوشحال شوم.

از اتاق که بیرون آمدیم، دیدم که آقای امجدی در وسط نشیمن خانه نشسته و همهٔ بچه‌ها، از جمله دختران که حالا دستانش را گرفته بودند، دور او حلقه زده‌اند. نمی‌توانستم چیزی را که می‌دیدم باور کنم. به سمتش رفتم و به فارسی از او پرسیدم که آیا دوست

دارد که من بنوعی بچه‌ها را از او دور کنم؟ چهره‌اش از خوشحالی برقی زد و گفت: «این تجربه‌ای است که مطمئنم خداوند مرا درک خواهد کرد و خواهد بخشید.» تمام چهره‌اش تغییر کرده بود. گویی فرد جدیدی شده بود و برای اولین بار چیزی جادویی را تجربه می‌کرد. بچه‌ها مدام به زبان اودیا با او صحبت می‌کردند و با اینکه او نمی‌توانست حتی کلمه‌ای از آنچه می‌گفتند را بفهمد، اما تمام تلاشش را می‌کرد تا به فارسی پاسخ دهد.

آقای جوادی اما، روی یکی از صندلی‌های قسمت ورودی خانه نشسته بود و به گوشی‌اش چشم دوخته بود. او آدم غیرعادی و عجیبی بود. خوشبختانه خسرو در ماشین مانده بود. از آقای جوادی پرسیدم که آیا او هم دوست دارد بیاید و روی زمین کنار آقای امجدی بنشیند. او نپذیرفت. بنابراین، او را به حال خود رها کردم.

چند لحظه بعد، به بیرون نگاه کردم و دیدم که آقای پرادیپ بسمت ما می‌آید. بچه‌ها صدای ماشین را شنیدند و من به آنها خبر دادم که او آقای وکیل است. با شنیدن این خبر هیچ کسٍ بیرون نرفت و چند بچه‌ایی هم که بلند شده بودند بسرعت برگشتند و نشستند. آنها قبلاً بارها او را دیده بودند و از او خوششان نمی‌آمد و آن را پنهان هم نمی‌کردند.

او به محض ورود درخواست کرد که جلسه را شروع کنیم. حدس می‌زنم که نمی‌خواست حتی یک دقیقه اضافه‌تر از آنچه لازم است را با بودن در کنار ما هدر دهد. اگر بخواهم صادقانه بگویم، این احساس، متقابل بود.

او، آقای امجدی و آقای جوادی را راهنمایی کردم بسمت اتاق دختران چرا که همیشه مرتب‌ترین اتاق ما بود. این اتاق پر بود از تخت‌های دو طبقه، لباس، خرس‌های عروسکی و نقاشی - یک اتاق معمولی کودک - با این حال به نظر می‌رسید که آقای پرادیپ از آن منزجر شد. من روی زمین نشستم و آقای امجدی هم با خوشحالی همین کار را کرد، اما آقایان پرادیپ و جوادی ایستاده بودند و با تنفر به اطراف نگاه می‌کردند. گویی حتی فکر نشستن روی زمین، حال آنها را بهم می‌زد. آقای امجدی گفت: «اگر نشستن روی زمین برایتان سخت است، می‌توانید از بیرون صندلی بیاورید.» ولی آنها نهایتاً و با اکراه نشستند.

این جلسه حدوداً یک ساعتی به طول انجامید. قبل از اینکه کارمان تمام شود، آقای پرادیپ از من خواست که پرومیلا را به اتاق صدا بزنم. گفتم: «خواهش می‌کنم او را نترسان.» سپس به آرامی پرومیلا را صدا زدم که بیاید. چند ثانیه بعد او در بغل من نشسته بود. به نظر می‌آمد از اینکه میان بزرگسالان آمده هیجان زده است.

آقای پرادیپ سریع و خشن گفت: «دختر کوچولو، منو نگاه کن. فردا، هر چه از تو می‌پرسند، بگو نمی‌دانم. اگر ازت پرسیدند آیا مادرت آن پسرک، عصیم؛ را کشته، بگو نمی‌دانم. اگر ازت پرسیدند که آیا متوجه سوالات آنها می‌شوی، بگو نمی‌دانم. اگر ازت پرسیدند که اسمت چیست، بگو نمی‌دانم» صدایش مرتب بلندتر و بلندتر می‌شد، و

همچنان داشت ادامه می‌داد تا اینکه بالاخره من دیگر طاقت نیاوردم. بعد از چند لحظه با فریاد از او خواستم که تمامش کند، اما او این کار را نکرد. در عوض فریاد زد: «بعد از من تکرار کن! نمی‌دانم، نمی‌دانم!»

در این لحظه آقای امجدی با عصبانیت داد زد و با انگشت به آقای پرادیپ اشاره کرد و با صدایی بلند گفت: «نه!» شاید این اولین باری بود که یک کلمه انگلیسی از او می‌شنیدم. من هم بلند شدم و گفتم که دیگر کارمان اینجا تمام است و در حالی که پرومیلا را در آغوش گرفته بودم از آقای پرادیپ خواستم که خانه را ترک کند.

وقتی که همه از اتاق خارج شدند، در حالی که او هنوز در آغوشم بود قدم زدم و موهایش را نوازش کردم. نهایتاً بعد از مدتی که به نظرم رسید او آرام شده و دوباره شروع کرد به بازیگوشی، در گوشش زمزمه کردم: «یادت هست که ما در مورد چه چیزی به توافق رسیده بودیم؟»

او با لبخند بسیار بزرگی گفت: «که صادق، آرام و مؤدب باشم» او را محکمتر از همیشه در آغوش گرفتم و به او اطمینان دادم که فردا تمام مدت مراقب او خواهم بود و او را تنها نخواهم گذاشت. البته من هم واقعاً قرار بود که فردا آنجا باشم، اما به شکلی بسیار متفاوت‌تر از آن‌چیزی که او تصور می‌کرد. فردا من در قسمت عقب دادگاه، پشت میله‌های چوبی می‌ایستادم؛ مثل یک حیوان، و او در جایگاه شاهد می‌ایستاد، که البته مجبور بودند او را بلند کنند و روی جایگاه بگذارند، چون او خیلی کوچک بود و نمی‌توانست خودش بالا برود.

به غیر از آقای امجدی، همگی آمده بودند بیرون و آماده رفتن بودند. اما او همچنان بین بچه‌ها ایستاده بود و دست می‌زد در حالی که همگی آواز می‌خواندند و می‌رقصیدند. گویی که دلش نمی‌خواست برود.

او بالاخره دل کند و آمد. در حالی که با بچه‌ها خداحافظی می‌کردیم و به سمت ماشین می‌رفتیم، رو به من کرد و گفت: «نرگس خانم، بابت این روز پربار و باورنکردنی از تو بسیار سپاسگزارم.»

اشک در چشمانش حلقه زده بود و معلوم بود که سپاسگزاریِ او صمیمانه و واقعی است. به نظرم آنچه را که در این چند ساعت تجربه کرده بود، واقعاً روی او تأثیر عمیقی گذاشته بود. سرانجام، یک نفر فهمید که در تمام این سال‌ها برای چه چیزی تلاش می‌کردم.

وقتی که از خانه دور می‌شدیم، به عقب برگشتم و برای آخرین بار به پرومیلا نگاه کردم. همانطور که او در دور دست ناپدید می‌شد؛ با خودم فکر کردم، *اگر فردا او را اذیت کنند، من هرگز خودم را نخواهم بخشید.*

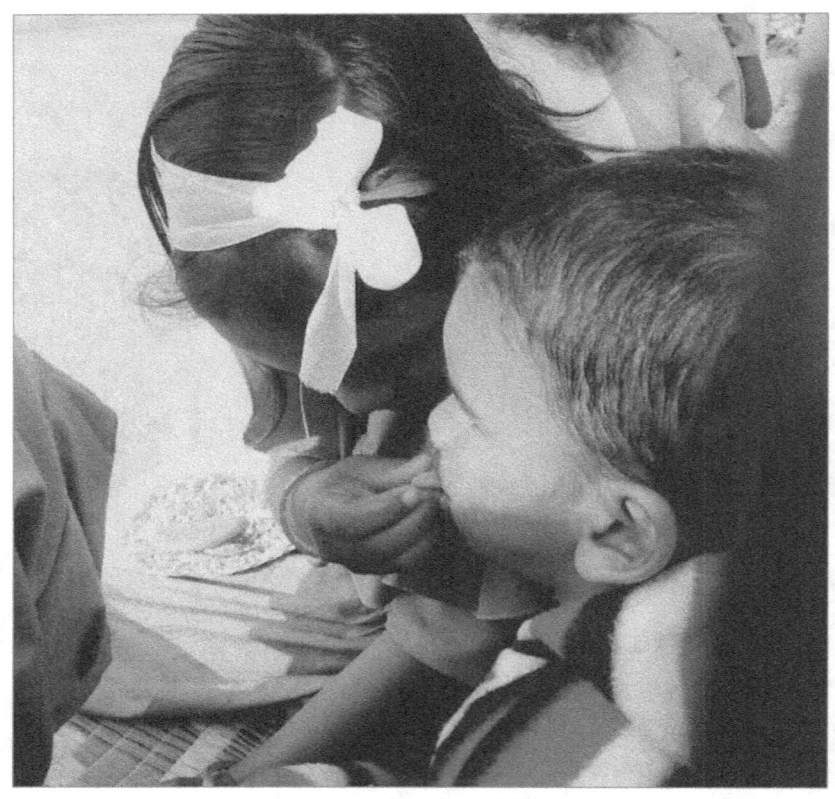

یکی از عکس‌های مورد علاقهٔ من: پرومیلا در حال دادن میان‌وعده به روشن

فصل ۱۵

پروميلا

صبح روز بعد با سروصدای خبرنگارانی که بیرون اتاقم تجمع کرده بودند از خواب بیدار شدم. پس نگهبانی که قرار بود بیرون درب اتاق بایستد کجا رفته بود؟ آقای امجدی تماس گرفت و گفت که نگران نباشم. او اطلاع داد که در حال بیرون کردن تمام خبرنگاران از هتل هستند. من ترتیبی داده بودم که یکی از کارمندانم پرومیلا را به رایاگادا بیاورد و می‌دانستم که او به زودی به اینجا خواهد رسید. تصمیم داشتم قبل از رسیدنش بروم بیرون و از مغازهٔ نزدیک هتل برایش شیرینی و تنقلات بخرم؛ اما حالا که همه جا پُر بود از خبرنگاران، از این کار منصرف شدم. کمی بعدتر پرومیلا در حالی وارد شد که یکی از لباس‌های مورد علاقه‌اش را پوشیده بود. این لباسش صورتی رنگ و به سبک لباس شاهزاده خانم‌ها بود. آن را بعنوان هدیهٔ کریسمس برایش خریده بودم. موهایش خیلی مرتب شانه و بافته شده بودند و حتی کمی هم رژ لب زده بود. او واقعاً شبیه زیباترین دخترېچهٔ دنیا شده بود. وقتی که دیدم او خیلی شاد و سرحال به نظر می‌رسد خیلی خوشحال شدم. اما در عین حال از اینکه می‌دانستم چه اتفاقی در انتظارش هست، سخت غمگین و نگران بودم. بلاخره خبرنگاران هتل را ترک کردند و من پرومیلا را برای صرف صبحانه به رستوران بردم. درحالیکه مشغول خوردن بودیم، به حرفهایش گوش می‌دادم که برایم توضیح می‌داد چگونه امروز صبح یکی از دخترها ناخواسته مقداری آب میوه را روی لباسش ریخته بود. اما او، به جای آنکه ناراحت شده باشد، برایش خنده‌دار بوده است. از من پرسید که آیا می‌توانم آن لکه را روی لباسش ببینم که من گفتم خیر.

البته آن لکه کمی نمایان بود، ولی من دلیلی نمی‌دیدم که به او بگویم. در آن لحظه او احساس می‌کرد که خیلی زیبا شده است و من نمی‌خواستم احساسش را خراب کنم. پرومیلا سرشار از معصومیت بود و تماشای او در حالی که حرف می‌زد، غم و اندوه زیادی را در من ایجاد کرد. احساس کردم که همهٔ این گرفتاریها تقصیر من بوده است. اگر من هرگز وارد زندگی آنها نمی‌شدم، هیچ وقت لازم نبود که با این مشکلات روبرو شوند. با اینکه در اعماق وجودم می‌دانستم که من به این بچه‌ها کمک کرده‌ام تا زندگی بهتری داشته باشند، اما مطمئن بودم که امروز هیچ کمکی از دست من بر نمی‌آید.

پدر پرومیلا یک معتاد الکلی بود و مادرش نیز بلافاصله پس از زایمان و بعد از اینکه فهمید او نابینا است، او را ترک کرده بود. زمانی که او دو ساله بود، اعتیاد پدرش به الکل بدتر شد. او غالباً در خانه تنها می‌ماند زیرا پدرش بعد از پرنوشی، آنچنان مست می‌شد که دیگر قادر نبود راه خانه‌اشان را پیدا کند. روستایی که او در آن بود با ما در موکونداپور، دو ساعت بیشتر فاصله نداشت. وقتی که از شرایط او مطلع شدم از پدرش اجازه گرفتم که سرپرستی او را بعهده بگیرم.

زمانیکه او برای اولین بار به خانهٔ ما آمد، خیلی به ندرت حرف می‌زد. از بالای پله‌های ورودی خانه او را می‌دیدم که به تنهایی وسط حیاط خانه می‌نشست و به آرامی علف‌ها را نوازش می‌کرد. او تمایلی نداشت که با بقیهٔ بچه‌ها صحبت کند، اما من حس می‌کردم که دوست دارد با آنها بازی کند و آشنا شود. به نظرم او فقط خیلی خجالتی بود، بنابراین به او فرصت دادم تا بتدریج تغییر کند.

تقریباً شش ماه طول کشید تا او بتواند با دیگران صحبت کند. قبل از آن، فقط با من حرف می‌زد، آنهم فقط در صورتی که مطمئن می‌شد هیچ فرد دیگری در اطراف ما نیست. پس از گذشت یکسال و بعد از آمدن روشن بود که او دیگر با همهٔ ما راحت صحبت می‌کرد. حدس می‌زنم که به نوعی برادر کوچکی پیدا کرده بود و با هم ارتباط برقرار کرده بودند. حضور روشن باعث شده بود تا او از پوسته‌اش خارج شود. او هنوز هم همان دختر خجالتی بود که بیشتر اوقات بصورت زمزمه‌وار صحبت می‌کرد، اما به طرز باورنکردنی خوش‌حرف و مهربان شده بود. مطمئن بودم که اگر زمان و عشق بیشتری به او بدهیم، اعتماد به نفس حتی بیشتری هم پیدا خواهد کرد.

پدرش شاید سالی یک یا دو بار به او سر می‌زد. وقتی هم که می‌آمد همیشه مست بود. پرومیلا دوست نداشت که به او نزدیک شود اما کاری از دست من برنمی‌آمد. طبق قانون من اجازه نداشتم که مانع ملاقات اعضای خانواده شوم. در عوض، من همیشه نزدیکش می‌نشستم تا او احساس امنیت کند. من بارها سعی کرده بودم که به پدرش کمک کنم، حتی شغل برایش پیدا کردم، اما بنظرم اعتیادش بسیار سخت‌تر از آن‌چیزی بود که بتواند بر آن غلبه کند. پدر پرومیلا تنها کسی نبود که به الکل اعتیاد داشت.

بسیاری از والدین سایر کودکان نیز همین مشکل را داشتند. به نظر می‌رسید که در جامعهٔ دالیت، این اعتیاد به الکل مشکل بزرگی بود. گاهی اوقات من شک می‌کردم که شاید اصلاً الکل را عمداً به این مناطق قبیله‌ای وارد کرده‌اند، گرچه هرگز نتوانستم این را ثابت کنم. برای من پدر پرومیلا واقعاً خیلی متفاوت بود، زیرا هر زمان که او به خانهٔ ما می‌آمد، قبل از اینکه یک کلمه با پرومیلا صحبت کند، اول از همه از ما درخواست غذا می‌کرد و بعد از خوردن آن مدتی روی چمن‌ها چُرت می‌زد. من اصولاً شک داشتم که آیا او واقعاً برای دیدن پرومیلا به اینجا می‌آمد یا برای خوردن یک وعده غذای گرم و همنشینی با ما.

من بسیار نگران این موضوع بودم که اگر تجربه امروز پرومیلا برایش خیلی سنگین باشد، ممکن است که باعث شود او دوباره به همان حالتی که در ابتدا داشت برگردد؛ گوشه گیر شود و احساساتش را بروز ندهد که در آنصورت ما باید دوباره از نو شروع می‌کردیم. آن روزی که فهمیدم پرومیلا باید در دادگاه شهادت دهد، به آقای پرادیپ التماس کردم که با انتخاب او به عنوان شاهد مخالفت کند. حتی به او پیشنهاد کردم که من حاضرم به زندان بروم چنانچه او را از شهادت دادن معاف کنند. اما هیچ کاری جواب نداد و هیچ کسی گوش نکرد. به نظر می‌رسید که هر چه من بیشتر اصرار می‌کردم که کاری به پرومیلا نداشته باشند، وکلای شاکی هم برعکس، اصرار بیشتری می‌کردند که حتماً او باید به عنوان شاهد فراخوانده شود.

همانطور که به دادگاه نزدیک می‌شدیم دست او را در دستم گرفته بودم و می‌شنیدم که دارد با من صحبت می‌کند، اما انگار هیچ چیزی از صحبتهایش را متوجه نمی‌شدم. بینهایت مضطرب بودم. به او نگاهی کردم و گفتم: «وقتی که از ماشین پیاده می‌شویم، ممکن است عده‌ایی از ما عکس بگیرند. لطفاً سعی کن که از صداها نترسی.»

او لبخند بزرگی به نشانه تأیید به من زد و درست در همین زمان بود که متوجه شدم او امروز گوشواره‌های مورد علاقه‌اش را هم پوشیده است. جگرم آتش گرفت. حالا، هم لباس و هم گوشوارهٔ مورد علاقه‌اش برای همیشه یادآور این روز وحشتناک خواهد بود. آیا من نباید او را بهتر آماده می‌کردم و به او می‌گفتم که امروز چه روز سختی برایش خواهد بود؟ من واقعاً نمی‌توانستم! به نظرم او برای درک این مسائل خیلی کوچک بود و بعلاوه من به شکل عجیبی کمی امیدوار بودم که شاید امروز به آن بدی که تصّور می‌کنم، نباشد.

از ماشین که پیاده شدیم، بلافاصله در نور فلاش دوربین‌ها و جمعیت زیادی از مردم و خبرنگاران غرق شدیم. همه همزمان و با لحنی خشن فریاد می‌زدند: «چه حرفی برای گفتن به والدین پسرک داری؟ چرا او را کشتی؟» پرومیلا خیلی محکم دستم را گرفته بود و خودش را به بدنم چسباند، بنابراین او را بغل کردم و با تمام سرعتی که داشتم به

داخل دادگاه دویدم.

آقای پرادیپ هم پشت سر ما بود و در یک لحظه دست پرومیلا را گرفت و شروع کرد به کشیدن او به سمت خودش و مدام ازش می‌خواست که با او برود. از نحوهٔ رفتارش با او متنفر بودم. پرومیلا دستم را رها نمی‌کرد. نهایتاً، من کنارش زانو زدم و در گوشش زمزمه کردم که باید برود. به او گفتم که من کار مهمّی دارم که باید انجام دهم اما به زودی بدنبالش خواهم رفت. سرانجام او دست من را رها کرد ولی وقتی که آقای پرادیپ سعی کرد دست او را بگیرد تا او را به سمت جایگاه شهود هدایت کند، پرومیلا دست او را کنار زد و به جای آن برای راهنمایی، کنار شلوارش را گرفت. از آقای پرادیپ خواهش کردم که آهسته‌تر راه برود زیرا این مکان برای پرومیلا جدید است و همه جا هم پر از صندلی است و او باید با احتیاط و آهستگی از میان آنها هدایت شود؛ اما او محل نگذاشت و تظاهر کرد که اصلاً صدای من را نشنیده است.

او را به سمت جایگاه شهود برد و همانطور که پیش‌بینی کرده بودم مجبور شد پرومیلا را بلند کند تا بتواند او را در جایگاه قرار دهد. جایگاه شهود همانند یک جعبه چوبی بزرگی بود که باید چند پله بالا می‌رفتی تا بتوانی وارد آن شوی. اما پله‌ها برای کودکی به اندازه پرومیلا خیلی بلند بودند. وقتی که او بلاخره در جایگاه قرار گرفت به سختی می‌شد او را دید. همانطور که آنجا نشسته بود سرش را پایین انداخته بود. برای من دیدن این صحنه چنان دردناک بود که نمی‌توانستم به او نگاه کنم.

من هم رفتم انتهای اتاق و پشت میله‌های چوبی ایستادم. چشمانم را بستم و آنچه آقای نوریان در جلسهٔ قبلی دادگاهم به من گفته بود را بیاد آوردم که با اعتماد به نفس کامل بایستم و سرم را بالا نگه دارم. اما واقعیت امر این بود که، در حالی که پرومیلا در چند قدمی من آنطور غریب و ناامید نشسته بود، من نمی‌توانستم آنچه را آقای نوریان توصیه کرده بود انجام دهم. با هر صدایی که از کسی در اتاق دادگاه بلند می‌شد، پرومیلا فوراً سرش را به همان سمت خم می‌کرد تا بتواند بهتر بشنود. می‌دانستم که او دارد سعی می‌کند تا گوش کند ببیند آیا صدای من است یا خیر. به او گفته بودم که من هم آنجا خواهم بود و حالا او داشت بدنبال من می‌گشت. من در درونم غوغا بود و دردی را احساس می‌کردم که شبیه به هیچ درد دیگری که تا به حال در زندگی تجربه کرده بودم، نبود. آقای امجدی به آرامی به او نزدیک شد و سرش را نوازش کرد اما کارکنان دادگاه بلافاصله فریاد زدند که باید بنشیند. هر لحظه که می‌گذشت خشم و عصبانیت بیشتری را در خودم احساس می‌کردم.

ناگهان همه از جا برخاستند. نگاه کردم و دیدم که قاضی به سمت جایگاهش می‌آید. مستقیم به او نگاه کردم و مشتم را محکم فشردم. خیلی از او متنفر بودم. وقتی نشست، دیگران هم نشستند.

آقای امجدی مدام به سمت من می‌چرخید. بعلاوه، هر چند وقت یک‌بار سرش را تکان می‌داد. می‌دانستم که با این کار می‌خواهد به نوعی به من آرامش بدهد. قاضی مشغول نوشتن چیزی شد، لذا برای چند دقیقه همگی در سکوت نشستیم.

آن نوبتی که آقای نوریان اینجا بود، یک سگ ولگرد در اتاق دادگاه مرتب در رفت و آمد بود. چنین صحنه‌هایی در طول سال‌ها برای من عادی شده بود، اما برای او اینطور نبود و از آن روز به بعد دائم در موردش صحبت می‌کرد. او با همه درباره سگ ولگرد داخل اتاق و گاوی که برای خودش بیرون از اتاق دادگاه می‌چرخید صحبت می‌کرد.

اما این بار هیچ حیوانی در دادگاه نبود و اتاق حتی از دفعهٔ قبل هم تمیزتر بود. به نظر می‌رسید که آنها این بار تلاش بیشتری کرده بودند تا مشروع به نظر برسند. اما با این حال هنوز هیچ دری وجود نداشت که اتاق دادگاه را از فضای بیرونی جدا کند، بنابراین با هر وزش باد، می‌توانستم عکاسانی را که سعی داشتند دزدکی داخل را دید بزنند، ببینم. آنها سخت تلاش می‌کردند تا بتوانند عکسی از من در پشت میله‌های چوبی بگیرند.

کمی بعد جلسه دادگاه شروع شد.

قاضی شروع کرد به صحبت با پرومیلا اما من نمی‌توانستم بشنوم که چه می‌گوید. حدس می‌زدم از او پرسیده که آیا آماده است، زیرا دیدم که پرومیلا با اکراه سرش را تکان داد. سپس وکیل شاکی بلند شد و ایستاد. او بدون هیچ مقدمه‌ای گفت: «خُب دختر کوچولو ...، تو به پلیس گفته بودی که نرگس قصد داشته تو را هم غرق کند، راجع به این قضیه برای ما تعریف کن.»

اصلا باورم نمی‌شد که چنین حرفی را شنیدم! این داستان را دیگه از کجا ساخته بودند؟ پرومیلا پاسخی نداد، بنابراین او همین سؤال را مجدداً تکرار کرد. اما این بار لحن صدایش به فریاد نزدیک شد و نیز اضافه کرد: «تو که دروغگو نیستی؟ درسته؟»

پرومیلا هنوز هیچ کلمه‌ای نگفته بود و وحشت زده به نظر می‌رسید. قاضی مداخله کرد و از او خواست که سرش را بلند کند. به او گفت: «به جلو نگاه کن و به سؤال پاسخ بده.» وکیل بارها و بارها همان سوال را تکرار کرد و هر بار صدایش را بلندتر و بلندتر کرد. خیلی دوست داشتم که به خاطر پرومیلا قوی باشم ولی دیگر نمی‌توانستم این صحنه را تحمل کنم.

سپس صدای نرم و نازک او را شنیدم که گفت: «نه»

وکیل گفت: «نه؟؟ نه به چی؟ نه یعنی تو این حرف را به پلیس نزدی؟ یا نه یعنی تو دروغگوی کوچکی نیستی؟ نه یعنی چی؟؟»

حالا پرومیلا دست‌هایش را روی گوش‌هایش گذاشته بود و با قدرت تمام آنها فشار می‌داد. یکی از کارمندان دادگاه به سمت او دوید و دستانش را از روی گوش‌هایش برداشت. وکیل هر چه که بیشتر صحبت می‌کرد، پرومیلا عصبانی‌تر می‌شد. هرگز او را

اینطور ندیده بودم.

سپس وکیل به سراغ سؤال بعدی رفت. «آیا تو دیدی که نرگس عصیم را کشت؟» *آیا تو دیدی؟* واقعاً این آقای وکیل چنین سؤالی از او پرسید؟ آنها یک دختربچهٔ چهار سالهٔ *نابینا* را در جایگاه شهود قرار داده بودند و مدعی بودند که او شاهد عینی یک جنایت است؟ وکیل مدام سؤالش را تکرار می‌کرد: «آیا تو دیدی؟» مدام بر سرش فریاد می‌زد و حتی برخی دیگر نیز در دادگاه با او همراه شدند. اینها هیچ کدام برای من قابل فهم نبودند. دفعهٔ گذشته حتی اجازه نداده بودند که خانم کیانی صحبت کند و حالا همهٔ حضار اجازه داشتند سر یک دختربچهٔ چهار سالهٔ بی‌گناه فریاد بزنند.

سپس ناگهان پرومیلا زد زیر گریه و فریاد زد: «مامی، من می‌خوام برم خونه! مامی من می‌خوام برم خونه!»

اتاق ساکت شد و برای لحظاتی آنچه که شنیده می‌شد فقط صدای گریه‌های پرومیلا از یک سمت و صدای گریه‌های من از سمت دیگر دادگاه بود. قاضی شوکه و گیج شده بود. وکیل شاکی با دلخوری دست‌هایش را بالا برد و برگشت سر جایش و نشست. او تسلیم شده بود. آقای پرادیپ حتّی یک کلمه هم صحبت نکرد.

قاضی دستور داد: «بیارینش پایین» وقتی آقای پرادیپ سعی کرد او را بلند کند، پرومیلا او را به عقب هل داد و مرتب او را می‌زد. نهایتاً پرادیپ او را به زور از جایگاه خارج کرد و به سمت ورودی اتاق دادگاه رفتند. وقتی که آنها از کنارم رد می‌شدند، به پرومیلا نگاه کردم و ناامیدانه سعی کردم توجهش را جلب کنم. به نظرم او هم به سمتی که من بودم توجهش جلب شد. او را جلوی همان پرده‌ایی که در قسمت ورودی اتاق آویزان بود گذاشتند که تقریبا یک متر بیشتر با من فاصله نداشت. با صدای آهسته گفتم: «پوری، من اینجام» صدای من را نشنید، بنابراین کمی بلندتر گفتم: «پوری، من اینجام!»

او با هیجان کمی سرش را به سمت من برگرداند و سعی کرد که به سمت من حرکت کند اما یکی از خبرنگاران او را متوقف کرد. کمی بعد قاضی بلند شد و رو به حضار گفت که جلسهٔ امروز تمام شد. سپس در عرض چند ثانیه همه بلند شدند و دادگاه را ترک کردند. ما این همه راه را آمده بودیم برای همین؟ تمام شد؟

آنها تقریباً در دو سال گذشته مرتباً همین کار را با من کرده بودند. تاریخ دادگاه را برنامه‌ریزی و اعلام می‌کردند، بعد آن را لغو می‌کردند، بعد دوباره آن را تعیین می‌کردند و نهایتاً هم تنها یک نفر می‌آمد و شهادت می‌داد و تمام. در طی این دو سال تنها نه نفر شهادت داده بودند! تمام این شهادت‌ها روی هم رفته شاید در مجموع دو ساعت بیشتر نمی‌شد.

من با عجله به سمت پرومیلا رفتم، او را بغل کردم و با سرعت تمام به سمت ماشین دویدم. آقای امجدی و جوادی هم بلافاصله دنبالم آمدند و بعد با حداکثر سرعتی که

می‌توانستیم از آنجا دور شدیم.

او را خیلی محکم در آغوشم گرفتم. او دست و پاهای کوچکش را محکم دور من حلقه کرده بود و شروعِ کرد به بوسیدنم. من مدام در گوشش زمزمه می‌کردم: «خیلی متاسفم پوری!» واقعاً حرف دیگری برای گفتن نداشتم. در درونم احساس گناه و عصبانیت زیادی می‌کردم. بدون شک این دردناک ترین صحنه‌ایی بود که در زندگی‌ام با آن روبرو شده بودم.

در تمام مسیر برگشت به موکونداپور او را از بغلم رها نکردم. او عاقبت در آغوش من به خواب رفت و من به این فکر می‌کردم که به هیچ وجه لیاقت این محبت و اعتماد او را ندارم. من بشکل بسیار وحشتناکی در مراقبت از او شکست خورده بودم.

پرومیلا و روشن

فصل ۱۶

سؤال نکن

زمان بازگشتمان به حیدرآباد بود. وقتی که در فرودگاه ویشاخاپاتنام نشسته بودیم، من و آقای امجدی چنان مشغول صحبت بودیم که اعلام‌های مکرر سوار شدن به هواپیما را نشنیدیم و پروازمان را از دست دادیم. آقای جوادی و خسرو سوار شده بودند اما همّت نکرده بودند که بیایند دنبال ما و به ما اطلاع دهند. مجبور شدیم که آن شب را در هتل بمانیم. صبح روز بعد با پرواز بعدی حرکت کردیم.

وقتی که به کنسولگری حیدرآباد برگشتیم، شنیدم خسرو اخراج شده است. این خبر حس خوبی به من داد. انرژی و تمایلی نداشتم که اتفاقاتی که پیش آمده بود را برای آقای نوریان تعریف کنم، بنابراین تمام تلاشم را کردم تا چند روزی از او دوری کنم. راجع به لارس هم همینطور بود. نمی‌توانستم خودم را آماده کنم و دوباره تمام آنچه را که برای پرومیلا اتفاق افتاده بود برای فرد دیگری بازگو کنم. برایم کار خیلی سختی بود، بنابراین از صحبت کردن راجع به آن با دیگران اجتناب کردم.

چند هفتهٔ بعدی در کنسولگری نسبتاً سریع گذشت. با اجازهٔ آقای نوریان شروع کردم هفته‌ایی چندبار آموزش زبان انگلیسی به بچه‌ها. بقیهٔ روزها هم در اتاقم می‌ماندم.

در همین ایام بود که کم‌کم احساس کردم حالم خوب نیست و نیز متوجه تغییراتی در بدنم شدم. بنابراین وقت ویزیت با خانم دکتری که طرف قرارداد کنسولگری بود، گرفتم. پس از چندین نوبت مراجعه و انجام چند آزمایش، او نهایتاً به من گفت که مشکوک است که یک تومور خوش‌خیم در تخمدان چپ من وجود داشته باشد. به همین دلیل

توصیه کرد که برای اطمینان بیشتر بهتر است که به یک انکولوژیست هم مراجعه کنم تا احتمالات جدی‌تری را که مطرح هستند، رد کند. من تصورم این بود که او دارد بیش از حد بزرگش می‌کند، لذا به توصیه‌اش عمل نکردم. بعلاوه در حال حاضر به اندازهٔ کافی گرفتاری داشتم و دیگر به این یکی نمی‌رسیدم.

چند هفته گذشت و در این مدت آقای نوریان از من پرسید که آیا از انکولوژیست وقت گرفته‌ام یا خیر؟ از دست او و دکتر کنسولگری به دلیل افشای پرونده پزشکی‌ام عصبانی شدم. آیا دیگر چیزی به نام حریم خصوصی بیمار وجود نداشت؟ جواب دادم که از بیمارستان امریکایی انستیتو انکولوژی نوبت ویزیت گرفته‌ام اما در لیست انتظار هستم و هنوز جوابی از آنها دریافت نکرده‌ام. این بهترین جوابی بود که در آن لحظه می‌توانستم از خودم بسازم. از آن روز به بعد، موی دماغ من شد و هر بار که من را می‌دید در این مورد نیز از من می‌پرسید. کار به جایی رسید که نهایتاً تصمیم گرفتم که واقعاً یک نوبت ویزیت بگیرم - بیشتر برای اینکه از دست او خلاص شوم.

یک مشاورهٔ ساده با متخصص سرطان تبدیل به هفته‌ها درمان شد. او مشکوک بود که تومور من، خوش‌خیم نیست بلکه مراحل اولیهٔ سرطان تخمدان است. او مرا تحت چندین دوره شیمی درمانی قرار داد و گفت که اگر بعد از این درمان‌ها هنوز تومور وجود داشته باشد، مرحله بعدی، جراحی خواهد بود.

برایم خیلی سخت بود که حرف‌هایش را باور کنم. آنها هیچ نمونه‌ای از من نگرفته بودند، پس چگونه تشخیص داد که من سرطان تخمدان دارم و شیمی درمانی را شروع کرد؟ تشخیص به این مهمی فقط با انجام سونوگرافی و آزمایش خون؟ تنها فرد دیگری که از این موضوع اطلاع داشت آقای نوریان بود. او مدام به من توصیه می‌کرد که سخت‌گیری نکنم و مرتب این همه سؤال نپرسم.

برای مدتی به دلیل درمان‌هایم، دیگر مجبور نبودم که به جلسات دادگاه بروم. در عوض، کارکنان کنسولگری یا خانم کیانی از طرف من می‌رفتند. بعد به شدت مریض شدم - بیشتر بدلیل درمانی بود که می‌گرفتم تا هر عامل دیگری - و آن چند هفته به سرعت به سخت‌ترین هفته‌های زندگی من تبدیل شدند.

در این مدت با مردی آشنا شدم که از بمبئی برای دیدن من به کنسولگری آمده بود. او نیمه ایرانی و نیمه هندی بود، درشت اندام بود و با توجه به احترامی که پرسنل کنسولگری برایش قائل بودند، به نظرم می‌رسید که باید آدم مهمی باشد. همچنین به نظر می‌رسید که آقای نوریان قبلاً ایشان را ملاقات کرده بود، اما من واقعاً هیچ وقت از او نپرسیدم.

وقتی که برای اولین بار این مرد را دیدم، روی یک صندلی نشسته بود در حالیکه پایش را روی هم انداخته بود. لباس خیلی شیکی پوشیده بود و کفش‌های واکس زده و

براقی به پا داشت. به یاد دارم که آن‌زمان از قضاوت او بر اساس ظاهرش احساس بسیار بدی پیدا کرده بودم. به یاد روزی افتادم که اولین بار آقای نوریان را در دفترش ملاقات کردم. او نیز نگاهی به دمپایی‌های من انداخت و بدون هیچ ملاحظه‌ایی از من پرسید که آیا پول نیاز دارم تا بروم و یک جفت کفش برای خودم تهیه کنم. من متوجه نبودم که مشکل دمپایی‌های من چیست، سال‌ها بود که همین دمپایی‌ها را می‌پوشیدم. در هند همه دمپایی می‌پوشند. در واقع، برخی از مردم حتی دمپایی هم به پا ندارند. آنها با پای برهنه راه می‌روند، این بخشی از فرهنگ آنها است. و حالا من خودم روبروی این مردِ غریبه نشسته بودم و به کفش‌هایش نگاه می‌کردم و همان طور که آقای نوریان آنروز من را قضاوت کرده بود، داشتم او را قضاوت می‌کردم.

مرد لحن آرامی داشت، اما در عین حال خشن به نظر می‌رسید. زیاد حرف نزد. اما وقتی صحبت کرد به طرز باورنکردنی باصلابت بود و توجه همه را به خودش جلب کرد. خودش را علی معرفی کرد. از همان اول احساس کردم که چیزی را در مورد خودش پنهان می‌کند. او گفت که وقتی در مورد پروندهٔ من شنیده، بشدت تحت تاثیر قرار گرفته و بلافاصله حس کرده که دوست دارد به من کمک کند.

او واقعاً چیز زیادی در مورد خودش نگفت و آقای نوریان هم قبل از جلسه از من درخواست کرده بود که زیاد از او سؤال نپرسم. کل جریان غیرعادی و در عین حال به طرز عجیبی جذاب بود. او پیشنهاد داد که در تمام جلسات آتی دادگاهم شرکت کند و گفت که چگونه می‌خواهد از من محافظت کند. قبل از اینکه صحبتش تمام شود، آقای نوریان با هیجان زیاد از او تشکر کرد و گفت که کنسولگری تمام هزینه‌های او را تقبل خواهد کرد. اما علی این پیشنهاد را رد کرد و گفت که هزینه‌هایش را خودش خواهد پرداخت.

وقتی علی رفت تمام اتاق ساکت بود. نگاهی به آقای نوریان انداختم. لبخندی زد و گفت که بهتر است هیچ سؤالی نپرسم. ولی به هر حال پرسیدم.

گفتم: «او واقعا کی بود؟»

«نرگس خانم، بهتر است که سؤالی نپرسین!» او این بار با صدایی بلندتر تکرار کرد.

پیش خودم فکر کردم *او حتماً یک گانگستر است.*

چندین هفتهٔ دیگر نیز گذشت و قبل از اینکه متوجه بشوم؛ بخش زیادی از جلسات درمانم تمام شد. حالم هم خیلی بهتر شده بود و دادگاه اطلاع داد که از این به بعد فرد دیگری نمی‌تواند بجای من در جلسات شرکت کند. بنابراین جلسات بعدی دادگاه را، من بهمراه خانم کیانی، علی و یک نفر دیگر از کنسولگری شرکت می‌کردیم.

من همیشه حواسم به علی بود. او مرا مجذوب خود کرده بود. او خیلی مرموز و ساکت بود. همیشه وقتی تماس تلفنی داشت، از گروه فاصله می‌گرفت. همواره مراقب

و هوشیار بود، حتی زمان‌هایی که نیازی به این کار وجود نداشت. وقتی داخل دادگاه می‌رفتم، او همیشه بیرون می‌ایستاد و با مردم صحبت می‌کرد. برایم جالب بود که چقدر سریع می‌توانست با مردم انس بگیرد و به آنها نزدیک شود. او بطور طبیعی فردی دوست داشتنی بود. بعد از هر گفتگویی که با شخصی انجام می‌داد رو می‌کرد به خانم کیانی و می‌گفت که یک نفر دیگر را پیدا کرده که می‌تواند در آینده مفید باشد.

بعد از اینکه کارمان در رایاگادا تمام شد و با هواپیما به سمت حیدرآباد برمی‌گشتیم، علی به من گفت که یک آشنای خیلی خوبی پیدا کرده است – او دوست دوران کودکی رئیس دادگستری رایاگادا است. گفت که اگر رئیس دادگستری به آقای نوریان دروغ گفته باشد و نهایتاً من را محکوم کنند، او خودش دست بکار خواهد شد.

از او پرسیدم: «منظورت چیست که دست بکار خواهی شد؟»

او پاسخی نداد و من یاد فیلم‌هایی افتادم که در آنها آدمها را برای انتقام می‌ربایند و شکنجه می‌کنند. هر چقدر هم که این ایده احمقانه به نظر می‌رسید، ولی بعد از این همه چیزهای غیرعادی که در این چند سال گذشته در هند دیده بودم، دیگر هیچ چیزی به نظرم بعید نبود. با خودم گفتم اگر او واقعاً کار احمقانه‌ای انجام دهد، نهایتا این من هستم که باید تاوان عواقب آن را بپردازم که اصلاً تحمّل آنرا ندارم.

من در این سفرهایم دیگر به بچه‌ها سر نمی‌زدم. سعی داشتم که با پرهیز از حضور نامنظم در زندگی آنها، برایشان نوعی ثبات ایجاد کنم. احساس می‌کردم که آنها هر دفعه که مرا می‌بینند دچار شادی و شعف زایدالوصفی می‌شوند ولی بعد، با هر باری که ترکشان می‌کنم، گویی شیرهٔ زندگی آنها مکیده می‌شود و من نمی‌خواستم که این روند ادامه پیدا کند.

سفرهای متعدد دیگری به رایاگادا داشتیم و هر بار علی هم با من می‌آمد. زمانیکه وقت بیشتری با او گذراندم، به این باور رسیدم که او واقعاً و از صمیم قلب می‌خواهد که به من کمک کند. وقتی که با پرسنل کنسولگری یا آقای نوریان دربارهٔ من یا پرونده‌ام صحبت می‌کرد، عصبانیت را در صدایش حس می‌کردم. مطمئن شدم که او واقعاً از بلایی که سیستم بر سر من آورده بود، منزجر است. چنین رفتاری نمی‌توانست تظاهر باشد، اطمینان داشتم که رفتارش و توجه‌اش به من واقعی است. اما آنچه را که نمی‌دانستم این بود که چرا؟ او یک فرد کاملاً غریبه بود.

وقتی که با آقای پرادیپ صحبت می‌کرد گاهی صدایش بشدت می‌لرزید. اغلب چنان نسبت به او عصبانی می‌شد که دائماً می‌ترسیدم که نکند با او گلاویز شود. البته او هیچ وقت این کار را نکرد. علی همیشه فوق العاده خویشتن‌دار بود و این باعث می‌شد که او را بیشتر دوست داشته باشم.

در یکی از این سفرهایمان، چیزی از او دیدم که آنچه را قبلاً به آن مشکوک بودم

تأیید کرد. در حالی که در پرواز برگشت به حیدرآباد کنار او نشسته بودم، توانستم کارت پروازش را که پشت صندلی جلویی گذاشته بود، ببینم. من همیشه شک داشتم که علی نام واقعی او باشد، بنابراین سعی می‌کردم کارت پروازش را ببینم ولی تا آن‌روز، همیشه کارت پروازش را به خوبی پنهان می‌کرد. اما این بار، کارتش مقدار کمی بیرون زده بود و توانستم نامش را به وضوح بخوانم. نوشته بود: رامین سانتوری گوپتا. به آن نام خیره شدم و از اینکه آنچه به آن شک داشتم صحیح بود، احساس آرامش کردم. او متوجه شد و بلافاصله کارت پروازش را از پشت صندلی بیرون آورد و داخل جیب کتش گذاشت. او چیزی نگفت، من هم چیزی نگفتم.

در تمام طول پرواز برگشتمان، آن اسم را مرتباً در ذهنم تکرار می‌کردم تا فراموشش نکنم. *رامین سانتوری گوپتا*– بارها و بارها تکرار کردم تا زمانی که هواپیما فرود آمد. بعد بلافاصله گوشیم را از کیفم بیرون آوردم و نام او را در بخش یادداشت‌ها نوشتم.

وقتی که به اتاقم در حیدرآباد برگشتم، تمام طول شب را صرف جستجوی نام او در گوگل و سایر موتورهای جستجوی هندی کردم. اما در کمال تعجّب هیچ چیزی پیدا نکردم. گویی اصلاً چنین شخصی وجود خارجی نداشت. روز بعد، به محض اینکه کلاس زبان انگلیسی‌ام با بچه‌های کنسولگری تمام شد، سریعاً به دفتر آقای نوریان رفتم تا آنچه را که کشف کرده بودم به او بگویم. می‌دانستم که احتمالاً از دست من عصبانی خواهد شد، اما اهمیتی نمی‌دادم.

وقتی به او گفتم، اصلاً تعجّب نکرد. «نیازی نیست که برای همه چیز جواب داشته باشی نرگس خانم. وقتی کسی به شما می‌گوید آن را رها کن، باید آن را رها کنید.» او از من دلخور شده بود. «از این همه تقلّا برای فهمیدن همه چیز دست بردارید - شما بلاخره مرا دیوانه می‌کنید.»

نمی‌دانستم که چه احساسی داشته باشم. همیشه می‌دانستم که من وسواس خاصی در تلاش برای فهمیدن همه چیز دارم، اما این اولین باری بود که شخص دیگری آن را به من گوشزد می‌کرد. او پرسید: «آیا می‌شود که به من اعتماد کنید، لطفا؟» سرم را تکان دادم و سپس او اضافه کرد: «پرس‌وجوی مداوم راجع به همه چیز ممکن است روزی شانس دریافت چیزهای خوب را برایتان خراب کند.»

این آخرین باری بود که در مورد علی با کسی صحبت کردم. حتّی به لارس هم چیزی نگفتم. در یادداشت‌های روزانه‌ایی که برای سپهر می‌نوشتم هم حتی یک بار، به علی اشاره‌ایی نکردم. او مثل یک راز سربستهٔ بزرگ در کنسولگری ماند، و من هم آن را رها کردم.

یک روز، بعد از اینکه از یکی از جلسات درمانم در بیمارستان برگشته بودم، آقای نوریان با اتاقم تماس گرفت. بعد از این جلسات درمانی آنقدر حالم بد می‌شد که غالباً

ساعت‌ها استفراغ می‌کردم. او چندین بار تماس گرفت، اما واقعاً وضعیت جسمانی من اجازه نمی‌داد که پاسخ تلفن را بدهم. کمی بعد صدای کوبیدن در اتاقم را شنیدم – یکی از محافظان کنسولگری بود. از من خواست که فوراً با آقای نوریان تماس بگیرم.

آقای نوریان تنها کسی بود که از شرایط بیماری من خبردار بود. نه لارس، نه سپهر نه هیچ شخص دیگری. نمی‌خواستم استرس و غم بیشتری به افرادی وارد کنم که می‌دانستم دوستم دارند و به من اهمیت می‌دهند. وقتی که با او تماس گرفتم، قبل از اینکه حتی بخواهم بابت جواب ندادن تلفنش عذرخواهی کنم، از من پرسید که آیا حالم خوب است؟ من همیشه به او می‌گفتم که می‌خواهم این درمان‌ها را متوقف کنم، ولی او همواره مرا از این تصمیم منصرف می‌کرد. او در همهٔ شرایط از من حمایت می‌کرد و بعد از جلسات درمان هم از من احوالپرسی می‌کرد. یک بار که همسر و فرزندانش از ایران برای ملاقات با او آمده بودند و من تازه از یکی از جلسات درمانی‌ام برگشته بودم، از دختر نوجوانش درخواست کرد که شب را نزد من در اتاقم بماند و از من مراقبت کند. آن شب خیلی استفراغ کردم، اما او پیش من ماند و کمکم کرد. من واقعاً از همهٔ اعضای خانوادهٔ او به خاطر لطف و توجه آنها نسبت به خودم بسیار سپاسگزارم.

در این تماس تلفنی او از من خواست که وقتی حالم بهتر شد به دفترش بروم چون می‌خواهد راجع به موضوعی با من صحبت کند. وقتی که بالاخره به دفترش رفتم، اولین چیزی که به من گفت این بود که ظاهر وحشتناکی دارم. آقای نوریان مرد بزرگی بود، اما گاهی در انتخاب کلمات و اشارات کلامی‌اش خیلی تُند بود.

«آیا خوب غذا می‌خورید؟ من به پرسنل اطلاع می‌دهم که بطور منظم برایتان غذا بیاورند.» سرم را به علامت نه تکان دادم و به او گفتم که این کار لازم نیست. اما او جواب نه را قبول نمی‌کرد و من هم انرژی کافی برای جرّوبحث با او را نداشتم. رابطهٔ ما خیلی عجیب و در عین حال زیبا بود. برای مردی در موقعیت او که از فرهنگی برآمده که در آن زن و مرد نمی‌توانند دوست باشند بدون آنکه مورد قضاوت منفی قرار بگیرند؛ مهربانی و مراقبتش از من، مستلزم ریسک زیادی بود. او از مرزهای رسمی و پذیرفته شدهٔ فرهنگی ایران عبور می‌کرد و همیشه سعی داشت ذهنیت مردم را تغییر دهد. اما هر چقدر هم که او در این جهت تلاش می‌کرد، همیشه افرادی بودند که در مورد او بدگویی می‌کردند و می‌پرسیدند که چرا او باید به من کمک کند. همواره در کنسولگری احساس می‌کردم که برای عده‌ایی عجیب بود که او تصمیم گرفته از من حمایت کند. درک پیوند ما برای مردم، به ویژه زنان، دشوار بود. او مانند برادر من بود، حتی گاهی اوقات مانند پدرم. بیماری من، که باعث شد آقای نوریان حتّی بیشتر از گذشته از من مراقبت و حمایت کند؛ باعث سردرگمی بیشتری هم شد. من مطمئن هستم که این قضیه برای او فشار مضاعفی را ایجاد کرده بود.

همانطور که نشسته بودیم، شروع کرد به گفتن این مطلب که چگونه تقریباً بودجهٔ پروندهٔ من رو به اتمام است. او خبر داد که وزارت امور خارجه ایران به دستور دکتر ظریف (وزیر امور خارجهٔ وقت ایران) مبلغی را برای کمک به هزینه‌های حقوقی و سایر هزینه‌های مربوط به پروندهٔ من اختصاص داده است. اضافه کرد که بارها این مبلغ تمام شده و دوباره تأمین شده است، اما این‌بار دیگر نمی‌تواند از آنها درخواست کند. البته به من گفت که نگران نباشم و فقط می‌خواهد که من درجریان باشم. در نهایت هم گفت که برنامه‌ای برای تماس با خیّرین دارد - افرادی از داخل ایران که پیشنهاد کمک مالی برای من داده‌اند.

من به او گفتم که چقدر از این ایده متنفرم. اما در عین حال، می‌دانم که هیچ راه‌حل دیگری هم ندارم. ضمناً می‌دانستم که او از پول شخصی خودش هم برای این منظور خرج کرده است. گرچه هرگز صراحتاً از او نپرسیده بودم ولی یک‌بار، یکی از کارکنان کنسولگری مجبور بود برای موضوعی فوری به رایاگادا برود و باید بلافاصله بلیط خریداری می‌شد. در آن زمان من در دفتر او بودم و برای مصاحبه‌ای که قرار بود با یک روزنامه‌نگار ایرانی داشته باشم، آماده می‌شدم. ناخواسته شنیدم که به منشی خود گفت که هزینهٔ بلیط را از آن حسابی که برای من اختصاص داده‌اند پرداخت نکند و در عوض آن را از حساب شخصی خودش بپردازد. او همین حالا هم داشت کمک‌های زیادی به من می‌کرد و نمی‌خواستم که از پول شخصی خودش بیش از این برای من خرج کند.

گفت که قرار است در مورد یافتن افراد خوب و قابل اعتمادی که حاضر باشند بدون هیچ چشم‌داشتی به من کمک کنند، با دکتر رنانی در ایران مشورت کند. همچنین گفت که در ابتدا تصمیم نداشته این موضوع را به من اطلاع دهد، اما از آنجایی که قرار بوده از طرف من درخواستی را مطرح کند به نظرش بهتر دیده که من را هم در جریان بگذارد. من از شفافیت و صداقت او قدردانی کردم.

وقتی به اتاقم برگشتم، بلافاصله از طرف کنسولگری برایم شام آوردند. آقای نوریان همیشه کار خودش را می‌کرد. قیمه بود، همان غذایی که شب اولی که به حیدرآباد آمده بودم خوردم.

قاعدتاً خوردن قیمه باید به من آرامش می‌داد، اما همانطور که می‌خوردم، داشتم به تمام موانع و اتفاقات عجیبی که این روزها من را احاطه کرده بودند فکر می‌کردم - وضعیت سلامتی‌ام، علی، مشکلات مالی و غیره. به نظر می‌رسید که به جای اینکه اوضاع روزبروز بهتر شود، مرتب موارد بیشتری به لیست نگرانی‌های من اضافه می‌شود.

آیا اصلاً این گرفتاری‌های من تمام شدنی بودند؟

عکسی از همان روزی که آقای نوریان از خانهٔ ما در موکونداپور دیدار کرد

فصل ۱۷

اگر بخاطر من نبود...

هفته‌های بعدی نسبتاً آرام بودند. کم‌کم به ساختار جدید زندگیم عادت کرده بودم. هفته‌ای چند بار در کنسولگری به بچه‌ها انگلیسی یاد می‌دادم، یادداشت‌های روزانه را برای سپهر ارسال می‌کردم و هرگاه نیز که فرصتی پیش می‌آمد با رسانه‌ها مصاحبه می‌کردم. در هفته چندین بار هم برای مدت کوتاهی در استارباکس روبروی کنسولگری، لارس را ملاقات می‌کردم. شرایط زندگی من با سرعت خیلی زیادی تغییر کرده بود و گاهی اوقات حتی نمی‌دانستم چگونه باید اینها را برای لارس تعریف کنم. به نظرم می‌آمد که من داشتم به سرعت تغییر می‌کردم در حالی که همه چیز در اطرافم، ثابت بود.

یک شب که در اتاقم نشسته بودم، از دفتر آقای نوریان خبر آمد که عمه‌ام از کانادا با آنها تماس گرفته است. عجیب بود که مستقیماً با خودم تماس نگرفته بود. شماره تلفن من هنوز همان قبلی بود، اما او ترجیح داده بود که با کنسولگری تماس بگیرد.

قبل از اینکه این اتفاقات اوج بگیرند و داستان من در کانون اخبار ایران قرار بگیرد، بطور مرتب با هم صحبت می‌کردیم. چندین ماه بود که با من تماس نگرفته بود. در گذشته هر وقت که تماس می‌گرفت، صحبت‌های ما عمدتاً حول محور برادر کوچکترم بود. عمه‌ام چندین سال پیش او را به فرزندی پذیرفته بود، بنابراین اغلب در مورد کارهایی که او انجام می‌داد برای من تعریف می‌کرد - عمدتاً کارهای آزاردهنده ولی در عین حال معمولی برای نوجوانان آن سن و سال بود. خیلی به ندرت پیش می‌آمد که درباره کارهای خوبی که انجام می‌داد صحبت کند بلکه اکثراً خبرهایش جنبهٔ منفی داشتند. او

زن مهربانی بود که در حرفهٔ خود فوق‌العاده موفق بود، و ضمناً از غُر زدن‌های گه‌گاه هم لذت می‌بُرد. من هم بیشتر اوقات با گوش دادن به حرفهایش مشکلی نداشتم. به هر حال من هم می‌دانستم که کنار آمدن با برادرم کار آسانی نیست.

ولی گاهی اوقات شکایت‌های او تکراری و خسته کننده می‌شدند. من هم هزاران کیلومتر دورتر بودم - او از من انتظار داشت که چه کنم؟ علاوه بر اینها وقتی که من با برادرم صحبت می‌کردم او به شکل کاملاً متفاوتی جریانات را تعریف می‌کرد. بنابراین، من هرگز نمی‌دانستم که چه کسی حقیقت را می‌گوید.

هر دوی اینها وقتی که تماس می‌گرفتند، اغلب در مورد خودشان و مسائل خودشان صحبت می‌کردند. خیلی به ندرت راجع به من و اتفاقات جدید زندگیم می‌پرسیدند. البته این قضیه برایم عادی شده بود. من در این سِن و سال کم دستاوردهای زیادی کسب کرده بودم، اما به نظر می‌رسید که آنها اصلاً به من افتخار نمی‌کردند. در گذشته این قضیه خیلی آزارم می‌داد، اما با گذشت سالها، متوجه شدم که به تأیید کسی نیازی ندارم. هر کاری را که انجام داده‌ام به این دلیل بوده که آن کار را دوست داشته‌ام، نه برای اینکه کسی به من افتخار کند. و همین درک تازه باعث شد که بعدها حس کاملاً جدیدی از رشد و شادی درونی را تجربه کنم.

عمه‌ام به کارکنان کنسولگری گفته بود که تصمیم دارد به هند بیاید. آنها هم در پاسخ گفته بودند که بهتر است با من تماس بگیرد و مستقیماً از خودم بپرسد. من چگونه می‌توانستم قبول کنم که او وارد این همه گرفتاری و آشوب شود؟ با وجودی که دورهٔ درمانم تمام شده بود، ولی هنوز حالم کاملاً خوب نبود و نمی‌خواستم که او از این موضوع مطلع شود. بعلاوه من خودم هم، بجز کنسولگری در هیچ جای دیگری احساس امنیت نمی‌کردم و از آنجایی که نام خانوادگی ما یکی بود، می‌ترسیدم که مبادا در اینجا اتفاقی برای او بیافتد. به عبارت ساده‌تر، فکر می‌کردم که او اینجا امنیت کافی نخواهد داشت. همچنین می‌دانستم که وقتی او بیاید، لاجرم از مشکلات مالی مرتبط با محاکمهٔ من هم مطلع خواهد شد و چون زن بسیار ثروتمندی است، نمی‌خواستم که احساس کند مجبور است که به من کمک مالی کند.

تمام چیزهایی را که تصمیم داشتم به عمه‌ام بگویم، یادادشت کردم تا هیچکدام را فراموش نکنم. ولی وقتی که گوشی را برداشت، با شنیدن صدایش ناگهان بطور غیر منتظره‌ایی زدم زیر گریه. از اینکه بالاخره توانسته بودم دوباره با یکی از اعضای خانواده‌ام صحبت کنم خیلی احساساتی شده بودم.

اما بلافاصله متوجه شدم که او مثل همیشه‌اش نیست. لحنش متفاوت بود و خیلی سرسنگین به نظر می‌رسید. من مدام به او اطمینان می‌دادم که حالم خوب است، سالم و خوشحالم. با خودم فکر می‌کردم شاید نگرانیش از شرایط من باعث شده که اوقاتش تلخ

باشد. اما ظاهراً هر چه که می‌گفتم او هیچ تغییری نمی‌کرد. بالاخره بعد از چند دقیقه از او پرسیدم: «عمه؛ شما مثل همیشه نیستید. آیا مشکلی پیش آمده؟»

او گفت که از دست من ناراحت نیست؛ بلکه از من توقع بیشتری داشته است.

پیش خودم فکر کردم، چه حرف عجیبی زد!

بعد ادامه داد و گله کرد که چرا در مصاحبه‌ها هیچ وقت در مورد او صحبت نکرده‌ام و هرگز به مردم ایران نگفته‌ام که بعد از مرگ پدر و مادرمان چقدر او به من و برادرانم کمک کرده است. «راجع به لطف و محبت دیگران خیلی صحبت می‌کنی، چرا راجع به من هیچی نمی‌گی؟» منظورش از دیگران آقای نوریان، خانم کیانی و آقای امجدی بود.

حرف‌هایی که می‌شنیدم را اصلاً باور نمی‌کردم! خیلی ناراحت شدم، گویی داشت به قلبم خنجر می‌زد. آیا همین بود تمام چیزی که او به آن اهمیت می‌داد؟ من در ارتباط با پرونده‌ام، فرصت‌های بسیار محدودی برای صحبت با رسانه‌ها داشتم و باورم نمی‌شد که او از من انتظار داشت از آن زمان‌های محدود برای تعریف و تمجید از او استفاده کنم! قادر نبودم در پاسخش هیچ حرفی بزنم، بنابراین فقط با تعجب به او گوش می‌دادم و در تمام این مدت، با عصبانیت زیاد، همهٔ مواردی را که یادداشت کرده بودم تا به او بگویم را خط می‌زدم. *یادت باشد به او بگویی که دوستش داری* – خط زدم. *نمی‌خواهم تو را در معرض هیچ خطری قرار دهم* – خط زدم ... و با هر جمله‌ای که خط می‌زدم، خشم درونم بیشتر و بیشتر می‌شد. بعد در حالی که صدایم می‌لرزید فریاد زدم: «من اصلاً نمی‌خواهم که بیایی اینجا. از پیشنهاد شما متشکرم، اما به کمک شما نیازی نیست.» و سپس گوشی را قطع کردم.

سپس روی تختم افتادم و ساعت‌ها گریه کردم. حس بسیار عمیقی از غم و تنهایی مرا در بر گرفته بود. حرفی که قبل از قطع تلفن به من زد، مدام در ذهنم تکرار می‌شد. او گفت که اگر برادرم را به فرزندی قبول نکرده بود، من هیچ‌وقت نمی‌توانستم بروم و رویاهایم را برای کمک به یتیمان دنبال کنم. او گفت: «اگر به خاطر من نبود، تو هرگز نمی‌توانستی آدمی باشی که امروز هستی.» این حرف واقعاً آخرین میخ تابوت بود. چقدر وقاحت می‌خواهد گفتن این حرف! آیا بدلیل اینکه حالا من تا حدودی در ایران معروف شده بودم داشت حسودی می‌کرد؟ یعنی واقعاً قضیه این بود؟ داشت این اتفاق می‌افتاد؟ البته که او برادر من را به فرزندی پذیرفته بود، اما در واقع او، برادرزاده خودش هم بود. آن زمان ما کسی را نداشتیم و من هم بچه بودم. گرچه بابت کاری که برای برادرم انجام داد از او متشکر و سپاسگزار بودم و هستم؛ ولی حق نداشت که سر من منّت بگذارد.

چندین روز گذشت و در این مدت از اتاقم بیرون نرفتم. چند بار لارس تلفن زد که جواب ندادم. سپهر هم مدام از من یادداشت‌های روزانه را پیگیری می‌کرد. می‌دانستم

که باید خودم را از این حالت بیرون آورم و اتفاقی که افتاده بود را پشت سر بگذارم. می‌دیدم که دوباره دارم وارد یک مرحله تاریک روحی می‌شوم و باید خودم را از آن بیرون می‌کشیدم.

دفعهٔ بعدی که آقای نوریان را دیدم، از من پرسید که آیا با عمه‌ام صحبت کردم یا خیر. خیلی خجالت کشیدم که حقیقت ماجرا را به او بگویم. لذا به دروغ گفتم که بله و خیلی هم خوب بود. به او گفتم که عمه به من افتخار می‌کند. اضافه کردم که به عمه گفتم نیازی نیست که به زحمت بیافتد و تا اینجا بیاید چون شما بخوبی از من مراقبت می‌کنید.

هر زمان کسی راجع به خانواده‌ام از من سؤال می‌کرد ناخواسته بغض می‌کردم. از اینکه مثل اکثر مردم، دارای خانواده نبودم احساس شرمندگی و خجالت می‌کردم، لذا همیشه از خودم چیزهایی می‌بافتم و در پاسخ می‌گفتم. مثلاً می‌گفتم که تازه با برادرانم تماس داشتم یا مادربزرگم جدیداً زنگ زده و صحبت کرده‌ایم. اما در واقع همهٔ اینها دروغ بود. من تقریباً هیچ خانواده‌ای نداشتم که با آنها صحبت کنم.

البته هر چند ماه یکبار با یکی از عموهایم صحبت می‌کردم. او همیشه از من می‌پرسید که آیا حالم خوب است، آیا چیزی خورده‌ام و آیا بخوبی از خودم مراقب می‌کنم یا نه؟ او بدلیل سن و سالش نحوهٔ استفاده از اینترنت را نمی‌دانست و از جزئیات پروندهٔ من هم بی‌خبر بود و اگر بخواهم صادقانه بگویم، من این بی‌خبری او را خیلی دوست داشتم. حداقل همان چند دقیقه‌ایی را که با او صحبت می‌کردم احساس می‌کردم آدم عادی هستم.

وقتی که بعد از تماس تلفنی عمه‌ام، با او صحبت کردم، برایم تعریف کرد که چگونه عمه (یعنی خواهرش) به او گفته که من «گستاخانه» پیشنهاد او را برای رفتن به هند رد، و گوشی را قطع کرده‌ام. آخر یکنفر واقعاً چقدر می‌تواند خودخواه باشد! نمی‌دانم چه چیزی باعث شده بود که او این همه تغییر کند؟ عمویم گیج و ناراحت بود که چرا با او اینگونه رفتار کرده‌ام. من دو راه بیشتر نداشتم: راستش را بگویم و او را خیلی ناراحت کنم یا به او دروغ بگویم و احتمالاً کمی کمتر ناراحتش کنم. من دروغ گفتن را انتخاب کردم.

در حالی که سعی می‌کردم طرف عمه‌ام را بگیرم به او گفتم: «من این روزها تحت تاثیر هیجانات زیادی هستم و گاهی اوقات زود از کوره در می‌روم عمو.»

و بعد به خودم قول دادم که دیگر هرگز با عمه‌ام صحبت نکنم. نمی‌توانستم او را بابت آنچه به من گفته بود ببخشم - رفتار او خصوصاً در آن اوضاع و احوالی که من در اوج تنهایی و ناامیدی بودم، برایم کاملاً نابخشودنی بود.

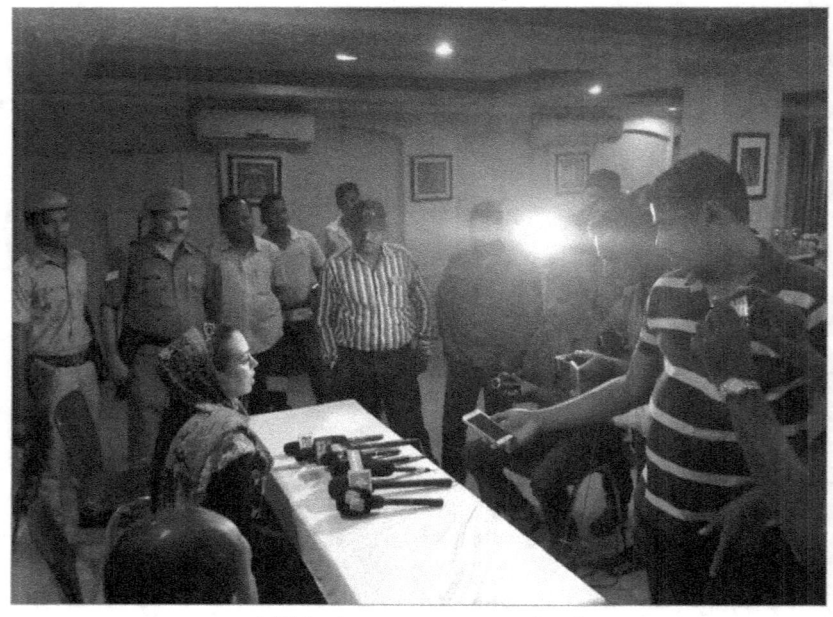

کنفراس خبری من در هتل رایگادا

فصل ۱۸

فرد ناشناس

چند هفته‌ای بود که من خبر داشتم ظرف چند ماه آینده مأموریت آقای نوریان در هند به پایان می‌رسد. با اتمام مأموریتش او باید به ایران باز می‌گشت. حتی فکر رفتنش هم، برایم اضطراب زیادی ایجاد می‌کرد. *اگر او برود چه اتفاقی برای من خواهد افتاد؟ آیا مسئول بعدی کنسولگری هم مثل او خواهد بود؟* و هر روزی که سپری می‌شد، اضطراب درون من هم بیشتر و بیشتر می‌شد.

همیشه بعد از اتمام کلاسهای تدریس زبان در مدرسه کنسولگری، یک سری هم به دفتر آقای نوریان می‌زدم تا ببینم آیا خبر جدیدی هست یا خیر. معمولاً این خبرها در مورد چیزهای جزئی بودند. اما در آن روز بخصوص، به نظرم رسید که او خیلی سرحال و شاداب است. رو به من کرد و گفت: «بنشین نرگس خانم. خبرهای خیلی خوبی برایتان دارم!» خوشحال شدم، چون فکر کردم شاید مأموریتش در حیدرآباد تمدید شده است.

اما موضوع، این نبود.

او ادامه داد و گفت که با دکتر رنانی در ایران صحبت کرده و او یک فردِ ناشناسی را پیدا کرده که حاضر است بقیهٔ هزینه‌های دادگاه من را تأمین کند. کنسولگری چندین وکیل را برای مشاوره در مورد پروندهٔ من استخدام کرده بود. علاوه بر این، هزینهٔ پروازهای رفت و برگشت به رایاگادا هم بود و همگی اینها در حال افزایش بودند. بنابراین از نظر آقای نوریان این مطلب، یک خبر فوق‌العاده بود.

آقای نوریان گفت: «تمام آن چیزی که راجع به او می‌دانم این است که او یک تاجر

فولاد موفق و اهل اصفهان است و دوست دارد که ناشناس بماند.» در طی ماه‌های زیادی که در کنسولگری بودم افراد بسیار زیادی تماس گرفته بودند و اعلام آمادگی کرده بودند که به من کمک مالی کنند ولی هیچکدام نگفته بودند که می‌خواهند ناشناس باقی بمانند. همهٔ آنها در ازای کمکشان، چیزی می‌خواستند. بنابراین شنیدن اینکه این مرد درخواست کرده که ناشناس بماند برایم خیلی عجیب بود. «او ده هزار دلار واریز کرده و گفته هر زمان تمام شد، دوباره واریز خواهد کرد.» نمی‌دانستم باید چه احساسی داشته باشم. به نظرم آنقدر خبر خوبی بود که باور کردنش سخت بود.

آقای نوریان که شک و تردید من را حس کرده بود گفت: «نرگس خانم، با این حساب دیگر هیچ وقت برای پروندهٔ شما کمبود پول نخواهیم داشت. متوجه هستین که این چقدر فوق‌العاده است؟!»

گفتم: «بله، البته که فوق‌العاده است.» اما هنوز حس می‌کردم که باید کَلکی در کار باشد.

همین اواخر بود که شخص دیگری با کنسولگری تماس گرفته بود و مبلغی حتی بیشتر از این را پیشنهاد داده بود. اما او هیچ ابایی نداشت که بگوید در ازای آن چه چیزی می‌خواهد. او درخواست داشت که چنانچه هر زمان از هند آزاد شدم، مسئولیت خانهٔ کودکی که در ایران داشت را بپذیرم.

البته افراد عادی بسیار زیادی هم بودند که کمک مالی کرده بودند و در ازای آن هیچ چیزی نخواسته بودند. گرچه مبالغ اهدایی آنها خیلی کمتر بود ولی آنها واقعاً برای من ارزش زیادی داشتند. من اغلب به این فکر می‌کردم که اگر روزی این افراد را ببینم چه واکنشی نشان خواهم داد؟ آنها چه عکس‌العملی نشان خواهند داد؟ افراد کاملاً غریبه‌ایی که خود را به زحمت انداخته بودند تا برای دادگاه من کمک مالی کنند. حتی فکرش هم من را غرق در شادی و احساسات عمیقی می‌کرد.

«نه نرگس خانم، نگران نباشین. من مطمئن هستم که هیچ کَلکی در کار نیست. اگر دکتر رنانی به او اعتماد می‌کند قطعاً ما هم می‌توانیم به او اعتماد کنیم.» آقای نوریان اکثر اوقات نمی‌توانست حالات چهرهٔ من را بخواند، اما این بار توانسته بود. با گذشت زمان، او در برقراری ارتباط با من بهتر و در انتخاب کلمات بسیار دقیق‌تر شده بود.

گفتم: «بله، مطمئنم که حق با شماست.» با توجه به اینکه خیلی خوشحال بود نمی‌خواستم روحیه‌اش را خراب کنم. البته من هم خوشحال، و در عین حال محتاط بودم. حدس می‌زنم که برای تحلیل دقیق این اطلاعاتِ جدید، به زمان بیشتری نیاز داشتم.

هنگامی که از دفترش خارج شدم و داشتم از پله‌ها پایین می‌رفتم، ناگهان یادم آمد که فراموش کردم از او راجع به مطلبی سؤال کنم. کنجکاو بودم که بدانم آیا آقای امجدی نیز به زودی هند را ترک خواهد کرد؟

با عجله به سمت منشی برگشتم و به او گفتم که باید یک سؤال دیگر از آقای نوریان بپرسم. با اکراه اجازه داد برگردم داخل. سرم را از لای در اتاق بردم داخل و پرسیدم: «آیا آقای امجدی هم همزمان با شما هند را ترک خواهد کرد؟»

همانطور که پشت میزش نشسته بود، نگاهی به من انداخت، عینکش را برداشت، آهی کشید و گفت: «نرگس خانم، او دارد بازنشسته می‌شود. حیدرآباد آخرین مأموریتش بود.»

غم زیادی در قلبم حس کردم. بسرعت از او تشکر کردم و رفتم.

آقای نوریان می‌دانست که آقای امجدی چقدر برای من عزیز است - حدس می‌زنم که به همین دلیل بود که او قبلاً این موضوع را به من نگفته بود. در تمام مسیر برگشت به اتاقم، خیلی سعی کردم که جلوی اشک‌هایم را بگیرم، اما به محض اینکه درب اتاق را باز کردم، دیگر نتوانستم خودم را کنترل کنم.

من بدون آقای نوریان و آقای امجدی چطور اینجا دوام بیاورم؟ آنها برای من مثل اعضای خانواده‌ام شده بودند.

فصل ۱۹

پسر عمو

چند هفتهٔ دیگر نیز گذشت که به این معنا بود که من به زمان جلسهٔ نهایی دادگاهم نزدیک‌تر می‌شدم. بیشتر شب‌ها، خوابیدن برایم خیلی سخت شده بود. در رختخوابم دراز می‌کشیدم و دائماً به اتفاقاتی که قرار بود در آینده بیافتد فکر می‌کردم.

یک روز که من کلاس تدریس انگلیسی به بچه‌ها داشتم آقای نوریان شخصاً با مدرسه تماس گرفته بود و خواسته بود که من بلافاصله به دفترش بروم. برایم خیلی عجیب بود - فکر کردم که حتماً باید یک موضوع اضطراری پیش آمده باشد. به سمت ساختمان کنسولگری دویدم و با تمام سرعتی که داشتم از پله‌ها بالا رفتم. پیش خودم فکر کردم لابد دادگاه رایاگادا اتهام جدید دیگری را اضافه کرده است. واقعاً نمی‌دانستم که باید منتظر چه چیزی باشم.

وقتی که وارد دفترش شدم، او کاملاً آرام به نظر می‌رسید، که خود به خود خیالم را راحت کرد. گفتم: «آقای نوریان، شما من را ترساندین!»

لبخندی زد و عذرخواهی کرد. بعد گفت که یکی از اعضای خانواده‌ام برای دیدن من به حیدرآباد آمده است.

با ترس و لرز و دعا که یکوقت نگوید عمه‌ام؛ پرسیدم: «کیه؟» گفت ایشان یک روحانی هستند بنام آقایِ فقیهی. پیش خودم گفتم آقای کی؟ من هیچ‌گاه چنین اسمی را نشنیده بودم. «او ظاهراً پسر عموی مادر مرحومتان است و ما هم توانستیم هویتشان را تأیید کنیم. الآن ایشان در یکی از اتاق‌های مهمانسرا منتظر شما هستند.»

هیچ کدام از این حرفها با هم جور در نمی‌آمدند لذا به او گفتم که نمی‌خواهم این آقای فقیهی را ببینم چون او را نمی‌شناسم و حرفی هم برای گفتن ندارم. اما آقای نوریان همچنان اصرار می‌کرد. او به من گفت که این خیلی بی ادبی است که با کسی که این همه راه برای دیدن من آمده است یک سلام و احوالپرسی ساده نکنم. بعلاوه او بر این باور بود که آقای فقیهی می‌تواند در آینده برایم مفید باشد. «روحانیون در ایران قدرتمند هستند. تحویل نگرفتن آنها به ضرر شماست.» من مرتب مخالفت می‌کردم اما بی‌فایده بود. در نهایت موافقت کردم که بروم و او را ببینم - اما فقط برای چند دقیقه.

منشی آقای نوریان جلو افتاد و من را به سمت محل ملاقات هدایت کرد. همانطور که راه می‌رفتیم پیش خودم فکر می‌کردم که من اصلاً نمی‌دانم حتی چطور باید با یک روحانی سلام و احوالپرسی کنم. *آیا باید مستقیم در چشمان او نگاه کنم؟ یا بهتر است روش آقای امجدی را پیش بگیرم و از تماس چشمی خودداری کنم؟* از کنار اتاق خودم رد شدیم و رفتیم به سمت محل ملاقات با آقای فقیهی در حالی که از شدت هیجان گویی که قلبم از قفسهٔ سینه‌ام خارج شده بود.

در گوش منشی زمزمه کردم: «ممکنه بعد از چند دقیقه بیایی دنبالم لطفا؟» با حالتی گیج و مبهوت نگاهی به من انداخت و چیزی نگفت. سپس به درب اتاق اشاره کرد و برگشت و رفت.

در زدم. در عرض چند ثانیه، مردی که تقریباً در اوایل دههٔ ۶۰ زندگی خود بود، در را باز کرد. لبخند بزرگی بر چهره داشت و اشک در چشمانش حلقه زده بود. *اینجا چه خبره؟ من از یک روحانی چنین انتظاری نداشتم.*

گفت: «دخترم بیا داخل» صدایش پر از رضایت و خوشحالی بود و هر دو دستش را دراز کرد و اشاره کرد که بروم داخل. او عمامهٔ سنتی روحانیون را بر سر نداشت، اما دیدم که آن را بطور منظمی روی صندلی کنار اتاق گذاشته است.

بقیهٔ لباس روحانیتش را هنوز بر تن داشت. از آنجایی که هنوز جای عمامه در اطراف پیشانی‌اش مشهود بود می‌توانستم حدس بزنم که آن‌را تازه از سر برداشته است. «بیا، بیا بنشین دخترم.» من حتّی یک کلمه هم نگفتم. چنان از استقبال گرم و غیرمعمول او غافلگیر شده بودم که فکر کنم حتی یادم رفت سلام کنم.

نشستم و او بدون معطلی و با هیجان زیادی پرسید که آیا می‌دانم او کیست؟ *چه بد! حالا چطور در حالی که او اینقدر از دیدن من خوشحال است، باید به او بگویم که من اصلاً نمی‌دانم او کیست؟*

«شنیده‌ام که پسر عموی مرحوم مادرم هستین. اما بجز این، فکر نمی‌کنم که تا به حال شما را ملاقات کرده باشم. متاسفم.»

لبخندی زد، اشک چشمانش را پاک کرد و سپس مقداری میوه در بشقاب گذاشت و

برایم آورد. بعد گفت: «من فقط پسر عموی مادرت نیستم.» ادامه داد و تعریف کرد که چقدر خاطرات خوبی از مادرم دارد و اینکه وقتی از مرگ او مطلع شده، گویی که بخشی از وجود او هم، همزمان مرده است. «ما خیلی بهم نزدیک بودیم. من واقعاً دوستش داشتم.»

هر چه که او بیشتر صحبت می‌کرد، من هم بیشتر حالم از او بهم می‌خورد. آیا مادرم با این آقا رابطه داشته؟ به نظر خیلی شیفتهٔ مادرم بوده. وقتی صحبت می‌کرد، به شدت به چشمان من خیره می‌شد - از آن نوع نگاه‌هایی که به کسی می‌کنی که دوستش داری اما سال‌هاست که او را ندیده‌ای.

گفت: «دقیقاً شبیه مادرت هستی.»

این اولین باری بود که کسی به من چنین حرفی می‌زد. او داستان‌های متعددی از دوران کودکیشان و آنچه را از مادرم بیاد داشت برایم تعریف کرد. خیلی عجیب بود ولی هر چه که او بیشتر صحبت می‌کرد، بیشتر احساس می‌کردم که گویی او را به بنوعی می‌شناسم. یک حس آشنایی عجیبی پیدا کردم ولی نمی‌توانستم دقیقا بگویم کجا و چگونه.

همانطور که به داستان‌های او گوش می‌دادم بتدریج آرام‌تر می‌شدم. او آدم بسیار متواضع و بامزه‌ایی بود، می‌توانستم بگویم که واقعاً مرا دوست دارد با اینکه قبلاً هرگز یکدیگر را ندیده بودیم. گفت که در روز تشییع جنازهٔ مادرم، مرا که در میان جمعیت بودم از دور تماشا می‌کرده است. شروع کرد به گفتن مطلب دیگری ولی نتوانست ادامه دهد. اشک در چشمانش جمع شد. بعد از چند ثانیه ادامه داد: «آن روز وقتی غم و سردرگمی را در چشمانت دیدم، خیلی دوست داشتم که بیایم نزدیک و تو را بغل کنم. اما جلوی خودم را گرفتم چون در دین ما این کار قابل قبول نیست. ولی دیدن تو در آن حالت باعث درد و ناراحتی فراوانی در من شده بود.»

روزی که مادرم را دفن کردند، خیلی ترسیده و گیج بودم. در آن زمان ۱۱ سالم بود. مسجدی که او در آن دفن می‌شد در حال ساخت بود و همه جا پر بود از خاک و مصالح بنّایی. تاریک و ترسناک بود و من هم احساس می‌کردم که لابلای آدم بزرگها گُم شده‌ام. بدن مادرم را لای پارچه‌ای سفید پیچیده بودند. وقتی که او را بتدریج بداخل قبر پایین می‌بردند، حاضر نبودم آن پارچه را رها کنم. چنگ زدم به چیزی که به نظرم شبیه سرش بود. زیر پارچه حسش می‌کردم. ای کاش کسی آن روز جلوی من را می‌گرفت و من را بغل می‌کرد، حتی اگر آن شخص آقای فقیهی بود. اما همه چنان مشغول گریه و غرق در اندوه خود بودند که کسی به فکر من یا برادرانم نبود. وقتی که او آن صحنه را در مورد تشییع جنازه گفت، تمام این خاطرات به یکباره در ذهنم زنده شدند. دوباره احساس غم و اندوه عمیقی کردم و من هم شروع کردم به گریه کردن.

«نرگس جان، تو قرار بود که دختر من باشی.» حس کردم گفتن این حرف باعث

ناراحتی فراوانی در او شد. برای چند ثانیه خشکم زد و سعی کردم که بفهمم منظورش چیست.

و بعد ناگهان بیاد آوردم. حالا دقیقاً متوجه شدم که او کیست.

تمام بدنم شروع کرد به لرزیدن. چشمانم را بستم و شروع کردم به یادآوری هر آنچه در مورد او شنیده و خوانده بودم.

آن زمان من نه سالم بود. چند سال قبل از آن بود که مادرم اقدام به خودکشی کند. آخر هفته بود و مادرم در حال سپری کردن یکی دیگر از حملات شیدایی مربوط به بیماریش بود. صبح، قبل از اینکه من از خواب بیدار شوم از خانه بیرون رفته بود. وقتی که در این دوران بود، اغلب برای ساعت‌ها و حتی روزها غایب می‌شد. من خیلی بچه بودم اما یادم هست که همیشه نگران او بودم. با اینکه در آن دوران شدت بیماری او را درک نمی‌کردم اما می‌فهمیدم که او بسیار غمگین و ناخوش است. بشدت دوست داشتم که بتوانم به نوعی حالش را بهتر کنم و زمانی که موفق نمی‌شدم، احساس شکست و بی‌کفایتی زیادی می‌کردم.

آن روز به اتاقش رفتم تا ببینم آیا سرنخی پیدا می‌کنم که ممکن است کجا رفته باشد. این کار برایم به نوعی تبدیل به یک عادت شده بود. گاهی اوقات می‌توانستم سرنخی پیدا کنم و کشف کنم که کجا رفته و گاهی نه. چند هفته قبل‌تر، در اتاقش بروشورهایی از یک شهربازی را پیدا کرده بودم که در اطراف اتاقش پراکنده بود، بنابراین فهمیدم که احتمالاً به آنجا رفته است. من نمی‌توانستم بروم و او را برگردانم، اما همینکه می‌دانستم جای امنی است، به من آرامش می‌داد و حالم را بهتر می‌کرد. آن زمانها، تنها آرزویم این بود که زودتر بزرگ شوم. در آنصورت حتماً می‌توانستم کمکش کنم.

اما این بار، هیچ چیزی کف اتاقش نبود - هیچ سرنخی نبود. مضطرب شدم. کمدش را باز کردم و بلافاصله چند تکه کاغذ از داخل کمد به بیرون افتاد. روی زمین نشستم و شروع کردم به خواندن آنها. برای من واضح بود که اینها نوشته‌های خودش است - من دستخط او را می‌شناختم زیرا خیلی بهم‌ریخته و نامنظم می‌نوشت. همیشه سطرها و جملات خط خوردهٔ زیادی داشت. وقتی که مادرم در دوره‌های شیدایی بیماری‌اش بود، ساعت‌ها می‌نشست و می‌نوشت. من همیشه کنجکاو بودم که بدانم او چه می‌نویسد. و نهایتاً، امروز فرصتی بود که بفهمم. شروع کردم به خواندن و با هر جمله‌ای که می‌خواندم حالم بیشتر و بیشتر بهم می‌خورد.

ای کاش که هیچ وقت آنها را نخوانده بودم. کاملاً مطمئن هستم که آن نوشته‌ها، من را برای همیشه تغییر داد. دربارهٔ اتفاقی که در دوران کودکی برایش افتاده بود نوشته بود. او در مورد مردی نوشته بود که در سن ۱۱ سالگی مجبور شده بود با او ازدواج کند. نوشته بود که در روز نامزدی‌اش او هنوز سینه نداشته، بنابراین مادرش تعدادی جوراب را

داخل لباسش فرو کرده بود تا طوری به نظر برسد که گویی دارد. یادم می‌آید که همان لحظه به سینه‌های خودم نگاه کردم و بسیار ناراحت شدم. قفسه سینه‌ام را محکم گرفتم و درد و اندوه شدیدی را احساس کردم. من هم سینه نداشتم و سعی کردم تصّور کنم که مادرم در آن روز چقدر ترسیده است. او در مورد اینکه همسرش چگونه سعی می‌کرده او را لمس کند، اینکه چقدر وحشت‌زده و منزجر شده بوده و اینکه هیچ کسی به حرفهایش گوش نمی‌کرده و کمکی نکرده، نوشته بود. در واقع این، یک ازدواج از قبل تعیین شده بود و او نوشته بود که چقدر از آن مرد متنفّر بوده است. آن مرد پسر عمویش بود.

آن روز من خیلی گریه کردم - احتمالاً بیشترین گریه‌ایی که در عمرم داشته‌ام. در آن زمان من چیزی در مورد رابطه جنسی یا صمیمیت یا هر چیزی از این دست نمی‌دانستم؛ اما با این حال آنچه خواندم برای همیشه مرا تغییر داد.

از افکارم خارج شدم و مستقیم به او نگاه کردم. هنوز داشت صحبت می‌کرد، اما من چیزی نشنیده بودم. می‌توانستم گرمایی که در چهره‌ام در حال گسترش است را حس کنم. عصبانیت و تنفّر شدیدی مرا فرا گرفت. و ناگهان، من هم از او ترسیدم. احساس کردم که دوباره نه ساله شده‌ام و روی زمین اتاق خواب مادرم نشسته‌ام و دوباره درد و ترسی را که مادرم دربارهٔ آن نوشته بود، تجربه می‌کنم.

گفت: «نرگس، تو قرار بود دختر من باشی. وقتی پدرت مرحوم شد، خیلی دلم می‌خواست تو را به فرزندی قبول کنم.»

وقتی که این را گفت، چیزی در درونم غلیان کرد.

با تمام وجودم فریاد زدم: «نخیر! قرار نبوده من دختر تو باشم! من خودم پدر داشتم - بهترین پدر دنیا. تو هرگز پدر من نبودی و نخواهی بود!»

و بعد بسرعت از اتاق دویدم بیرون. سعی کرد دنبالم بدود و فریاد زد که برگردم. خیلی سریع دویدم، از کنار چند کارگر کنسولگری رد شدم و مستقیم به اتاقم رفتم. سپس در را پشت سرم قفل کردم.

تلفن اتاقم زنگ خورد. می‌دانستم که آقای نوریان است، اما نمی‌خواستم با او یا هیچ شخص دیگری صحبت کنم. یک نفر شروع کرد به در زدن، اما جواب ندادم. تمام آن روز و شب از اتاقم بیرون نرفتم و به کسی که زنگ می‌زد یا برای چک کردنم می‌آمد جواب نمی‌دادم.

آن شب، تمام اتفاقاتی که بعد از خواندن یادداشت های اتاق مادرم افتاده بود را به یاد آوردم. چند ماه بعد از آن، در این مورد از پدرم پرسیدم و او سعی کرد که همه چیز را برایم توضیح دهد. اما او بخش‌های وحشتناک ماجرا را نمی‌گفت. من مدام از او می‌پرسیدم: «اما بابا، وقتی او را لمس می‌کرد چی! در مورد آن هم بگو، آن قسمت را از من پنهان نکن!»

ای کاش هرگز او را مجبور نمی‌کردم که در آن مورد با من صحبت کند، زیرا اکنون می‌توانم بفهمم که برای او چنین گفتگویی با دختر نه ساله‌اش؛ چقدر ناراحت کننده بوده است. با پرهیز از گفتن همهٔ ماجرا، او تمام تلاشش را می‌کرد که از من محافظت کند، اما در عین حال نمی‌توانست به من دروغ بگوید. وقتی که در این مورد صحبت می‌کرد، غم عظیمی در چشمانش موج می‌زد. معلوم بود که هنوز نتوانسته بود با گذشتهٔ مادرم کنار بیاید. او واقعاً مادرم را دوست داشت و از همهٔ اتفاقاتی که قبل از ازدواج با او، برای مادرم پیش آمده بود بسیار ناراحت بود. پدرم به من خبر داد که پزشکان معالج مادرم به او توصیه کرده بودند که هر چیزی که باعث درد و ناراحتی‌اش می‌شود را بنویسد. آنها معتقد بودند نوشتن این مطالب، نهایتاً به بهبود او کمک خواهد کرد. در واقع، این کار بخشی از درمان او بود. پدرم از من خواست که به او قول بدهم که دیگر هرگز سراغ وسایل مربوط به مادرم نروم و من هم به او قول دادم که این کار را نخواهم کرد.

صبح روز بعد از ملاقات با آقای فقیهی، وقتی به سمت آینه اتاقم رفتم، دیدم که چشمانم ورم کرده. آنقدر گریه کرده بودم که به سختی می‌توانستم آنها را باز کنم. *ای کاش به او گفته بودم که واقعاً در مورد او چه فکر می‌کنم.* از دست خودم خیلی عصبانی بودم. می‌دانستم که دیروز احتمالاً تنها فرصتی بود که برای روبرو شدن با او داشتم. من باید او را با مشت می‌کوبیدم، او را پدوفیل یا هیولا صدا می‌کردم - اما این کار را نکردم. *اصلاً او از جان من چه می‌خواست؟ آیا او واقعاً آنقدر دیوانه بود که فکر می‌کرد از دیدنش خوشحال خواهم شد؟*

در حالی که به دفتر آقای نوریان نزدیک می‌شدم، این افکار در سرم می‌چرخیدند.

وقتی که وارد دفترش شدم، بلافاصله عذرخواهی کردم و شروع کردم به گفتن حقیقت ماجرا. دیگر از دروغ گفتن خسته شده بودم. تا آنجا که به یاد دارم، زندگی من مجموعه‌ای پیچیده از اتفاقات ناگوار و ناراحت کننده، یکی پس از دیگری بود. از پنهان کردن حقیقت زندگی‌ام از مردم خسته شده بودم. بنابراین، همه چیز را برایش گفتم و می‌دیدم که او در کمال ناباوری همه را بدقت گوش می‌کند. همچنین اولین باری بود که با صدای بلند گفتم که مادرم خودکشی کرده است. قبل از آن هرگز حقیقت مرگ او را به کسی نگفته بودم. اغلب اوقات خجالت می‌کشیدم که آن را با دیگران درمیان بگذارم و بجایش می‌گفتم که او سکته کرده و فوت شده است.

در پایان حرفهایم، او از من تشکر کرد که چنین مطالب خصوصی زندگی‌ام را با او در میان گذاشته‌ام و سپس بسیار عذرخواهی کرد. من هم از صداقتش قدردانی کردم. بعد دستش را برد داخل کشوی میزش و جعبه‌ای را بیرون آورد و به من داد. «من نسبت به شما مسئولیت دارم نرگس خانم. با اسکان شما در اینجا، من ریسک بزرگی را پذیرفته‌ام. بنابراین، لطفاً زمانی که با شما تماس می‌گیریم، پاسخ دهید و دیگر هرگز ما را در

بی‌خبری قرار ندهید. حداقل جواب تلفنهای من را بدهید.»
به جعبه که نگاه کردم، دیدم موبایل است.
این هدیۀ او برایم ارزش زیادی داشت. من گوشی تلفن داشتم، اما از این مدلهای جدید نبود. یک نوکیای ساده بود که به پایان عمرش هم رسیده بود. او احتمالاً وضعیت گوشی من را دیده و تصمیم گرفته بود که برایم یک گوشی جدید بخرد.
این کارش برای من واقعاً بسیار ارزشمند و معنادار بود. از اینکه به دیدنش آمدم خوشحال بودم و از اینکه بالاخره بسیاری از حقایق زندگی‌ام را برایش فاش کردم، خوشحال‌تر. از اینکه فضای امنی را در اختیار من قرار داده بود تا بتوانم براحتی صحبت کنم، بسیار قدردانش بودم. بابت خوشحال کردنم، از او تشکر کردم و با احساس سبکی بسیار، به اتاقم برگشتم.

فصل ۲۰

بازی تاج و تخت

قسمت ورودی کنسولگری اکثر روزها نسبتاً شلوغ بود. دانشجویان ایرانی زیادی می‌آمدند برای دریافت پاسپورت، ویزا یا سایر مواردی که نیاز به کمک داشتند و من از راه دور آنها را تماشا می‌کردم. هیچ وقت دوست نداشتم با آنها یا به طور کلی با مردم اختلاط کنم. همیشه از نظر اجتماعی کمی نچسب و درونگرا بودم. اغلب اوقات آقای نوریان از من درخواست می‌کرد که بروم و با دانشجویان صحبت کنم و به من می‌گفت که آنها خیلی دوست دارند که من را ببینند و اینکه چقدر برایشان مهّم هستم. اما اگر بخواهم صادقانه بگویم، اینگونه ملاقاتها اصلاً برایم خوشایند نبودند و تمایلی هم به انجامشان نداشتم.

یک روز و در حالی که داشتم در انجام برخی کارهای اداری به آقای نوریان کمک می‌کردم، از مراسمی که برای همان شب در کنسولگری ترتیب داده شده بود برایم گفت. فکر می‌کنم یک نوع مناسبت خاص مثل سالگرد یا تولد یک پیامبر یا چیزی از این جنس بود، اما دقیقاً به خاطر ندارم. گفت که دانشجویان ایرانی از سراسر هند در آن شرکت خواهند کرد و او خوشحال خواهد شد اگر من هم شرکت کنم.

گفت: «چند سخنران میهمان خواهیم داشت و در آخرِ هم شام سرو می‌شود.»

قبل از اینکه جمله‌اش را تمام کند به او گفتم که حتماً شرکت خواهم کرد. بعد اضافه کردم: «اما اگر از من انتظار دارید که جلویِ همه بلند شوم و صحبت کنم، قول می‌دهم که فقط باعث آبروریزی شما شوم؛ پس لطفاً این کار را نکنید.»

هر دو خندیدیم. او گاهی این کار را می‌کرد -من را ناگهان دعوت به صحبت و در مقابل کار انجام شده قرار می‌داد - به نظرم خوب فهمید که وقتی می‌گویم آبروریزی می‌کنم، جدی هستم.

وقتی کارمان تمام شد، آخرین سؤالم را از او پرسیدم: «آیا می توانم لارس را هم دعوت کنم؟» او بلافاصله پاسخی نداد، به نظرم رسید که این سؤال برایش کمی خنده‌دار بود. بعد از چند ثانیه گفت که می‌توانم و بعد با لبخند ادامه داد: «امیدوارم که دوران مأموریتم در حیدرآباد بشکل عادی تمام شود و به خاطر تو اخراج نشوم.» آقای نوریان خیلی بیشتر از گذشته متوجه شوخی‌های من می‌شد و حتی گاهی اوقات خودش جوک‌های کوچکی از این دست می‌گفت. به نظر می‌رسید که ما روی یکدیگر تاثیر گذاشته بودیم. از یکطرف من یاد گرفته بودم که بیشتر مراقب حرف‌هایم باشم و از طرف دیگر او یاد گرفته بود که کمی غیررسمی باشد. ما دوستان بسیار صمیمی شده بودیم - از نوع عجیب و دور از انتظار آن.

من خیلی خوشحال بودم که قرار بود لارس را ببینم و وقتی که به او گفتم، او هم فوق‌العاده خوشحال شد. از من پرسید که چه لباسی بپوشد و من هم گفتم هر چه دوست دارد می‌تواند بپوشد.

من رفتم که آماده شوم. سراسر اتاقم را چرخی زدم تا لباس مناسبی برای پوشیدن پیدا کنم. هیچکدام از لباس‌هایم اتو نداشتند، بنابراین تنها لباسی که نسبتاً مناسب و پوشیدنی بود را انتخاب کردم. در مقایسه با سایر لباس‌هایم، این یکی بسیار کوتاه بود، اما پیش خودم گفتم به جهنم؛ حداقل این یکی از بقیهٔ لباس‌های چروکم بهتر است.

رفتم بیرون و لارس را در ورودی کنسولگری پیدا کردم و با هم به سمت سالن کنفرانس مجموعه به راه افتادیم. او از زیبایی کنسولگری شگفت‌زده شده بود. وقتی که وارد سالن شدیم، خیلی بزرگتر از آنچه انتظار داشتم بود. مهمانان تقریباً سالن را پر کرده بودند و این باعث شد که اضطرابم به حداکثر خود برسد. در حالی که داخل سالن حرکت می‌کردیم و دنبال صندلی خالی بودیم، صدایِ زنی را شنیدم که فریاد زد: «این نرگس است!» پیش خودم گفتم، ای وای! مردم واقعاً مرا می‌شناسند؟ بعد، در عرض چند ثانیه، عدهٔ زیادی اطرافِ من جمع شدند. لارس شوکه شد و چند قدمی از ما فاصله گرفت، ولی من چشم غُره‌ایی به او رفتم به این معنا که، *حتّی فکرش را هم نکن که مرا اینجا تنها بگذاری!*

حالا چنان مردم در اطرافم حلقه زده بودند که بتدریج سرخ شدن صورتم را حس می‌کردم. همه مرتباً از من درخواست می‌کردند که کنارشان بنشینم، از جمله گروهی از برگزارکنندگان مراسم که در نزدیکیِ ردیف اول نشسته بودند. سر و صدای زیادی در اطرافم شکل گرفته بود و من اصلاً آن را دوست نداشتم. در حالی که به لارس اشاره

می‌کردم که بیاید نزدیک‌تر، مرتب رو به جمعیت می‌گفتم: «نه، من همینجا در قسمت عقب راحت ترم.»

و بعد قبل از اینکه کسی حرفی بزند، نگاهم به خانم امجدی افتاد که به تنهایی و در قسمت عقب سالن نشسته بود. سرش را پایین انداخته بود و داشت چیزی می‌خواند. از لارس خواستم که دنبالم بیاید و با عجله به سمت خانم امجدی رفتیم. از او پرسیدم که آیا می‌توانیم کنارش بنشینیم. او در حالی که با لبخند گرمی از لارس استقبال کرد، گفت بله.

درحالیکه می‌نشستم، لباسم که می‌دانستم خیلی کوتاه است کوتاه‌تر هم شد و قسمت بالای رانم نمایان شد. شلوارم هم خیلی تنگ بود. با خودم گفتم، *خدا لعنتت کند نرگس! چرا همیشه این کارها را می‌کنی؟* من اینجا کنار احتمالاً مذهبی‌ترین آدم کرهٔ زمین نشسته‌ام و این هم، لباسم بود. مراسم هنوز شروع نشده بود. ظاهراً قرار بود شبِ بسیار طولانی باشد!

هر بار که یکی به سمتم می‌آمد چاره‌ای جز این نداشتم که از جایم بلند شوم و سلام و احوالپرسی کنم. این کار روش معمول و نشانهٔ ادب بود. این کار همچنین باعث شد که من در مورد انتخاب لباس‌هایم در آینده دقت بیشتری بخرج دهم. در گوش لارس زمزمه کردم که برای تعویض لباس می‌روم به اتاقم و به او اطمینان دادم که بسرعت و در عرض چند دقیقه برمی‌گردم. مراسم قاعدتاً باید یک ساعت قبل شروع می‌شد، اما طبق معمول، کارها با تأخیر پیش می‌رفت بنابراین حالا بهترین زمان بود که بروم و لباسم را عوض کنم.

وقتی که برگشتم احساس خیلی بهتری داشتم. بلندترین و مشکی‌ترین پیراهنم را با شلوار مشکی و روسری مشکی پوشیدم. سرتاپا مشکی بودم که به نظر می‌رسید رنگ مورد علاقهٔ اکثر ایرانی‌هاست و به من این حس را می‌داد که با جمعیت هم‌خوانی بیشتری دارم. وقتی که نشستم، خانم امجدی در گوشم زمزمه کرد: «حالا خیلی بهتر شد.»

پیش خودم گفتم، *«عجب، پس او متوجه شده بود که قبلاً چقدر بد بوده!»*

با شروع مراسم، سکوت فضای سالن را فرا گرفت. به معنای واقعی کلمه هر کسی که پشت تریبون می‌رفت و صحبت می‌کرد مطلبی هم در مورد من می‌گفت. می‌دانستم که این قضیه از روی لطف و محبّت آنهاست، ولی واقعاً دست خودم نبود و باعث احساس شرمندگی من می‌شد. سعی می‌کردم داخل صندلی‌ام فرو بروم یا خودم را پشت افرادی که ردیف جلوی من نشسته بودند پنهان کنم. اما هر کاری که می‌کردم، آنها همچنان به من اشاره می‌کردند.

سپس نوبت آخرین سخنران شد. او یک روحانی بود و چون من هنوز تجربهٔ قبلی‌ام با پسرعموی روحانی‌ام را فراموش نکرده بودم، در ذهنم شروع کردم به قضاوت او. مثل

سایر سخنرانان، موضوع اصلی سخنرانی او هم، من بودم. احساس می‌کردم که مُردن بهتر از آن است که آنجا بنشینم و به صحبت‌های او دربارهٔ خودم گوش دهم.

لابلای صحبت‌هایی که راجع به زندگی من، برای خودم و دیگران می‌کرد؛ شروع کرد به موعظهٔ جمعیت حاضر: «*شما باید این کار را انجام دهید! این چیزی است که خداوند از شما انتظار دارد!*» او در مورد بهشت و جهنم برای جمعیت سخنرانی کرد. حدس می‌زنم که این یکی از ویژگی‌های روحانیون بود. گویی کلمات را حفظ کرده بود. هیچ احساس و عمقی در آنها وجود نداشت و آنقدرها هم واقعی به نظر نمی‌رسیدند.

وقتی که کوچک‌تر بودم و به صحبت‌های پدرم درباره خدا گوش می‌دادم، همواره احساس عشق می‌کردم و گویا به او متصل می‌شدم. چنان احساس دلگرمی و آرامش می‌کردم که هرگز دوست نداشتم پدرم صحبتهایش را متوقف کند. پدرم یک بار هم در مورد جهنم صحبت نکرد. او فقط در مورد اینکه چگونه خداوند سرشار از عشق، بخشش و بردباری است صحبت می‌کرد. اما حالا که داشتم به صحبت‌های این مرد راجع به خدا گوش می‌دادم، می‌دیدم که هیچ احساسی در آنها نیست. نه دلگرمی در آن بود، نه عشق و نه معنویت. در عوض سرد، بی‌ربط و کلیشه‌ایی احساس می‌شد. شاید گفتنش عجیب باشد، اما واقعاً حس کردم که به من توهین شده است.

من مدام به این فکر می‌کردم که بسیاری از این افراد، به خصوص روحانیون، احتمالاً فکر می‌کنند که من از خدا بی‌خبرم و دختری هستم که در جهان غرب، با خالکوبی، پیرسینگ و بی‌حجابی بزرگ شده‌ام. در نظر آنها من آدمی گناهکار و بی‌اطلاع از دین بودم. اما این درست نبود. من عمیقاً خدا را دوست داشتم و می‌پرستیدم.

لارس دائم از من می‌خواست که برایش ترجمه کنم، بنابراین من در گوشش زمزمه می‌کردم و در انتهای ترجمه، تفسیر خودم را هم اضافه می‌کردم. «*او داره میگه ... اما مزخرف می‌گه!*»

وقتی که مرد روحانی سخنرانیش را تمام و صحنه را ترک کرد، همه کف زدند و با صدای بلند تشویقش کردند. من هم این کار را کردم، اما فقط به این دلیل که خوشحال شدم که او رفت.

بلاخره اعلام شد که قرار است شام سرو شود. از لارس خواستم دنبالم بیاید و با هم به سمت دورترین میزی که کنار درب خروجی بود راه افتادیم. چندین دختر به دنبال ما راه افتادند و به محض اینکه من و لارس نشستیم، آنها هم صندلی‌های اطرافمان را گرفتند. لارس به گرمی با همهٔ آنها احوالپرسی کرد و دخترها شروع کردند به قهقهه زدن. صحنه خوشایندی نبود.

فکر می‌کنم که شام حدود ۳۰ دقیقه طول کشید و بعد بتدریج تمام جمعیت سالن را ترک کردند. بدون اینکه جلب توجه کنیم از درب سالن خارج شدیم و به سمت ورودی

کنسولگری حرکت کردیم. به لارس شب بخیر گفتم و به او گفتم که چقدر از آمدنش خوشحال شدم و ممنونش هستم.

او گفت: «تجربه جالبی بود.»

پیش خودم گفتم، *اوه؛ تو خبر نداری که هر روز اینجا چه اتفاقاتی رخ می‌دهد.*

همانطور که با عجله به سمت اتاقم برمی‌گشتم و سعی داشتم که دیده نشوم، صدای مردی را شنیدم که نامم را صدا می‌زد و از من می‌خواست که یک دقیقه بایستم. قدم‌هایم را تندتر کردم و وانمود کردم که او را نشنیدم. اما انگار که صدا نزدیک و نزدیک تر می‌شد.

صدا از پشت سرم گفت: «خانم کلباسی، آیا می‌توانم یک لحظه با شما صحبت کنم؟»

حالا دیگر چاره‌ای جز برگشتن به سمتش نداشتم. ایشان خود را یکی از کارمندان آقای شهاب مرادی (سخنران روحانی امشب) معرفی کرد و گفت که آقای مرادی مایلند که با من صحبت کنند. برای چند دقیقه خُشکم زد و سعی کردم بهانه‌ای بتراشم که دیدم آقای نوریان به سمت ما می‌آید. خیالم خیلی راحت شد.

اما دقیقتر که نگاه کردم، همان روحانی را هم در کنارش دیدم. با خودم گفتم، *دیگه کارم تمامه!*

آقای نوریان رو به من گفت: «آقای مرادی دوست دارند که با شما صحبت کنند. من از پرسنل خواسته‌ام که طبقهٔ پایین خانه‌ام را آماده کنند تا بتوانیم به آنجا برویم. از نظر شما اشکالی ندارد نرگس خانم؟»

جواب دادم: «البته که نه!»، و همزمان با چشم‌غُره تندوتیزی به او خیره نگاه کردم.

آقای مرادی و مرد همراهش جلوتر رفتند و من و آقای نوریان چند قدمی عقب‌تر راه افتادیم. «این دیگه چیه آخه، آقای نوریان! شما که می‌دانید من از این نوع کارها متنفرم!» او لبخندی زد و زمزمه کرد که آرام شوم و به من قول داد که این دیدار زیاد طولانی نخواهد بود. در طی زمان حضورم در کنسولگری متوجه شده بودم که روحانیون قدرت زیادی در نهادهای دولتی ایران دارند. بنابراین علیرغم اینکه از دست آقای نوریان ناراحت بودم، ولی می‌دانستم که او واقعاً چاره‌ای هم نداشته است.

وقتی به طبقهٔ پایین منزل شخصی آقای نوریان رسیدیم، مردی که آن روحانی را همراهی می‌کرد، ما را ترک کرد. حالا فقط ما سه نفر مانده بودیم. صحبت‌های معمولی شروع شد، آقای مرادی هم همان سؤالات متداولی را پرسید که همه از من می‌پرسیدند. اولین سؤالش این بود که راجع به خودم برایش بگویم. من بهیچ وجه از چنین گپ و گفت‌های کوتاه خوشم نمی‌آمد، به خصوص از زمانی که به کنسولگری آمده بودم. اما با این وجود و از روی ادب سعی کردم به هر سؤال شخصی که او از من پرسید، حداقل ممکن و سریع‌ترین پاسخ‌ها را بدهم و در عین حال مؤدب باشم.

آقای نوریان زیرلب و با صدای بلند گفت: «میهماندار ما کجاست؟» او دلخور به نظر می‌رسید. فکر می‌کنم از اینکه کسی برای پذیرایی از میهمانان نیامده بود خجالت می‌کشید. چند دقیقهٔ دیگر هم گذشت و او دلخورتر شد.

گفتم: «من می‌توانم بروم ببینم کجا هستند؟»

"نه خیلی ممنون. من خودم می‌روم و چک می‌کنم. فقط چند دقیقه به من وقت بدین لطفاً.»

آقای نوریان رفت و حالا فقط من و مرد روحانی مانده بودیم. به نظرم به محض رفتن او، رفتار آقای مرادی تغییر کرد. به پشتی صندلی‌اش تکیه داد و به نوعی که جلوی دوستی که سال‌هاست می‌شناسید نشست و گفت: «من همین اواخر تماشای فصل دوم سریال *تاج‌وتخت* (گیم آو ترونز) را تمام کرده‌ام. سریال قشنگی است، نه؟ شما دیدین؟»

من واقعاً باورم نمی‌شد که یک فرد روحانی، که هرگز او را در عمرم ندیده بودم، از من می‌پرسید که آیا یک سریال تلویزیونی غربی که پر از برهنگی، سکس و خشونت است را تماشا کرده‌ام یا نه؟ گفتم: «نه، من ندیده‌ام» در حالی که تلاش داشتم موضوع صحبت را عوض کنم.

اما پاسخ من اوضاع را خرابتر کرد. ظاهراً برایش فرصتی پیش آمد تا این سریال سینمایی را برایم توضیح دهد. حتی این جسارت را هم داشت که به من بگوید نسخهٔ سانسور نشدهٔ آن را تماشا کرده است. در حالی که نیشخندی بر لب داشت ادامه داد: «در جمهوری اسلامی ایران، همانطور که مطمئنم شما مطلع هستید، مردم معمولاً این نوع چیزها را تماشا نمی‌کنند. البته آنها دوست دارند. هر مردی دوست دارد؛ اما مجاز نیستند.» حالم بهم خورد.

سپس گفت که در ایران کار اصلی او مشاوره دادن به تازه عروس‌ها و تازه دامادها، خصوصاً عروس‌ها است. این مشاوره شامل اطلاعاتی است در مورد اینکه چگونه همسر خوبی باشند و چگونه ازدواج موفقی داشته باشند. بعد هم تعداد دنبال‌کننده‌های اینستاگرامش را به من نشان داد: بیش از ۱۰۰ هزار.

تمام مدت با خودم فکر می‌کردم: *آخه اینها به من چه ارتباطی دارند! آقای نوریان کجاست؟!*

به نظرم آقای مرادی منحرف، متکبر و از جملهٔ افراد معتقد به تبعیض جنسیتی علیه زنان بود. بی‌صبرانه منتظر بودم که از دستش فرار کنم. «خُب، راجع به آن مرد سفید پوستِ خوش تیپی که کنارتان نشسته بود بگوئید. دوست پسرتان بود؟ درست می‌گویم؟»

خوشبختانه آقای نوریان در همان لحظه رسید - درست در زمانی رسید که من دیگر لازم نبود جواب این سؤال آخر او را بدهم.

آقای نوریان با خنده گفت: «من نتوانستم میهماندار را پیدا کنم، بنابراین امشب خودم

میهماندار هستم.» سینی چای در دست داشت. آقای مرادی به سرعت بحث را عوض کرد و صاف نشست و یک بار دیگر از فالوورهای اینستاگرام و شهرتش صحبت کرد. او گوشی تلفنش را به من داد و تصاویری از خودش نشان داد که بیشترشان از او و بچه‌های خردسالی بود که در آغوش گرفته بود. او گفت: «بچه‌ها عاشق من هستند.» همانطور که او در مورد فالوورهایش و تعداد لایک‌های پست‌هایش صحبت می‌کرد، نگاهی به آقای نوریان انداختم و دوباره به او چشم‌غُره رفتم.

آقای نوریان در حالی که سعی می‌کرد همه چیز را جمع بندی کند، گفت: «شاید بتوانید از این فالوورها و مخاطبین خود برای جلب توجه به آنچه بر نرگس خانم می‌گذرد استفاده کنید.» آقای مرادی در حالیکه مُعذب به نظر می‌رسید گفت: «آه، بله، البته. به همین دلیل دلم می‌خواست امشب نرگس خانم را ببینم و با او صحبت کنم.»

با خودم گفتم: *آره جون خودت، دروغ که حناق نیست!* من که دیگر حوصلهٔ روحانیونی مثل "پسر عمویم" و این آقای مرادی را که سعی داشتند حالم را خراب کنند نداشتم، گفتم: «آقای مرادی همین الان داشتند تعریف می‌کردند که مشغول تماشای نسخهٔ بدون سانسور سریال *تاج‌وتخت* هستند. شما این سریال را دیده‌اید آقای نوریان؟»

آقای نوریان گیج شد. او قطعاً هیچ نفهمید که من راجع به چه موضوعی حرف زدم اما مرد روحانی انگار که دنیا بر سرش خراب شد. رنگ صورتش قرمز قرمز شد.

سریع بلند شد و گفت: «بسیار خوب، بیایید عکسی بگیریم تا در اینستاگرام بگذارم.» درحالیکه به خودم افتخار می‌کردم، بلند شدم. آقای نوریان در حالی که هنوز به او پوزخند می‌زد، از ما عکس گرفت. این عکس بعدها در ایران بطور گسترده‌ایی پخش شد.

بعد آقای نوریان گفت که نرگس خانم خسته است و فردای آن روز هم مصاحبه‌های زیادی دارد، لذا بهتر است برود و کمی استراحت کند. بلاخره او داشت به من کمک می‌کرد تا از شرّ این وضعیت خلاص شوم. من بلند شدم، رو کردم به سمت آقای مرادی و به زور خداحافظی کردم.

گفت: «آیا می‌توانم شمارهٔ شما را داشته باشم تا این عکس‌ها را برایتان ارسال کنم؟» خدایا؛ چقدر پررو!

«آقای مرادی، من همین چند دقیقهٔ قبل به شما گفتم که شمارهٔ من خصوصی است.» آقای نوریان هم عصبانی به نظر می‌رسید و حق داشت.

بعد از اینکه این روحانی رفت، رو کردم به آقای نوریان و به انگلیسی گفتم: «شما برای این یکی خیلی به من بدهکارید.» فقط سرش را به نشان تأسف تکان داد.

به اتاقم برگشتم و تمام لباس‌های مشکی که بر تن داشتم را در آوردم و کمی هم به خودم خندیدم. آن شب خیلی عمیق و مثل یک بچه بخواب رفتم. کم‌کم اعتماد به نفس و احساس قدرت بیشتری پیدا می‌کردم. کم‌کم و روز به روز داشتم تغییر می‌کردم

و امنیت بیشتری را حس می‌کردم.
و من عاشق این زن قوی بودم که به آن تبدیل می‌شدم.

این همان عکسی است که آقای نوریان از من و آقای شهاب مرادی در همان شب گرفت

فصل ۲۱

چپ در مقابل راست

چند هفته‌ایی گذشت. شب‌ها یادداشت‌های روزانه‌ام را برای سپهر ارسال می‌کردم تا در شبکه‌های اجتماعی منتشر کند. من بطور مستمر قسمت‌های عمده‌ایی از اتفاقاتی که رخ می‌داد را در این یادداشت‌ها نمی‌آوردم. به نوعی خودم اتفاقات را سانسور می‌کردم. آخر چطور می‌توانستم در مورد مرد روحانی بازی *تاج و تخت* و یا پسر عموی روحانی‌ام بنویسم؟ یا در مورد خیلی چیزهای دیگری که هر روز در کنسولگری اتفاق می‌افتاد؟

هم‌زمان، متوجه تغییرات مختصری در رفتار سپهر شده بودم. گویی که در شهرت ناگهانی که پیدا کرده بود در حال غرق شدن بود. از او دعوت شد که در یک برنامهٔ تلویزیونی معروف حضور پیدا کند تا در مورد پروندهٔ من صحبت کند. با حضورش در این برنامه من دچار تردید و ناراحتی شدم. نمی‌دانستم که، *آیا او هنوز به خاطر خودم دارد* به من کمک می‌کند؟ یا به خاطر شهرتی که بدست می‌آورد؟

لارس هم هنوز در هند بود و در یک مسافرخانه نزدیک کنسولگری اقامت داشت. از این بابت هم خیلی احساس گناه می‌کردم و گاهی آرزوی رفتن او را داشتم. من او را با تمام وجودم دوست داشتم، اما در عین حال می‌خواستم که آزاد باشد و زندگی خودش را داشته باشد. احساس می‌کردم که من سربارش هستم.

علاوه بر آن، احساس می‌کردم که بتدریج از او دور می‌شوم. دلیلش این نبود که دیگر به او اهمّیتی نمی‌دادم (بی‌نهایت اهمّیت می‌دادم)، بلکه به این دلیل بود که او نمی‌توانست به طور کامل با آنچه که بر من می‌گذشت ارتباط برقرار کند. البته هیچ

کدام از اینها تقصیر او نبود. می‌دانستم که حتی گفتن تمام جزئیات اتفاقات به او، باز هم کمکی به اصل ماجرا نمی‌کرد - بلکه حتماً باعث رنجش بیشتر او می‌شد، و من هرگز آن را نمی‌خواستم. گاهگاهی در استارباکس روبروی کنسولگری یکدیگر را می‌دیدیم، اغلب به او می‌گفتم که همه چیز خوب پیش می‌رود. اما در واقع هیچ پیشرفتی در کار نبود.

با وجود این که در زندگیم، این همه آدمهای خوب در اطرافم بودند اما با این حال، هنوز احساس تنهایی می‌کردم. احساس می‌کردم کسی را ندارم که بتوانم بدون سانسور با او صحبت کنم. این احساس در من تا جایی رشد کرد که فکر کردم هر لحظه ممکن است که منفجر شوم.

زمانی که من در رایاگادا زندگی می‌کردم هم همینطور بود. از اتفاقات روزانه‌ام برای بچه‌ها تعریف می‌کردم اما هیچ گاه نمی‌توانستم از روزهای سخت و مشکلاتی که می‌گذراندم بگویم. به نظرم، گفتن آنگونه مطالب برای آنها کار درستی نبود. در عوض، مشکلات را پیش خودم نگه می‌داشتم و همه را در دفتر خاطراتم یادداشت می‌کردم. هر وقت هم که دفترم پُر می‌شد آن را پاره می‌کردم و در آتش می‌انداختم. می‌ترسیدم که آنها را گم کنم و بدست غریبه‌ای بیافتد و آنها را بخواند.

این روش نوشتنِ اتفاقات روزانه در دفتر خاطراتم، تا حدی به من کمک می‌کرد، اما هنوز به خوبی آن نبود که بتوانم افکارم را با انسان دیگری در میان بگذارم. اگر بخواهم از یک چیز نام ببرم که در آن سال‌ها تحملش از همه چیز برایم سخت‌تر بود، احساس تنهایی عمیقی بود که داشتم.

بعد از اینکه گوشی جدیدم را هدیه گرفتم، نسبت به گذشته زمانهای بیشتری را در اینترنت سپری می‌کردم. بیشتر اوقات پست‌هایی که در مورد من در شبکه‌های اجتماعی نوشته شده بود را می‌خواندم. اکثر آنها مثبت و حمایتگر بودند، اما برخی از آنها خیر. همچنین آن زمان پست‌هایی را می‌خواندم در مورد یک زن ایرانی/بریتانیایی دیگر که در موقعیتی مشابه من قرار داشت. او نازنین زاغری نام داشت و تقریباً همزمان با من، اما در ایران به جرمی متّهم شده بود. او به جاسوسی متهم بود، اما خودش ادعا می‌کرد که همه چیز ساختگی است و او بی‌گناه است. در خارج از ایران خبر و گزارشات زیادی دربارهٔ او منتشر می‌شد و در رسانه های غربی پخش می‌شد که بنوعی من را متعجّب و حتی آزار می‌داد. به یاد داشته باشید، رسانه‌های غربی هرگز در مورد من حتی کلمه‌ایی نگفتند. سفارت بریتانیا از او حمایت کرد، در حالی که همآنها به من گفته بودند که نمی‌توانند در سیستم قضایی کشور دیگری دخالت کنند. پس حالا چطور شد که آنها در سیستم قضایی ایران دخالت می‌کردند؟ برایم قابل فهم نبود، و آنوقت برای اولین بار بود که متوجه فساد عظیمی شدم که در کل دنیای سیاست وجود داشت. برای من همیشه مسائل سیاسی خیلی دور و نامفهوم بودند، اما حالا که خودم درست در وسط معرکه بودم، می‌توانستم

ببینم که این بخش چقدر فاسد است. دولت‌ها فقط به چیزهایی اهمیت می‌دادند که به نفع خودشان بود - نه به مردم واقعی.

لارس مدام به شبکه‌های خبری غربی در سراسر جهان ایمیل می‌فرستاد. در بیشتر موارد، ما هرگز هیچ پاسخی دریافت نمی‌کردیم. اما ناگهان یک روز، لارس لینک گزارشی را که *بی‌بی‌سی* دربارهٔ من نوشته بود برایم فرستاد. علاوه بر گزارش، آنها یک فیلم خبری کوتاه هم منتشر کرده بودند که در آن، همهٔ اتفاقات مربوط به پروندهٔ من با جزئیات زیاد توضیح داده شده بود. من خیلی خوشحال شدم. نام کسی که گزارش را نوشته بود پیدا کردم: سیاوش اردلان؛ برایم خیلی آشنا بود. نامش را به خاطر آوردم. او سال‌ها بود که صفحهٔ کوچک فیس‌بوکم را دنبال می‌کرد، حتی بسیار قبل‌تر از آنکه در ایران کسی من را بشناسد.

آن زمانها من فهمیده بودم که سیاوش روزنامه‌نگار است، اما نمی‌دانستم که او برای *بی‌بی‌سی* کار می‌کند و کلاً هم فراموش کرده بودم که او یکی از دنبال کنندگان صفحهٔ فیس‌بوک من است. اگر یادم بود حتماً از او درخواست کمک می‌کردم. او اغلب در مورد پست‌های من نظر می‌داد و برایم می‌نوشت که چقدر افتخار می‌کند که یک هموطن ایرانی بدنبال ایجاد تغییر مثبت در دنیاست. نمی‌دانم او چطور با من و کارهای من آشنا شده بود ولی در آن زمان حمایت و پشتیبانی او خیلی عالی و مؤثر بود. آن زمانها، فقط چند هزار نفر بودند که از من و کارهای من اطلاع داشتند، و عموماً هم، همین افراد بودند که به برنامهٔ من کمک مالی می‌کردند. حدود ۹۵ درصد آنها غربی و پنج درصد یا کمترشان ایرانی بودند. در آن زمان به جز او و ماز جبرانی، هیچ ایرانی سرشناس دیگری در کارهای من مشارکت نکرده بود.

وقتی نام او را دیدم، مطمئن بودم که او برای انتشار این گزارش تلاش زیادی کرده است و شاید هم حتی به این و آن رو انداخته است، لذا تصمیم گرفتم که از او برای نوشتن آن گزارش تشکر کنم، اما سپهر به من توصیه کرد که از این کار منصرف شوم. او به من گفت که دولت ایران از *بی‌بی‌سی* متنفر است و ارتباط با خبرنگاران خارجی چیزی نیست که آنها تحمل کنند. اما با این وجود من به توصیهٔ او عمل نکردم.

در فیس‌بوک پیامی به سیاوش فرستادم و از او بابت تهیه گزارش و انعکاس داستانم تشکر کردم. او با مهربانی پاسخ داد و به من اطمینان داد که هر کاری برای اثبات بی‌گناهی من لازم باشد، انجام خواهد داد. پس از انتشار گزارش *بی‌بی‌سی*، سایر شبکه‌های خبری مثل *سان* و *دیلی میل* نیز داستان من را منتشر کردند. تنها ظرف چند روز، بیشتر خبرگزاری‌های اصلی دربارهٔ پروندهٔ من صحبت می‌کردند. حتی در ایران هم، درخواست مصاحبه و علاقه به داستان من بسیار زیاد شد. همان وقت بود که یک مصاحبهٔ خبری با شبکه تلویزیونی ایران بنام *پرس‌تی‌وی* انجام دادم.

بتدریج که نام من بیشتر و بیشتر مورد توجه رسانه‌ها قرار می‌گرفت، کم‌کم متوجه توییت‌هایی شدم که به زبان فارسی (احتمالاً توسط تندروها در ایران) نوشته شده بودند و مرا به فردی به نام بهمن کلباسی مرتبط می‌کردند. وقتی که نام او را در گوگل تایپ کردم، متوجه شدم که او هم یکی از خبرنگاران *بی‌بی‌سی* است. زمانی که به عکس‌هایش دقت بیشتری کردم، متوجه شدم که او چقدر شبیه به یکی از عموهایم است. او فک برجسته‌ایی داشت که بیرون زده بود و کاملاً شبیه فک پدربزرگ، عمو و برادرم بود. به دلیل ویژگی‌های ظاهری که در همهٔ آنها مشترک بود؛ برایم مشخص شد که به احتمال زیاد من با این مرد نسبت فامیلی دارم. اسمش را روی کاغذ نوشتم تا یادم باشد دفعهٔ بعدی که با عمو صحبت می‌کنم، از او راجع به این موضوع سؤال کنم.

تندروها در این توئیت‌ها حرف‌های وحشتناکی دربارهٔ من می‌زدند. عمدتاً من را متهم به مخالفت با رژیم اسلامی در ایران می‌کردند. آنها می‌نوشتند که من راجع به جنایاتی که به آنها متهم شده‌ام، بی‌گناه نیستم. هر زمان که از این دست توییت‌ها را می‌خواندم، احساس غم و ناراحتی عمیقی می‌کردم. آنقدر اینها روی من تأثیر منفی می‌گذاشت که سعی می‌کردم آفلاین بمانم.

سپهر مکرّر برایم توضیح می‌داد که در ایران هم، مانند آمریکا، افرادی با دیدگاه‌های سیاسی چپ و راست هستند و در برخی موارد، این دیدگاه‌ها می‌تواند بسیار افراطی باشد. افرادی که در دولت تلاش می‌کردند به من کمک کنند چپ بودند، در حالی که افراد جناح راست اغلب مخالف من بودند.

دوست نداشتم سپهر با من دربارهٔ سیاست صحبت کند. می‌دانستم که سیاست موضوعی بود که او به آن علاقه داشت، اما من نمی‌خواستم کاری با آن داشته باشم. در عین حال جرأت هم نداشتم که این موضوع را به او بگویم. به نوعی احساس می‌کردم که او تنها رابط من با مردم ایران است و نمی‌خواستم که رابطه‌مان را خدشه‌دار کنم. بنابراین اغلب راهی نداشتم بجز گوش دادن به پیام‌های صوتی او که در مورد سیاست می‌فرستاد.

بعد از افزایش قابل توجه پوشش خبری راجع به پرونده‌ام، همهٔ افراد کنسولگری به من تبریک می‌گفتند که داستانم در رسانه‌های غربی منعکس شده است و این برایم بسیار گیج کننده بود. هرگز نمی‌دانستم باید خوشحال به نظر برسم یا باید نسبت به آن بی‌تفاوت باشم. *آیا آنها داشتند من را تست می‌کردند تا ببینند که چه می‌گویم؟ بلاخره رسانه‌های غربی دوست ما هستند یا دشمن ما؟* آن روزها برای من بسیار گیج کننده بود که بفهمم چه چیزهایی را باید بگویم و چه چیزهایی را نباید بگویم. واقعاً مثل یک بازی پیچیده و بزرگ بود. من اغلب از خودم می‌پرسیدم: *آیا از من انتظار دارند که راستی باشم یا چپی؟*

در آن روزها، دائماً به مردم نگاه می‌کردم و سعی می‌کردم حدس بزنم که آنها از

نظر سیاسی به چپ گرایش دارند یا به راست. تا آنجایی که من می‌فهمیدم، آنهایی که به شدت مذهبی بودند و تحمل کمتری نسبت به غرب داشتند، به راست متمایل بودند و آنهایی که در اعتقادات خود ملایم‌تر و معتدل‌تر بودند، به چپ متمایل بودند. در ذهن من آقا و خانم امجدی به سمت راست متمایل بودند. آقای جوادی؟ قطعاً راست. به نظرم می‌رسید که دکتر ظریف به چپ متمایل باشد.

اما آقای نوریان چطور؟ حدس زدن راجع به او برایم بسیار سخت بود. مدام فکر می‌کردم که او ترکیبی از هر دو است. او بسیار مذهبی بود، اما در عین حال پذیرای گفتگو و مدارا با عقاید دیگران هم بود. تصمیم گرفتم دفعه بعد که دیدمش از خودش بپرسم.

در این روز خاص، علی تازه از یکی از سفرهایش به رایاگادا برگشته بود. همیشه در دفتر کار آقای نوریان با ایشان ملاقات می‌کردیم تا ببینیم چه خبرهای تازه‌ایی برایمان دارد. وارد اتاق آقای نوریان که شدم دیدم علی، آقای نوریان، آقای امجدی و آقای جوادی؛ همه بشدت مشغول گفتگو هستند. اما به محض دیدن من، کل اتاق ساکت شد. در حالی که دلشورهٔ شدیدی پیدا کردم؛ روی صندلی نشستم. همه به سمت علی برگشتند و به او نگاه کردند.

«نرگس خانم، بلاخره تاریخ آخرین جلسهٔ دادگاه شما تعیین شد. این جلسه در پایان همین ماه خواهد بود.»

وحشت کردم. گوشی تلفنم را درآوردم تا ببینم دقیقاً چه تاریخی است. دیدم که فقط دو هفتهٔ دیگر تا پایان ماه باقی مانده است.

گفتم: «به این زودی؟» آقای نوریان سری به نشانه تأیید تکان داد و بقیه ساکت ماندند. انگار تمام اعتماد به نفسمان دود شده بود و به هوا رفته بود. چرا آنها اینقدر ترسیده و نگران به نظر می‌رسیدند؟ گفتم: «ولی من که مشکلی نخواهم داشت؟ درسته؟ شماها چی فکر می‌کنید؟ چرا همگی اینقدر ساکت هستید؟» همه با حرکاتی عصبی شروع کردند به جابجا شدن در صندلی‌های خود و به من گفتند که نگران نباشم.

آقای نوریان گفت: «چیز مهمی نیست، فقط ما تصور می‌کردیم که احتمالاً زمان بیشتری در اختیار خواهیم داشت.»

چند ساعت بعدی را همگی، در دفتر آقای نوریان گذرانیدم. هنگامی که به نظر رسید شوک اولّیه برطرف شده، بتدریج اعتماد به نفس همه بازگشت. این دقیقاً همان چیزی بود که دوست داشتم ببینم. می‌دانستم که من باید بی‌گناه شناخته شوم - چون *واقعاً* بی‌گناه بودم.

پیش خودم تصور می‌کردم که چگونه سرم را بالا گرفته‌ام و بی‌گناهیم اعلام می‌شود. آن روز قطعاً یکی از بهترین روزهای زندگی من خواهد بود.

همگی خداحافظی کردیم و همگی سرحال بودیم. وقتی که بلند شدم تا بروم، آقایان

امجدی و نوریان از من درخواست کردند تا چند دقیقه اضافه بمانم. بعد از اینکه همه رفتند، ما دوباره نشستیم و آقای امجدی برایم توضیح داد که آدم‌های خیلی مهمی درخواست ملاقات با من را کرده‌اند. او بر کلمه "خیلی" تاکید زیادی داشت.

پیش خودم گفتم حتماً یه آدم دیگه‌ایی از جنس آقای *تاج‌وتخت* باید باشد و چپ‌چپ نگاهی به هر دوی آنها انداختم. اما بعد آقای امجدی گفت: «نرگس خانم، خواهش می‌کنم اجازه بدین حرف‌هایم را تمام کنم. بعد از اینکه صحبت من تمام شد، شما هم می‌توانید به من بگویید چه فکر می‌کنید.»

گفت که آن آدم‌های مهمی که در موردشان صحبت می‌کند در واقع از مقامات عالی رتبه سفارت انگلستان هستند. با خودم گفتم، *یا خدا! این دیگه چه کوفتیه.* «آنها می‌خواهند که با شما دیداری داشته باشند و بسیار هم پیگیر هستند. من هنوز به درخواست آنها پاسخ نداده‌ام زیرا می‌خواستیم ابتدا با شما صحبت کنیم و نظر شما را بپرسیم. و البته اگر نظر من را بخواهید، فکر نمی‌کنم که ایده خوبی باشد.» قبل از اینکه بتوانم آنچه را که شنیده بودم کاملاً هضم کنم، آقای نوریان شروع کرد به صحبت. او نظر متفاوتی داشت. «نرگس خانم، من فکر می‌کنم که شاید ایدۀ بدی هم نباشد. این همان فرصتی است که شما همیشه خواستارش بودید، اینطور نیست؟ شاید خوب باشد که به آنها بگویید چه احساسی دارید – به خصوص در مورد همان مسائل مربوط به نازنین، که شما را آزار می‌داد.»

در زندگیم این اولین باری بود که جوابی نداشتم. مدام در ذهنم ماجرای جناح چپ و راست، روزنامه‌نگاران غربی و اینکه ایران چگونه به غرب نگاه می‌کند را مرور کردم. واقعاً نمی‌دانستم چه بگویم. به نظر می‌رسید که هیچ پاسخ درستی که رضایت همه را جلب کند وجود نداشت.

بجای پاسخ، از آقای نوریان پرسیدم: «شما به راست متمایل هستین یا چپ؟» او خندید و پرسید که این چه ربطی به موضوع دارد؟ به او گفتم که دوست دارم بدانم. اضافه کردم که می‌دانم آقای امجدی متمایل به راست است. در همین حین آقای امجدی هم شروع کرد به خندیدن. این اولین باری بود که هر دوی آنها را اینقدر خوشحال می‌دیدم. به نوعی فضای متشنج قبلی را شکست.

آقای نوریان در بین خنده‌هایش گفت: «نرگس ببین ما با تو چه کرده‌ایم! چه کسی در مورد سیاست با شما صحبت کرده است؟»

مکثی کرد و بعد مستقیم در چشمانم نگاه کرد.

«من نه چپ هستم و نه راست. آیا این پاسخ به اندازه کافی برای شما قابل قبول هست؟»

تأملی کردم تا فکر کنم، سپس گفتم: «پس هر وقت که مناسبت باشد راستی هستین

و هر زمان مناسب نباشد چپی می‌شین، درست می‌گم؟ بسته به افرادی که می‌خواهید تحت تأثیر قرار دهید، تغییر می‌کنید.» و این، تحلیل سیاسی پیچیده‌ایی بود که من از او داشتم.

پوزخندی به من زد. بعد زیر لب و به طعنه به آقای امجدی گفت که برای تحمل آدمی مثل من در طول این همه ماه، باید به او مدال بدهند. آقای امجدی به ما خندید. فکر می‌کنم که رابطهٔ دوستی بین ما، برایش جالب بود.

برگشتم سر موضوع سفارت انگلستان. چند ثانیه‌ایی فکر کردم، سپس رو به آنها کردم و گفتم که تصمیمم را گرفتم. *«من مایلم که با این افراد ملاقات کنم، اما فقط به یک شرط. برای انجام این ملاقات آنها باید بیایند اینجا در کنسولگری ایران!»* به هردو نگاه می‌کردم، دهان آقای امجدی کاملاً باز ماند، در حالی که آقای نوریان چشمانش از تعجب گرد شده بود. ادامه دادم: *«احتمالاً آنها با این شرط موافقت نخواهند کرد. اما اگر اصرار دارند که با من ملاقات کنند، این شرط من است.»*

آقای امجدی کلمه‌ایی نگفت. اما آقای نوریان بعد از اینکه آرام تر شد از من پرسید که آیا مطمئن هستم؟

«بله کاملاً مطمئنم.»

واقیعتش این بود که من هنوز از دست انگلیسی‌ها عصبانی بودم. من سال‌های سال به آنها التماس کرده بودم که کمکم کنند، اما هرگز کمک نکردند. آنها از من رو برگرداندند. من، هم بریتانیایی و هم ایرانی بودم، اما آنها به این موضوع اهمیت ندادند. ولی حالا که در رسانه‌های انگلیسی مطرح شده بودم و همه می‌دانستند که ایرانی‌ها به من کمک می‌کنند، ناگهان برای آنها اهمیت پیدا کرده بودم؟

آقای نوریان و امجدی باز هم مات و مبهوت به یکدیگر نگاه کردند. آقای نوریان به شوخی گفت: «مثل اینکه داری یک راستگرای درست و حسابی می‌شوی نرگس خانم. به بازی خوش آمدید.»

با وجودیکه مطمئن نبودم با صحبتهایش موافقم یا نه، اما با دانستن اینکه اکنون من بودم که در ارتباط با سفارت بریتانیا تصمیم می‌گرفتم؛ احساس قدرت می‌کردم.

mirror.co.uk

Mirror NEWS FOOTBALL CELEBS

Narges Ashtari at the orphange (SWNS.com)

British charity worker helping orphans in India trapped in country after being accused of KILLING missing girl

The 28-year-old claims she has been wrongly accused and has become a victim of corruption, which is endemic in parts of the country

By **Mirror.co.uk**

17:10, 4 Oct 2016 | **UPDATED** 17:18, 4 Oct 2016

گزارش خبری روزنامهٔ معروف میرور انگلستان

BBC NEWS

Home UK World Business Politics

Aid worker's 'painful wait' for justice in India

21 March 2017

Narges Kalbasi Ashtari started working in in India in 2011

British-Iranian charity worker Narges Kalbasi Ashtari has been barred from leaving India since 2014 amid a court battle over the death of a young boy. Her case has prompted concern for aid workers, as BBC News explains

گزارش خبری بی‌بی‌سی جهانی

THE Sun

Sign in   Menu

EXCLUSIVE

News > World News

'I'M IN SHOCK' Anguish of British aid worker jailed in India over manslaughter of kid who vanished on picnic trip

Narges Ashtari has been left stunned by the verdict, which she says is the result of corruption in the small Indian town

گزارش خبری شبکه سان

فصل ۲۲

سفارت بریتانیا

بالاخره روز موعود فرا رسید. طی روزهای گذشته، تمام مدت به هیچ چیز جز این ملاقات فکر نمی‌کردم. رفتم و یک شال نو خریدم، چند بار لباس‌هایم را اتو کردم و برای اولین بار بعد از مدت‌ها تصمیم گرفتم کمی هم آرایش کنم. می‌خواستم که جلوی بریتانیایی‌ها بهترین ظاهر را داشته باشم. در ذهنم، همیشه فکر می‌کردم که مردم دنیا یک پیش داوری غلطی از ایران و ایرانیان دارند - اینکه ما فقیر هستیم، بهداشت بدی داریم، و هر چند که گفتنش هم آزاردهنده است ولی، اینکه ما تروریست هستیم. به همین دلیل می‌خواستم عالی به نظر برسم. اگر مجبور نبودم که شال بپوشم، حتماً موهایم را هم آرایش می‌کردم. عطری را که چند روز قبلش خریده بودم، به وفور اسپری کردم و سپس در حالی که سرم را بالا گرفته بودم به سمت دفتری رفتم که آقای امجدی گفته بود با آنها ملاقات خواهم کرد.

قرار ملاقات ما در دفتر آقای نوریان نبود بلکه بجایش قسمت کاملاً متفاوتی از کنسولگری را برای این ملاقات در نظر گرفته بودند. آقای نوریان لباس خیلی مرتب و زیبایی پوشیده بود اما کراوات نداشت. کنارش رفتم و زمزمه کردم: «کاش با این کت‌وشلوار کراوات هم می‌زدین.» برگشت و با لبخند نگاهی به آقای امجدی کرد، سپس به سمت من برگشت و با کنایه گفت که هنوز چیزهای خیلی زیادی راجع به ایران هست که باید یاد بگیرم. برای هر دوی آنها مطلب خنده‌داری بود.

آقای امجدی همان لباس‌های همیشگی‌اش را پوشیده بود - پیراهنی مشکی که

دکمه‌هایش را دقیقاً تا زیر چانه‌اش بسته بود، شبیه لباس‌هایی که کشیش‌های مسیحی می‌پوشند، اما بدون آن قسمت کوچک سفید رنگ. من خیلی دوست داشتم راجع به این نوع پیراهن‌ها از او بپرسم، اما آنقدرها با او صمیمی نبودم که بتوانم به راحتی در مورد ظاهرش اظهارنظر یا سؤال کنم. (بعدها متوجه شدم که کراوات اصلاً مورد علاقهٔ رژیم ایران نیست. آن را خیلی غربی می‌دانستند. اینطور نبود که پوشیدن آن غیرقانونی باشد، اما اگر کراوات بپوشید، طور دیگری به شما نگاه می‌شود.)

از آقای نوریان پرسیدم: «چرا ترتیبی ندادیم که این ملاقات در دفتر شما باشد؟» دفتر او بسیار زیبا و بزرگ بود. از آن نوع دفترهایی که انتظار دارید در کاخ سفید ببینید، البته نسخه ایرانی آن. فرش‌های بسیار زیبای ایرانی و مبلمان‌های پر زرق‌وبرقی در آن وجود داشت و چون در طبقات بالایی ساختمان بود، نمای زیبایی از کل محوطهٔ کنسولگری را هم می‌دیدید.

آقای نوریان چند لحظه‌ایی مردد ماند و بعد بطور مختصر گفت که به دلایل امنیتی این تصمیم را گرفته‌اند. یاد فیلم‌های جیمزباند افتادم. آیا واقعاً ایرانی‌ها نگران بودند که شاید بریتانیایی‌ها این مکان را شنود کنند؟ با خودم فکر کردم، *چقدر هیجان انگیز!*

تقریباً بلافاصله، یک کارمند کنسولگری وارد اتاق شد و چیزی در گوش آقای امجدی زمزمه کرد. بعد، آقای امجدی گفت: «آنها اینجا هستند.»

اوه خدای من، دارد واقعاً اتفاق می‌افتد. اصلاً از قبل تمرین نکرده بودم که چه بگویم. می‌خواستم که خیلی عادی و به طور طبیعی صحبت کنم. ولی در آن لحظه کمی مضطرب شدم و شروع کردم در اتاق قدم زدن.

در باز شد و سه نفر با عجله وارد اتاق شدند - یک زن و دو مرد که همگی کلاسور به دست داشتند. زن دستش را به سمت من دراز کرد و من با او دست دادم. ناخودآگاه دستم را به سمت مردان هم دراز کردم. زن خیلی شنگول و با روحیه عالی به نظر می‌رسید. پیش خودم تعجب کردم، *از چی اینقدر خوشحاله؟* انگار که کسی را در زندان ملاقات کنی و از خوشحالی در پوست خود نگنجی - کاملاً نامناسب به نظر می‌رسید.

آن زمان من آنقدر از انگلیسی‌ها بیزار بودم که هر کاری می‌کردند خوشم نمی‌آمد.

زن گفت: «خب خانم کلباسی.» او کاملاً قسمت جلوی صندلی کنار من نشسته بود و به سمت من خم شد. «به هر حال فکر می‌کنم که شما خانم کلباسی باشید، چون تنها خانم اینجا شما هستید. درسته؟" در حالی که می‌خندید اینها را گفت.

اصلاً چیز خنده‌داری نبود، اما همکارانش هم آن را به هر دلیل خنده‌دار می‌دانستند. *پس این خانم نه تنها خیلی شنگوله بلکه جوک هم می‌گه؟ جالبه!* من را عصبی کرد. با حالتی کاملاً جدی و خشک، سرم را تکان دادم.

«بله، من نرگس هستم. من همان زنی هستم که وقتی در خطر بودم صدها بار برای

درخواست کمک با شما تماس گرفتم. من همان کسی هستم که شما کاملاً او را نادیده گرفتید و بی‌توجهی کردید. من همان کسی هستم که به قتل متهم شده‌ام و می‌ترسم که جانم را از دست بدهم.»

می‌توانستم همینطور ادامه دهم و بگویم و بگویم. در چشم برهم زدنی دیگر هیچ چیز خنده‌داری وجود نداشت. همه جدی شدند.

زن روی صندلی خود جابجا شد و با شرمندگی، بابت رنج‌هایی که من تحمل کرده بودم عذرخواهی کرد. گرچه به نظرم هیچ احساس واقعی در لحن او وجود نداشت. او گفت که سفارتِ بریتانیا متوجه اهمیت و جدیت شرایطی که من با آن روبرو هستم نبوده است و احتمالاً در انتقال اطلاعات اشتباهی رخ داده است. سپس او برگشت و از آقایان نوریان و امجدی قدردانی کرد: «اما خیلی خوشحالیم که سفارت ایران وارد عمل شد. ما تصمیم گرفتیم که امروز بیاییم اینجا تا مطمئن شویم که شما حالتان خوب است و به خوبی از شما مراقبت می‌شود و گرچه که ممکن است از نظر شما خیلی دیر شده باشد، ولی چنانچه درخواستی هم از ما دارید، لطفاً بگویید.»

به خوبی از منِ مراقبت شده است؟ او به صحبت‌های ظاهری و کلیشه‌ایی ادامه داد. مثل اینکه آنها واقعاً نسبت به ایران احساس برتری می‌کردند و این باعث عصبانیت بیشتر من شد. گویی که آمده بودند چک کنند و ببینند که آیا ایرانی‌ها کارشان را خوب انجام داده‌اند یا خیر. دو مرد دیگر فقطِ به تابلوهای نقاشی روی دیوارها نگاه می‌کردند – آنها حرف زیادی نزدند. من که اصلاً نفهمیدم هدف از آمدن آن دو چه بود.

رو به زن کردم و از او پرسیدم که آیا هنوز هم بر آنچه که در طی این سال‌ها به من گفته‌اند پایبند هستند یا خیر: اینکه سفارت بریتانیا نمی‌تواند در سیستم قضایی کشور دیگری دخالت کند. مکثی کرد. به نظر می‌رسید که دارد افکارش را جمع و جور می‌کند. بالاخره دستانش را بهم قلاب کرد و به چشمان من خیره شد و گفت: «این خیلی پیچیده است خانم کلباسی. شما دوست داشتین که ما برای شما چه کار کنیم؟»

در حالی که صدایم بلند شده بود گفتم: «من از کجا باید بدانم؟ این به معنای واقعی کلمه شغل شماست، اینطور نیست؟ آیا این موضوع یکی از وظایف اصلی سفارتخانه‌ها و کنسولگری‌ها نیست؟ تا مراقب شهروندان خود در کشورهای خارجی باشند؟»

«ما در سیستم قضایی کشورهای دیگر دخالت نمی‌کنیم. به زبان ساده، ما اجازه نداریم.»

با خودم فکر کردم، چه *مزخرفاتی!* و به قضیهٔ نازنین زاغری فکر کردم. به آقای نوریان نگاهی انداختم، باورم نمی‌شد که این زن روبروی من نشسته و دارد اینچنین دروغ می‌گوید. سرش را تکان داد و به نوعی به من منتقل کرد که مایل است ادامه ندهم و رهایش کنم. بنابراین، به احترام او، زبانم را گاز گرفتم و دیگر بیش از این ادامه

ندادم. همچنین از اینکه مدام مرا خانم کلباسی صدا می‌کرد، متنفر بودم. هیچ کسی در کنسولگری ایران هرگز من را به این نام خطاب نکرده بود. همه به من می‌گفتند نرگس. او هر چه که بیشتر صحبت کرد، من بیشتر متوجه شدم که چقدر خوش شانس بوده‌ام که به اینجا آمده‌ام. همچنین متوجه شدم که از همان ابتدا ایرانی‌ها تا چه حد با من دوستانه رفتار کرده‌اند. انگلیسی‌ها و ایرانی‌ها یک دنیا با هم تفاوت داشتند.

سپس او شروع کرد به صحبت در مورد کنسولگری انگلستان در حیدرآباد و اینکه سرکنسول آنجا؛ همتراز انگلیسی آقای نوریان، به من سلام رسانده است. تفاوت فاحش این دو مرد مرا شگفت زده کرد. آقای نوریان در زندگی من بسیار متواضع و همیشه حاضر بود، در حالی که سرکنسول کنسولگری انگلستان حتی بعد از اینکه آنها این همه خرابکاری کرده بودند، در دفترش نشسته بود و از آنجا برای من سلام می‌رساند.

آقای نوریان خیلی صحبتی نکرد. آقای امجدی هم در دورترین گوشهٔ اتاق نشسته بود و هر از گاهی یک لبخندی می‌زد. احتمالاً باید انگلیسی‌ها متوجه شده باشند که او زیاد انگلیسی نمی‌داند زیرا وقتی بحث خیلی داغ می‌شد، او تنها کسی بود که هنوز لبخند می‌زد. احساس می‌کردم دوست دارم از زمان کوتاهی که باقی مانده است برای ستایش از کنسولگری ایران استفاده کنم و آن را توی صورتشان بکوبم. به هر تقدیر، انگلستان و ایران هرگز واقعاً با هم روابط دوستانه‌ای نداشته‌اند.

شروع کردم به تعریف ماجرای اولین برخوردی که با آقای نوریان داشتم و آن را به تفصیل توضیح دادم. زن باورش نمی‌شد که او خودش به رایاگادا رفته باشد. من تمام کارهایی که از آن زمان تا کنون برایم انجام داده‌اند را توضیح دادم و سعی کردم جزئیات را فراموش نکنم. می‌خواستم به آنها بفهمانم که حفاظتِ واقعی از یک شهروند به چه معناست.

در حالیکه به نظر می‌رسید دنبال کلمات مناسب می‌گردد گفت: «آفرین! شما آقایان واقعاً برای خانم کلباسی تلاش بسیار فراتر و بیشتر از معمول انجام داده‌اید.» آقای نوریان لبخندی زد و در حالی که چشمانش از غرور برق می‌زد گفت: «این وظیفهٔ ما بوده و فقط هم برای نرگس خانم نیست. ما همین کار را برای هر شهروندِ ایرانی دیگری که در جایگاه او باشد، انجام می‌دهیم. این جزو مسئولیتهای ماست.»

ناخودآگاه لبخند بزرگی از روی رضایت بر چهره‌ام شکل گرفت. در آن لحظهٔ بخصوص، بشدت به او افتخار کردم و از آشنایی با او عمیقاً خرسند بودم.

«بسیار خوب. اگر کار دیگری نیست، ما برویم. از آشنایی با شما لذت بردم و امیدوارم که در کارهایتان موفق باشید.» به همین سرعت بلند شدند که بروند. در حالی که به سمت درب خروجی می‌رفتند، زن کارت ویزیت خودش را به من داد و گفت که دیگر لازم نیست مصاحبه‌های مطبوعاتی‌ام را ادامه دهم. «هرچه کمتر حرف بزنید و بی سر و

صداتر باشید، شانس بیشتری برای ترک هند خواهید داشت.»

من نفهمیدم که چگونه این حرفش را تفسیر کنم. آیا یک تهدید بود؟ آیا داشت به من می‌گفت که مصاحبه‌های مطبوعاتی که انجام می‌دهم آنها را تحت فشار قرار می‌دهد؟ یا واقعاً داشت سعی می‌کرد که به من کمک کند؟ همانطور که آنها دور می‌شدند، به کارت ویزیتش نگاه کردم. نوشته بود *امور کنسولی*. در واقع عنوان شغلی او چندین مرتبه پائین‌تر از سمت آقای امجدی در کنسولگری ایران بود. بلافاصله احساس خیلی بدی به من دست داد. جایگاه آقای نوریان به مراتب بالاتر از این افراد بود و ایشان با حضورش در این جلسه بیش از حدِ مورد نیاز، خود را متواضع کرده بود. حتی آقای امجدی هم خیلی بلندپایه‌تر از آن بود که درگیر این جلسه باشد. در واقع انگلیسی‌ها یک کارمند تقریباً سطح پایین را فرستاده بودند - کسی که پشت میز می‌نشیند و در صدور گذرنامه کمک می‌کند - تا به کنسولگری ایران بیاید و در مورد پروندۀ من صحبت کند.

آقای امجدی آنها را به بیرون بدرقه کرد. من و آقای نوریان هم به دنبال آنها رفتیم و در حالیکه از میان فضای سبز کنسولگری به سمت درب خروجی می‌رفتند، تماشایشان کردیم. آقای نوریان رو به من کرد و گفت که چقدر به من افتخار می‌کند. همچنین بابت تعریف زیادی که از خوبی‌های ایران کرده بودم، از من تشکر کرد.

«من دربارۀ خوبی‌های ایران صحبت نکردم. من از خوبی‌های شما و آقای امجدی تعریف کردم. اینها با یکدیگر تفاوت زیادی دارند.»

وقتی که او داشت به سمت دفترش برمی‌گشت، فریاد زدم: «آقای نوریان؛ آنجا که گفتین "نه فقط نرگس، بلکه هر شهروند ایرانی دیگری" واقعاً منظورتون همین بود؟»

او در حالی که پشتش به من بود، با کنایه پاسخ داد: «خیر نرگس خانم! ما اینجا جمع شدیم که فقط به شما خدمت کنیم و بس. فعلاً خدانگهدار، خانم کلباسی!»

Support us →

The Guardian
News website of the year

News | Opinion | Sport | Culture | Lifestyle

Nazanin Zaghari-Ratcliffe

Boris Johnson begins Iran talks over Nazanin Zaghari-Ratcliffe

Imprisonment of British-Iranian mother is crucial issue facing foreign secretary as he meets counterpart in Tehran

Emma Graham-Harrison

Sat 9 Dec 2017 20.41 GMT

گزارش خبری مجلهٔ معروف گاردین راجع به نازنین زاغری رتکلیف

فصل ۲۳

تو آن پسرک را کشتی؟

تاریخ جلسۀ نهایی دادگاه من تعیین شده بود و فقط چند روز دیگر باقی مانده بود. هر باری که در محوطۀ کنسولگری قدم می‌زدم، مردم به سمتم می‌آمدند و به من اطمینان می‌دادند که به زودی آزاد خواهم شد. برخی از همسران کارکنان کنسولگری از من سؤالاتی از این جنس می‌پرسیدند؛ «وقتی که بالاخره تبرئه شدید دوست دارید چکار کنید؟» این نوع سؤالات برایم بسیار اضطراب‌آور بودند، زیرا واقعاً نمی‌دانستم چه احساسی داشته باشم. دیدگاه‌های خوش‌بینانۀ آن‌ها برای من چنان خوشایند و دوست داشتنی بود که نمی‌توانستم آن‌ها را باور کنم. عجب؛ پس مردم واقعاً فکر می‌کنند که من تبرئه خواهم شد، ها؟ بعد از این همه بلایی که سیستم قضایی هند بر سر من آورده بود، حقیقتاً تبرئه شدن برایم خیلی دور از ذهن بود.

تنها کسی که راجع به تبرئه شدنم اظهار نظر نکرده بود، آقای نوریان بود. بنابراین تصمیم گرفتم که بروم و او را در دفترش ملاقات کنم.

از او پرسیدم: « شما فکر می‌کنید که من تبرئه می‌شوم؟»

بعد از مکثی طولانی جواب داد: «نرگس خانم، از خدا کمک بخواه. فقط به او اعتماد کن. اگر این کار را بکنی، حتماً بیگناه شناخته خواهی شد.» واقعا دلم می‌خواست که چپ‌چپ نگاهش کنم اما جلوی خودم را گرفتم. سپس ادامه داد: «خداوند همیشه افرادی را که بیشتر دوستشان دارد، امتحان می‌کند. شما خیلی خوش شانس هستید که او اینقدر شما را دوست دارد.»

۱۴۲

بعد خبر داد که بلیط‌های رایاگادا رزرو شده است و من به همراه آقای امجدیی، آقای جوادی و چند نفر دیگر خواهیم رفت. خیلی دلم می‌خواست که از او بپرسم آیا می تواند همراه ما بیاید، اما جلوی خودم را گرفتم. او به من قول داد که جای هیچ نگرانی نیست و گفت که تمام مدت کنار تلفنش گوش بزنگ خواهد بود. «برای اینکه چند روز آینده سریعتر بگذرد، بروید و برنامه‌ریزی کنید که بعد از تبرئه شدن تصمیم دارید چکار کنید. اما لطفاً؛ لطفاً به من قول بدهید که هند را ترک می‌کنید و هرگز نزد بچه‌ها در رایاگادا برنخواهید گشت. به من قول بده نرگس خانم.»

باورم نمی‌شد... او هم فکر می‌کرد که من تبرئه می‌شوم! اشک در چشمانم حلقه زد. کل این مفهوم تبرئه شدن و آزادی، اصلاً برایم قابل درک نبود. به او گفتم: «خب، ببینیم چه می‌شود.» و سپس از دفترش خارج شدم.

در روزهای منتهی به جلسهٔ نهایی دادگاه، من دوباره زمان‌های بسیار زیادی را در اینترنت سپری می‌کردم. شروع کردم به خواندن همهٔ مطالبی که در مورد من نوشته شده بود. در اینستاگرام پست‌هایی را می‌دیدم که توسط افرادی با میلیون‌ها فالوور نوشته شده بود و در آن‌ها از من اعلام حمایت شده بود. هشتگ "#نرگس‌راکمک‌کنید" در فضای مجازی ترند شده بود. در اینستاگرام شخصی بنام حسین، صفحه‌ایی اختصاصی برای این منظور باز کرده بود که من واقعاً قدردانش بودم. به نظر می‌رسید که همه، از فوتبالیست‌های حرفه‌ایی گرفته تا بازیگران زن و مرد معروف، همگی از من حمایت می‌کردند. من خیلی از این افراد را اصلاً نمی‌شناختم که چه کسانی بودند.

بدترین قسمت صرف وقت زیاد در اینترنت، خواندن کامنت‌های زیر این پست‌ها بود. تقریباً ۹۵ درصد آنها مثبت و حمایت‌گر بودند، اما ۵ درصد باقی مانده وحشتناک‌ترین حرفها را در مورد من زده بودند. آنها من را به قتل یا جاسوسی متهم می‌کردند یا می‌گفتند که چرا اصلاً باید دولت ایران اینقدر به من اهمیت بدهد و نهایتاً پروندهٔ من را به انتخابات ریاست جمهوری آینده مرتبط می‌کردند. برای آنها، کل این جریان؛ یک توطئه بزرگ بود.

این اولین باری بود که خود را در معرض نفرت و بدبینی آنلاین می‌دیدم. من قبلاً عاشق مطالعه در مورد تئوری‌های مربوط به توهم توطئه بودم، اما ظاهراً اکنون خودم بخشی از یکی از آنها شده بودم و این برایم خیلی عجیب بود! با وجودیکه بر اساس تجربهٔ قبلی‌ام می‌دانستم که گذراندن زمان زیاد در اینترنت برای سلامت روانم مضر است، اما با این وجود ادامه می‌دادم. سپهر مدام از من می‌خواست که تا روز جلسهٔ نهایی دادگاه برایش یادداشت‌های روزانه‌ام را بفرستم، اما من احساس می‌کردم که دیگر خالی شده‌ام. هر چه را می‌خواستم بگویم، قبلاً نوشته بودم - دیگر چه چیزی برای نوشتن باقی مانده بود؟

آن شب یک تماس تلفنی از برادر کوچکترم داشتم. خیلی خوشحال بودم که با

او صحبت می‌کنم. او همیشه آدمی بود که رک و پوست‌کنده نظرش را بیان می‌کرد، بنابراین خیلی هیجان‌زده بودم تا نظرش را دربارهٔ جلسهٔ بعدی دادگاهم و این همه توجه رسانه‌ایی پیرامون آن بشنوم. بلافاصله و مستقیماً از او پرسیدم که آیا فکر می‌کند که من تبرئه خواهم شد یا نه؟ او چند دقیقه‌ای مکث کرد و من در حالی که لبخند بزرگی روی صورتم نقش بسته بود، منتظر ماندم تا جواب مثبت بدهد.

اما در کمال تعجب این کار را نکرد. در عوض، او به من گفت که دوست دارد مطلبی را از من بپرسد. آیا او به نوعی متوجه بیماری و درمان‌های من شده بود و حالا می‌خواست از من گله کند که چرا او را در جریان نگذاشته‌ام؟

ولی بجای چنین سؤالی از من پرسید: «آیا تو آن پسرک را کشتی؟»

چشم‌ها و دهانم کاملاً باز شدند و فکر می‌کنم که قلبم هم چندین تپش غیرعادی پیدا کرد. آیا درست شنیده بودم؟ کل اتاق شروع کرد به چرخیدن و حالت تهوع پیدا کردم. تکانی به خودم دادم، نفس عمیقی کشیدم و از او خواستم که آنچه را گفت، مجدد تکرار کند.

دوباره با صدای بلند پرسید: «آیا تو آن پسرک را کشتی؟»

نمی‌توانستم حتی یک کلمه بگویم. نه اینکه نمی‌خواستم - بلکه از نظر فیزیکی توان صحبت کردن نداشتم. فکر کنم کاملاً شوکه شده بودم. این بچه‌ایی که من آنقدر دوستش داشتم و ازش مراقبت کرده بودم و در حالی که خودم هم هنوز کودک بودم، سعی کرده بودم بزرگش کنم، حالا داشت از من سؤالی را می‌پرسید که هرگز دوست نداشتم بشنوم. اول عمه‌ام، و حالا برادر کوچکترم... همانطور که گوشی را کنار گوشم نگه داشته بودم، دستانم می‌لرزیدند.

در حالی که بسختی تلاش می‌کردم که عصبانیتم را کنترل کنم گفتم: «امیر، دیگر هیچ وقت به من زنگ نزن! دیگر هرگز در مورد من صحبت نکن و حتی به من فکر هم نکن! هیچی! تو واقعاً نفرت‌انگیز هستی که داری چنین سؤال وحشتناکی را از من می‌پرسی. تو باید بهتر از همهٔ مردم من را بشناسی!» سپس تمام احساساتم غلیان کرد و همانطور که اشکهایم روی گونه‌هایم روان می‌شدند جیغ و داد کردم و با فریاد از او پرسیدم: «چطور جرأت کردی این سؤال را از من بپرسی!»

وسط جیغ‌هایم با خونسردی تمام گفت: «نرگس، سؤال من را جواب بده. فقط احتیاج دارم که به من بگویی نه.» با اینکه دید پرسشی که از من کرده بود چقدر باعث عصبانیت و ناراحتی من شده بود ولی باز هم جرأت کرد که ادامه دهد.

فریاد زدم: «به دَرَک که تو احتیاج داری اینو بشنوی! برو گمشو!» و با تمام توانم گوشی را قطع کردم.

نمی‌توانستم جلوی گریه‌هایم را بگیرم. مطمئن بودم که از بیرون اتاق صدایم شنیده

می‌شود، اما نمی‌توانستم خودم را کنترل کنم. شدت و عمق این ناراحتی برایم از جنس دیگری بود. هیچ کسی مرا باور نکرده بود - نه دوستانم در رایاگادا، نه کل سیستم قضایی هند، و حالا حتی برادر خودم هم من را باور نداشت. احساس پوچی و خیانت می‌کردم. به حالت مچاله روی تختم افتادم، پتو را روی خودم کشیدم و چشمانم را بستم. آن شب اولین شب در زندگی‌ام بود که از خداوند درخواست وحشتناکی کردم. به او التماس کردم که صبح از خواب بیدار نشوم.

«اگر واقعاً آنگونه که آقای نوریان می‌گوید مرا دوست داری، لطفاً مرا از این دنیا ببر.»

واقعاً دوست نداشتم که صبح از خواب بیدار شوم. دوست داشتم صبح روز بعد مُرده باشم.

من و برادر کوچکم در کودکی

فصل ۲۴

قرآن کوچک من

صبح روز بعد، وقتی چشمانم را باز کردم، هنوز در وضعیت مچاله بودم. پتو را کنار زدم و غم عظیمی در وجودم حس کردم. از دست خدا عصبانی بودم. چه مزخرفاتی به من گفته بودند! من فقط همین یک چیز را از او خواسته بودم!

روی تخت دراز کشیدم و به پنکهٔ سقفی اتاقم خیره شدم. من در زندگی‌ام همیشه تنها بوده‌ام، پس چرا باید فکر کنم که حالا همه باید طرف من باشند و حرفم را باور کنند؟ در آن لحظه بود که تصمیم گرفتم که دیگر هیچ تلاشی برای متقاعد کردن دیگران انجام ندهم. آنچه اهمیت داشت این بود که من خودم می‌دانستم که حقیقت را می‌گویم و همین برایم کافی بود. به خودم خیلی افتخار کردم که به سؤال برادرم جواب ندادم. این فکر تبسمی بر لبانم آورد. چقدر پُررو بود! او همین چند هفتهٔ قبل در ونکوور برای حمایت از من تجمعی را ترتیب داده بود. تعجب می‌کنم که اگر واقعاً به من شک داشت پس چرا این کار را کرده بود؟

باید فکر کردن به این موضوع را کنار می‌گذاشتم چون باعث خشم زیادی در من می‌شد. با خودم گفتم، دیگه ولش کن!

از روی تخت بلند شدم و رفتم که آماده شوم. تمام احساسات منفی‌ام را از خودم دور کردم و تصمیم گرفتم که قبل از رفتن به رایاگادا برای آخرین بار بروم مدرسه برای آموزش زبان به بچه‌های کنسولگری. به طرز عجیبی، در طول مسیر پیاده‌روی به سمت مدرسه احساس رضایت زیادی داشتم. من به معنای واقعی کلمه تا بحال در زندگی‌ام با

همه جور اتفاقی مواجه شده بودم. انواعِ مختلفی از غم، درد، و فقدان – مهم نبود که چه اتفاقی بوده، ولی نهایتاً و هر بار مجدداً خودم را پیدا کرده و به مسیرم ادامه داده بودم.

برای کسری از ثانیه شک کردم که آیا همهٔ این اتفاقات واقعی بوده‌اند. آیا واقعاً خدا مرا امتحان می‌کرده؟ *آیا همهٔ اینها از نظر او یک نوع بازی بزرگ بود؟* آیا هدف تمام اتفاقاتی که من از سر گذراندم همین بود؟ حین این پیاده‌روی به سمت مدرسه، مرتب افکار معنی‌دار و عمیقی به ذهنم خطور می‌کرد. این، یکی از اولین دفعاتی بود که چنین ارتباط عمیق و قدرتمندی را با خدا حس می‌کردم.

بعد از اتمام تدریس در مدرسه، آقای امجدی را در محوطهٔ کنسولگری دیدم. مثل اینکه منتظر من بود. هر دو همزمان به هم نزدیک شدیم. در حالی که به زمین نگاه می‌کرد، به من گفت که چیزی برایم آورده است. دست کرد در جیبش و قرآن کوچکی را بیرون آورد. «این قرآن آنقدر کوچکه که قاعدتاً فردا نمی‌توانند آن را ببینند. توی مشتهایتان قایمش کنید و فردا زمانی که قاضی در حال اعلام حکم شماست؛ آنرا در دستانتان داشته باشید.»

زدم زیر گریه. همین چند ساعت قبل بود که داشتم با خدا درباره زندگی‌ام بحث و جدل می‌کردم. و حالا این هدیه؟ به او گفتم: «به‌به، چه افتخاری. متشکرم، من قطعاً آن را در طول مسیر رایاگادا و در طی جلسه دادگاه نزد خودم نگه خواهم داشت.» او لبخندی زد و به من گفت که مطمئن است جلسهٔ فردا نتیجه خوبی در بر خواهد داشت و گفت که فردا صبح همدیگر را خواهیم دید.

در مسیر برگشت به اتاقم، همسر آقای جوادی به من نزدیک شد و مرا خیلی سطحی بغل کرد. «فردا عالی خواهد بود. نگران هیچ چیز نباش.» این کارش مرا غافلگیر کرد، زیرا تا بحال چنین کاری نکرده بود. بلافاصله بعد از اینکه مرا بغل کرد، از من پرسید: «آقای نوریان هم با شما می‌آید؟»

فکر کردم، *آهان؛ حالا* درست شد. بدون استثناء هر بار که او را می‌دیدم، درباره آقای نوریان کنجکاوی بسیاری می‌کرد و از من پی‌درپی راجع به او می‌پرسید و این باعث آزار من بود.

با سردی گفتم: «نه، او نمی‌آید.»

«خب! شرط می‌بندم او فردا روز بدی خواهد داشت. شرط می‌بندم که فردا، تمام چیزی که به آن فکر خواهد کرد، تو هستی.»

او به رابطهٔ دوستی که بین ما بود علاقهٔ شدیدی نشان می‌داد. همیشه دوست داشت که بداند بین ما چه می‌گذرد و چه حرفهایی ردوبدل می‌کنیم. حدس من این بود که او به رابطهٔ ما شک داشت و یا قادر به هضم آن نبود و این برایم بسیار تأسف آور بود. صحبتمان را کوتاه کردم و بعد در حالی که آن قرآن کوچک را محکم در دستانم گرفته

بودم به سرعت به اتاقم برگشتم.
آن شب روی تخت دراز کشیدم و قرآن کوچکم را محکم به سینه‌ام چسباندم. مدتی بی‌حرکت دراز کشیدم و سعی کردم جرأت پیدا کنم تا قبل از خواب آخرین حرفهای آن روزم را به خدا بگویم.
«متأسفم که دیشب از تو خواستم که مرا بکُشی. لطفاً فراموشش کن. واقعاً منظورم این نبود.»
اندکی بعد و در حالی که قرآن کوچکم روی سینه‌ام بود، بخواب رفتم.

قرآن کوچک من

فصل ۲۵

حکم نهایی

سفر بازگشت به رایاگادا مملو از خوش بینی و امید بود. آقای امجدی در مورد ایران و چگونگی آماده شدن مردم برای نوروز و جشن سال نو با من صحبت می‌کرد. او تقریباً مطمئن بود که من تبرئه خواهم شد و می‌گفت که در ایران، این یک عیدی فوق‌العاده عالی برای همهٔ کسانی خواهد بود که در طی این مدت، سرگذشت من را دنبال کرده‌اند. با شنیدن حرفهایش احساس بسیار خوبی پیدا کردم - او همیشه راهی برای ایجاد احساس بهتر در من داشت.

از اینکه آقای امجدی به زودی اینجا را ترک می‌کرد ناراحت بودم، اما همیشه از مطرح کردن این موضوع خودداری می‌کردم. دوست داشتم او خودش به من بگوید که وقتی همهٔ این ماجراها تمام می‌شد، دوباره مرا خواهد دید - یا در ایران، یا در هر جای دیگری از جهان - اما او هرگز این کار را نکرد. من عشق و احترام زیادی نسبت به او قائل بودم و می‌دانستم که او نیز به نوعی به من علاقه‌مند است، اما هیچگاه نتوانستم کاملاً بفهمم که چه نوع پیوندی بین ما وجود داشت. فکر می‌کنم حمایت او از من بیشتر جنبهٔ معنوی و مذهبی داشت. او احساس می‌کرد که با کمک به من، به خدا خدمت می‌کند. به عنوان یک فرد مسلمان، وظیفه‌اش بود که به من کمک کند. راستش اینها من را ناراحت می‌کرد. من دلم می‌خواست که او مرا به عنوان یک دوست، کمک کرده باشد و دوست داشته باشد. اما بر اساس آنچه من متوجه شده بودم، آقای امجدی واقعاً با افراد زیادی دوستی نزدیکی نداشت و به نظر می‌آمد که مایل است به همین شیوه ادامه دهد.

۱۴۹

تمام راه را به قرآن کوچکم چسبیده بودم. در مقطعی آقای امجدی متوجه شد و گفت: «فکر نمی‌کردم که اینقدر آن را دوست داشته باشید»

"بله، خیلی دوستش دارم. این بهترین هدیه‌ای است که کسی تا به حال به من داده است." و واقعاً هم همینطور بود. این قرآن به من آرامش زیادی می‌داد.

وقتی به رایاگادا نزدیک شدیم، از او پرسیدم که آیا می‌توانیم ابتدا به موکونداپور برویم تا بچه‌ها را ببینیم. ما زود رسیده بودیم و هنوز چند ساعتی وقت داشتیم لذا به نظرم قابل انجام بود. اما او جواب منفی داد. او گفت بعد از جلسه دادگاه و وقتی که قاضی من را تبرئه کرد، بعنوان جشن به سراغ بچه‌ها می‌رویم. از خوش‌بینی و شور و شوق او خیلی خوشم آمد.

آقای جوادی مثل همیشه ساکت بود. او احتمالاً تنها کسی بود که در طی هفته‌های گذشته هیچگاه راجع به جلسهٔ دادگاهم به من امیدواری نداده بود. حدس می‌زنم برایش مهم نبود که چه اتفاقی می‌افتد. علی هم مثل همیشه در پشت صحنه همراه ما بود.

مثل دفعات قبل، هنگام عبور از مرز ایالتی از آندراپرادش به اودیشا، پلیس اودیشا ما را از پلیس آندراپرادش تحویل گرفت و بعنوان تأمین امنیت، خودروی ما را اسکورت کرد. این یک جور کار دیپلماتیک بود. قبلاً هرگز توجه نکرده بودم که دیپلمات بودن مزیت‌های زیادی نیز به همراه دارد. یادم افتاد زمانیکه با آقای نوریان به حیدرآباد برمی‌گشتم، در فرودگاه لازم نبود که او مانند دیگران کیفش را در معرض بازرسی قرار دهد. پاسپورت دیپلماتیکش خیلی جالب بود.

تصمیم گرفتیم که زودتر داخل دادگاه برویم تا بتوانیم قبل از اینکه خبرنگاران سروکله‌اشان پیدا شود و به سراغمان بیایند، در یکی از اتاق‌ها در امان باشیم. همینکه وارد حیاط دادگاه شدیم، گروه عظیمی از مردم را دیدم که آنجا منتظر بودند. یک نگاهی انداختم و سوزی دیدی، شوهرش و خانوادهٔ رمانجولو را دیدم. از داخل ماشین با هم چشم در چشم شدیم.

و حالا دیگر برای برگشتن خیلی دیر شده بود. تقریباً در عرض چند ثانیه پس از اینکه ما با عجله از ماشین خارج و وارد اتاق آقای پرادیپ شدیم، صدای خبرنگاران را از بیرون شنیدم. گویی ناگهان از غیب ظاهر شده بودند. دوباره خبرنگاران شروع کردند و با فریاد از من می‌پرسیدند: «آیا ایران همچنان به شما کمک می‌کند؟»، «آیا فکر می‌کنید امروز آزاد خواهید شد؟" و بدترین سؤال ممکن، آن هم درست در مقابل آقای امجدی، «چطور شد که به محض ورود دولت ایران برای کمک به شما، شال سر کردید؟»

در تمام مدتی که خبرنگاران فریاد می‌زدند، آقای امجدی سرش را پایین انداخته بود. او به سمت من برگشت و به آرامی زمزمه کرد: «نیازی نیست که به آنها پاسخ دهید. فقط آرام باشید و با آنچه در دست دارید صحبت کنید.» منظورش صحبت با خدا بود. تمام

چند ساعت بعدی، در حالی که ما در آن اتاق منتظر بودیم تا به دادگاه فراخوانده شویم، او با چشمان بسته دعا می‌خواند. داشت زمزمه می‌کرد، فکر کنم آیاتی از قرآن را می‌خواند. دیدنش در آن حالت خیلی دلگرم کننده بود. او مصرّانه از خدا طلب کمک می‌کرد.

بعد، ناگهان یک افسر پلیس با عجله وارد اتاق شد و به ما اطلاع داد که وقتِ آن رسیده است که وارد دادگاه شویم. قلبم به تپش افتاد و احساس سرگیجه کردم. آقای امجدی، آقای جوادی و علی فقط چند متر دورتر از جایی که من باید بایستم، نشستند. فلاش دوربین‌ها مرتب روی صورتم بودند، مردم فریاد می‌زدند، و در کل، سروصدا و هَرج و مَرج بسیار بیشتری از حد معمول وجود داشت.

مثل همیشه در همان نقطه همیشگی ایستادم و قرآن کوچکم را محکم بین دستانم گرفتم و به پشت سر آقای امجدی خیره شدم. نمی‌خواستم در هیاهوی اتفاقاتی که در اطرافم در جریان بود، وحشت‌زده به نظر برسم. چند دقیقه گذشت و سپس قاضی وارد اتاق شد. او بسیار شاد و خوشحال به نظر می‌رسید - نمی‌دانستم این نشانهٔ خوبی است یا نه. او که وارد شد، آقای امجدی به نشانهٔ احترام از جایش بلند شد و دیدم که قاضی نگاهی به او انداخت و لبخند زد. با خودم گفتم، *وای خدای من، این مطمئناً یک نشانهٔ خیلی خوبی است!* او قبلاً هرگز آقای امجدی را تحویل نگرفته بود.

اتاق ساکت شد و ناگهان من صدای نفس‌های خودم را می‌شنیدم. خیلی به سختی نفس می‌کشیدم. خیلی سعی می‌کردم خودم را آرام کنم، اما موفق نمی‌شدم. حس می‌کردم که توده‌ای گلویم را می‌فشارد، قلبم به شدت در سینه‌ام می‌تپید و عرق از روی شانه‌هایم سرازیر بود.

یکی از کارمندانِ دادگاه چند برگه کاغذ را به قاضی داد. قاضی عینکش را گذاشت و بدون مقدمه و معطّلی شروع به خواندن از روی آن کرد. نمی‌توانستم درست بشنوم که چه می‌گوید، اما بعد از چند جملهٔ اولیه، صدایش را کمی بلندتر کرد. حدس می‌زنم اینجا جایی بود که او می‌خواست حکم خود را بخواند.

و این همان لحظهٔ موعود بود - همان حکمی که تا کنون بیش از دو سال بود که در انتظار اعلامش بودم. در ذهنم می‌توانستم حکمش را به تصویر بکشم: او بیگناهی من را اعلام می‌کرد و بعد من از این قفس چوبی لعنتی بیرون می‌پریدم، سوار ماشین می‌شدم، با سرعت هر چه تمام‌تر به سمت بچه‌ها می‌رفتم و همهٔ آنها را در آغوش می‌گرفتم و می‌بوسیدم و تمام این اتفاقات تلخ را پشت سر می‌گذاشتم. با این افکار، شروع کردم به لبخند زدن.

«خانم کلباسی، شما در اتهام به قتلِ غیرعمد مجرم شناخته شدید. من شما را به یک سال زندان و چهارهزار و سیصد دلار جریمه محکوم می‌کنم. مدت حبس شما از همین حالا شروع می‌شود. نگهبانان، او را ببرید!» و سپس با همان سرعتی که وارد شده بود،

دادگاه را ترک کرد.

افکار مختلفی بسرعت در سرم جریان پیدا کرد. مجرم؟ *زندان؟* آقای امجدی را دیدم که بسرعت از روی صندلیش بلند شد در حالی که تعجب و سردرگمی در چهره‌اش نمایان بود. دیوانه وار دستانش را در هوا تکان می‌داد و از علی و آقای جوادی می‌پرسید که مطمئن شود درست شنیده است.

من خُشکَم زده بود. نمی‌توانستم حرکت کنم. آن قرآن کوچک هنوز در دستانم بود با این تفاوت که حالا دستانم تماماً از عرق پوشیده شده بود. خانوادهٔ پسرک از خوشحالی فریاد می‌زدند و خانوادهٔ رمانجولو شروع کردند به اشاره به سمت من و جوک پراندن. یک افسر پلیس به سمتم آمد، بازویم را گرفت و از قفس به بیرون هُل‌ام داد. سر آقای امجدی داد زدم: «داره منو کجا می‌بره؟!» با اینکه به سختی می‌توانستم روبرویم را ببینم ولی در یک لحظه دیدم که آقای امجدی برای اولین بار مستقیماً به چشمان من نگاه می‌کند. چشمانش پر از ترس و وحشت بود.

من را در اتاق پشتی دادگاه بازداشت کردند، جایی که در محاصرهٔ مأموران پلیس بودم. یک افسر زن مرا نشاند و شروع به نوشتن چیزی روی یک تکه کاغذ کرد. سپس همهٔ افسران برای دقایقی اتاق را ترک کردند تا بتوانند ازدحام خبرنگارانی را که هجوم آورده بودند، کنترل کنند. بنابراین برای چند لحظه من با آن افسر زن در اتاق تنها ماندم.

گوشی تلفنم در جیب پشتم بود. مخفیانه آن را بیرون آوردم و سریع برای سپهر تایپ کردم: «من گناهکار شناخته شدم!» همان پیام را برای لارس و آقای نوریان فرستادم و بلافاصله قبل از اینکه مأموران برگردند تلفن را در جیبم گذاشتم. من خیلی خوب می‌دانستم که مراحل بعدی کار چیست. اول یکسری فرم پر می‌کردند، بعد من را برهنه و بازرسی می‌کردند و سپس با همین لباسی که تنم بود به سمت زندان اسکورت می‌کردند.

من زندان رایگادا را خیلی خوب می‌شناختم. هرِ چند ماه یکبار با اهدای غذا، دارو و لباس به زندانیان آنجا کمک می‌کردم. زندان نسبتاً بزرگی بود، اما بخش زنان آن فقط یک اتاق متوسط بود، به نوعی مانند یک سالن کوچک. این سالن بجز چند تکه فرش، چند کتاب و پتویی که روی زمین سیمانی انداخته بودند، چیز دیگری نداشت. زنان زندانی تمام روز و هر روز در این سالن با هم بودند. قسمتهای دیگر زندان مختص مردان بود. بندهای مختلفی وجود داشت، برای افرادی که مرتکب اتهامات ساده‌تری بودند و آنهایی که جرایم سنگین‌تری مانند قتل داشتند. در آنجا تجاوز جنسی فراوان و بیماری ایدز شایع بود. زنان زندانی شبها توسط مأموران یا دیگر مردان زندانی مورد تجاوز قرار می‌گرفتند و یا زمانی که برای استفاده از سرویس بهداشتی که در بیرون واقع شده بود مجبور بودند از سالن خارج شوند، مورد آزار و اذیت قرار می‌گرفتند.

۹۹ درصد این زنان با اتهام کارگر جنسی دستگیر شده بودند لذا در اذهان مردم، آنها

مستحق اینگونه تجاوزات جنسی وحشتناکی که به آنها می‌شد، بودند. از نظر عموم مردم، آنها زنان شریفی نبودند.

حالا من هم به اینجا رسیده بودم و تنها چند ساعت باقی مانده بود تا یکی از آنها شوم. این اطلاعات را برخی از این زنان زندانی که من می‌شناختم؛ بطور محرمانه به من داده بودند. زمانی که سعی کردم با رئیس زندان در مورد نحوهٔ رفتار با آنها صحبت کنم، او به سادگی آن را رد و به من گفت که آنها دروغ می گویند و این زنان از پست‌ترین زنان هستند. «هر نوعی از توجه مرد به آنها باید به عنوان یک نعمت تلقی شود.» شخص دیگری هم نبود که بتوانم به او شکایت کنم، بنابراین تنها راهی که می‌توانستم به آنها کمک کنم این بود که برایشان لباس و غذای تازه ببرم. آن زمان فکر می‌کردم که کمک بزرگی انجام می‌دهم، اما حالا که خودم هم نزدیک بود با همان شرایط زندگی روبرو شوم، می‌فهمیدم که "کمک" فرضی من چقدر برای آنها احمقانه به نظر می‌رسیده است. آنها به غذا و لباس من نیازی نداشتند - آنها به کمک من نیاز داشتند.

ساعت‌ها در آن اتاق نشستم. آدمهای مختلفی آمدند و رفتند و مرتب فرمهای متعددی را برای امضاء نزد من آوردند. یکی از خبرنگاران به نحوی توانست به داخل اتاق راه یابد و نظرم را راجع به حکم پرسید. وقتی به او نگاه کردم، متوجه شدم که او را می‌شناسم. از این مرد متنفر بودم. او در فاصلهٔ بسیار کوتاهی از یکی از مراکز آموزشی من زندگی می‌کرد و مدام برای ثبت نام مجدد پسرش در مدرسه عذابم می‌داد. من به پسرش اجازه ثبت نام مجدد نداده بودم زیرا با بچه‌های دالیت خشونت آمیز رفتار می‌کرد. او ول نمی‌کرد و هر چند وقت یکبار، وقتی که برای بچه‌ها هدایایی به مدرسه می‌آوردیم، او هم بیرون می‌ایستاد و اصرار می‌کرد که به پسرش هم هدیه بدهیم. او یک قلدر تمام عیار بود. چون من هرگز به او باج نداده بودم، او هم از زمانی که پروندهٔ من شروع شد مرتب در تعقیب من بود و سعی می‌کرد مرا تحقیر کند. گویی داشت انتقام می‌گرفت.

در هند خبرنگاران مثل سایر نقاط جهان نبودند. آنها می‌توانستند آدمهای معمولی باشند که یک دوربین بدست گرفته‌اند. آنها بعداً عکسها و صداهای ضبط شده را به روزنامه‌های محلی می‌فروختند و این کاری بود که هر کسی می‌توانست انجام دهد. حالا اینجا هم او مرا در ضعیف‌ترین موقعیتم گیر انداخته بود و میکروفون را جلوی دهانم گرفته بود و از من درخواست اظهارنظر می‌کرد.

گفتم: «من چیزی برای گفتن به شما ندارم.»

اما حدس می‌زنم که او به آنچه می‌خواست رسیده بود - دیدن من در ضعیف‌ترین نقطهٔ زندگی‌ام.

صدای لرزش تلفنم را در جیبم احساس می‌کردم. همینطور مرتب داشت برایم پیام می‌آمد اما من جرأت نمی‌کردم آنها را نگاه کنم. می‌دانستم که هر لحظه ممکن است

بفهمند و تلفنم را بگیرند و من دوست داشتم تا آنجا که ممکن است و تا آخرین لحظه تلفنم را که بعنوان نماد آزادیم بود نگه دارم.

ساعتها گذشت و من هنوز همانجا در بازداشت نشسته بودم. حالا از بیرون سر و صداهای کمتری می‌آمد و من با خودم فکر کردم، *اگر ایرانیها مرا ترک کرده باشند چه؟* این فکر مرا به وحشت زیادی انداخت. شجاعت به خرج دادم و به نگهبان زنی که روبرویم بود نگاه کردم و با ملایم‌ترین لحن ممکن از او پرسیدم که چرا اینقدر طول کشیده است.

«دولت شما در حال انجام اقداماتی است؛ باید صبر کنیم.»

پرسیدم: «منظورتون چیه؟»

گویی که مزاحمش شده بودم زیرچشمی به من نگاهی انداخت و گفت که باید صبر کنم و ببینم چه می‌شود. سپس صندلی خود را چرخاند تا دیگر روبروی من نباشد و شروع به خوردن ساندویچ‌اش کرد. به یاد غذاهایی که به زندانیان می‌دادند افتادم که واقعاً آشغال بود. *آیا زندانیان از غذاهایی که من گاهگاهی برایشان می‌بردم لذت می‌بردند؟ و آیا کسی برای من هم غذا خواهد آورد؟*

تلفنم مدام می‌لرزید و من مدام دعا می‌کردم که خانم نگهبان این صدای لرزش را نشنود. اگرچه او بشدت مشغول بلعیدن ساندویچ‌اش بود و حواسش به من نبود، اما با این حال خیلی می‌ترسیدم که تلفنم را چک کنم.

سپس و بطور ناگهانی آقای امجدی سراسیمه وارد اتاق شد. «نرگس خانم بلند شو بریم.» پشت سر او علی و سپس گروهی از افسران پلیس بداخل آمدند. علی مرتباً آنها را به عقب هُل می‌داد.

از آقای امجدی پرسیدم: «داریم کجا میریم؟"

«علی یکی را پیدا کرده که برایتان وثیقه بگذارد. همه چیز را در ماشین توضیح خواهم داد. حالا زودتر بیاید برویم. بهتره به سرعت از اینجا خارج شویم.»

علی جلو افتاده بود و فریاد می‌زد که مردم از سر راه کنار بروند. او مانند هالک شگفت‌انگیز شده بود - چهره‌اش پر از خشم بود، قدرتش بی‌همتا. به همین راحتی مرا از آن اتاق بیرون کشیدند و داخل ماشینی کردند که بیرون منتظر ما بود و به سرعت راه افتادیم.

آنها مرتباً سر راننده فریاد می‌زدند که هر چه سریعتر از رایاگادا خارج شود. من یک کلمه هم نگفتم؛ هرج و مرج عجیبی داخل ماشین بود. علی دیوانه‌وار در حال تایپ پیام‌های مختلف بود، آقای جوادی پشت سر هم تلفنش را جواب می‌داد و آقای امجدی در حال صحبت با آقای نوریان بود. بعد او گوشی را به من داد.

آقای نوریان گفت: «نرگس فوراً به کنسولگری برگرد» این بدترین لحنی بود که تا

به حال از او شنیده بودم. «اینجا راجع به همه چیز صحبت خواهیم کرد.»

همه چیز خیلی سریع بود و من نفهمیدم که چه اتفاقی افتاد، *آیا آنها مرا از بازداشتگاه ربودند؟ یا اینکه واقعاً برایم وثیقه گذاشتند؟*

این من هستم پشت میله‌های چوبی. از آنجایی که ما اجازهٔ تصویربرداری نداشتیم، این عکس بصورت مخفیانه توسط یکنفر گرفته و بعداً برای من ارسال شد.

فصل ۲۶

این که چیزی نیست

چند روزِ بعد در کنسولگری جزو بدترین روزهایی بود که از زمان حضورم در آنجا با آن روبرو شده بودم. احساس می‌کردم که دیگر از حضورم در آنجا مثل سابق استقبال نمی‌شود. نمی‌دانم که عمدی بود یا نه، اما حال و هوای کلی متفاوت شده بود. آن زمانی که من برای گرفتن حکم دادگاهم کنسولگری را ترک کردم همه خیلی خوشحال و خوش‌بین بودند – ولی حالا که همه فهمیده بودند ماجرای من هنوز به پایان نرسیده، گویی که دلسرد و خسته شده بودند. همان افرادی که پیش‌تر برای من آرزوی موفقیت کرده بودند، به نظر می‌رسید که دیگر چیزی برای گفتن ندارند و آن عده‌ایی که همیشه از من دوری می‌کردند، حالا خیلی بیشتر از من دوری می‌کردند.

عمیقاً احساس می‌کردم که دیگر حضورم آنجا خوشایند افراد نیست، گویی که اسب بازنده بودم. پیش خودم فکر می‌کردم شبیه مهران کریمی ناصری شده‌ام، همان شخصیت بینوایی که در فرودگاه پاریس گیر افتاده بود (فیلم ترمینال بر اساس داستان او ساخته شده است). او مدت ۱۸ سال در این فرودگاه گرفتار شده بود زیرا هیچ دولتی نمی‌دانست که با او چه کند. اگر همین اتفاق برای من بیافتد چه؟ اگر پروندهٔ من هیچ وقت حل‌وفصل نشود و سالها در کنسولگری ایران گرفتار شوم چه؟

شایعاتی هم در مورد سرکنسول جدید (کسی که به جای آقای نوریان می‌آمد) به گوش می‌رسید. ظاهراً او کاملاً برعکس آقای نوریان بود. حتی فکرش هم ستون فقراتم را به لرزه می‌انداخت. بر اساس آنچه که شنیده بودم، او از جناح راست و از پیروان

سرسخت رهبر ایران بود. وقتی که مأموریت آقای نوریان در حیدرآباد تمام می‌شد، من می‌ماندم و این سرکنسول جدید. برخورد او با من چگونه می‌بود؟ آیا او حتی حاضر می‌شد که برای اطلاع از جزئیات پروندهٔ من وقت کافی بگذارد؟

چند روزی از صدور حکم من گذشته بود ولی هنوز هیچ ملاقاتی یا گفت‌وگوی مفصلی با آقای نوریان در آن مورد انجام نداده بودم. این من بودم که اصراری برای دیدن او نداشتم و چند باری هم که او سعی کرد با من صحبت کند، به نوعی از آن اجتناب کردم. حدس می‌زنم که حال و هوای کنسولگری روی من هم تأثیر گذاشته بود.

یک شب که در اتاقم بودم بطور ناگهانی تمایل شدیدی پیدا کردم که به دهلی‌نو سفر کنم. به فکرم رسید که ایدهٔ بدی نیست که به دادگاه عالی هند بروم و با برخی از وکلای آنجا صحبت کنم. چندین سال قبل‌تر و در اوایل شروع دادگاهم این کار را انجام داده بودم. اما حالا فرق داشت؛ من الان آدم دیگری بودم، پشتکار و اعتماد به نفس بسیار بیشتری داشتم. خشم سراسر وجودم را فرا گرفته بود و از همیشه مصمّم‌تر بودم تا بی‌گناهیم را اثبات کنم.

اما برای سفر به دهلی باید اول از همه به آقای نوریان می‌گفتم. بنابراین و با وجود اینکه سعی می‌کردم از او دوری کنم، چاره‌ای نداشتم جز اینکه بروم و او را ببینم.

وقتی که وارد دفترش شدم، سرش پایین بود. خیلی خسته به نظر می‌رسید. با دیدن من سریع بلند شد و تمام تلاشش را کرد که لبخند بزند. آن روز ساعت‌ها با هم صحبت کردیم و او مرتباً سعی می‌کرد از صحبت راجع به تاریخی که هند را ترک می‌کند، اجتناب کند. من مدام به او فشار می آوردم تا در این مورد حرف بزند و او مدام می‌گفت که دارد تمام تلاشش را می‌کند تا اقامتش طولانی‌تر شود. به او گفتم که چقدر نگران فرد جایگزین او و همهٔ شایعات وحشتناکی که در مورد او شنیده‌ام، هستم که آقای نوریان پاسخ داد: «فکر کردی همه مثل من هستند؟»

و البته واقعاً به نوعی من به همین شکل فکر می‌کردم. به خصوص در ابتدا. اما با رفتن به بمبئی و صحبت با سرکنسول آنجا و برخوردم با افراد کنسولگری بریتانیا باعث شد که متوجه شوم که چقدر خوش شانس هستم. بعد از آن بود که قدر آقای نوریان را بیش از پیش دانستم.

به او گفتم که در فکر رفتن به دهلی هستم تا ببینم که آیا کار دیگری هست که بتوانم انجام دهم تا شرایط پرونده‌ام بهتر شود. او گفت که به شرط رعایت چند مورد او هم موافق انجام این کار است. اول اینکه من با لارس به این سفر بروم. دوم اینکه هر یک ساعت یا کمتر به او گزارش بدهم و شرط سوم اینکه این سفر را مخفیانه انجام دهم و هیچ کسی در کنسولگری از آن مطلع نشود. او اضافه کرد: «من اینجا دارم خیلی ریسک بزرگی می‌کنم نرگس خانم»

من کاملاً متوجه حرفهایش شدم و با هر سه شرط او موافقت کردم. قبل از اینکه بروم، دست در جیبش کرد و از من خواست که مقداری پول بردارم. با وجود اینکه قبولش برایم سخت بود، ولی هیچ انرژی برای بحث کردن با او نداشتم. به علاوه، او هم مثل خود من یک‌دنده و لجباز بود. بنابراین پول را گرفتم، از او تشکر کردم و رفتم.

با لارس تماس گرفتم و او هم بلافاصله قبول کرد که با من همراه شود. خیلی خوشحال بودم که می‌توانستم دوباره او را ببینم. با احتیاط خیلی زیاد و در حالی که سخت تلاش می‌کردم که هیچ کسی متوجه نشود، از کنسولگری رفتم بیرون و مستقیماً به سمت ایستگاه قطاری که محل ملاقاتم با لارس بود، رفتم. این ایستگاه هم مانند تمام ایستگاه‌های قطار در هند، به شدت شلوغ بود. پُر بود از مسافران، فروشندگان دوره گرد، دزدها، افراد بی‌خانمان و نیز کودکانِ رها شده. اولین باری که با این نوع قطارها مسافرت کردم با بچه‌ها بودم. من همهٔ آنها رَا طی یک مسیر بسیار طولانی به جنوب هند بردم تا بتوانند در آنجا، برای اولین بارِ دریا را تجربه کنند. علیرغم اینکه آن سفر پر استرس ترین سفر زندگی من بود، اما کاملاً ارزشش را داشت.

من چندین سال قبل، قبل از اینکه با لارس آشنا شوم و قبل از اینکه گرفتاریهای مربوط به اتهام قتل شروع شود، به دهلی‌نو رفته بودم. یکی از وکلای همین دادگاه عالی هند بود که به من توصیه کرده بود بروم و به پلیس بگویم که اگر آنها هیچ اقدامی در مورد رفتار متقلبانه خانوادهٔ رمانجولو انجام ندهند، آبرویشان را خواهم برد. اسم آن وکیل سانديپ پرادا بود و حالا تصمیم داشتم که دوباره پیدایش کنم.

در حالی که در قطار نشسته و به بیرون خیره شده بودم، نگاهی به انعکاس خود در پنجره انداختم. با اینکه ساعت‌ها از حیدرآباد فاصله گرفته بودیم اما هنوز شالم روی سرم بود. نمیدانم چرا برداشتننش برایم آنقدر سخت شده بود. شال را از سرم برداشتم، کِش موهایم را که بصورت دم اسبی بسته بودم، باز کردم و موهایم را در هوا تکان دادم. به طرز عجیبی احساس کردم که دوبارِه خودم هستم. کنسولگری من را تغییر داده بود و باعث شده بود قدر چیزهایی که قبلاً در زندگی‌ام بدیهی می‌دانستم را بسیار بیشتر بدانم. کارهای احمقانه و ساده‌ایی مثل برداشتن شال از سرم یا احساس باد لابلای موهایم اکنون باعث می‌شد که غرق در شادی شوم.

۱۲ ساعت طول کشید تا به دهلی برسیم. ارزان‌ترین مسافرخانهٔ موجود را پیدا کردیم و من هم بطور مرتب به آقای نوریان در مورد موقعیتمان اطلاع می‌دادم. صبح روز بعد مستقیماً برای یافتن سانديپ به دادگاه عالی رفتیم. من درست یادم نبود که دفترش کجا بود، بنابراین از افراد مختلفی نشانی او را گرفتیم و نهایتاً بعد از چندین ساعت پرس و جو ما را بسمت ساختمانی راهنمایی کردند که فردی بنام راجا پرادا در آنجا بود. حدس زدیم که شاید آنها با هم فامیل باشند، لذا رفتیم تا با او صحبت کنیم.

وقتی که وارد ساختمان شدیم، آدمهای زیادی را دیدم که خسته و کوفته با کاغذهای فراوانی که در دست داشتند به قسمتهای مختلف ساختمان در رفت و آمد بودند. به این فکر کردم که احتمالاً اینجا صدها نفر دیگر مثل خود من هستند که متهم‌اند به اتهاماتی که واقعاً مرتکب نشده‌اند. بدنبال این فکر احساس غم و اندوه عمیقی پیدا کردم.

بالاخره اتاق راجا پرادا را پیدا کردیم. در زدم و با همان ضربات مختصر، کمی لای در باز شد و من نگاهی به داخل انداختم. فضای کوچک و نامرتبی بود که تا سقف آن پُر بود از پرونده و کتابهای فراوان. چند نفر درست در انتهای راهروِ باریکی روی زمین نشسته بودند. سعی کردم حضورم را اعلام کنم، اما هیچ کدام توجهی به من نکردند.

لارس بیرون منتظر ماند و من وارد شدم، از کنار افرادی که روی زمین نشسته بودند گذشتم و به پیرمردی که پشت میز نشسته بود گفتم که من به دنبال ساندیپ پرادا هستم و تمام راه را از حیدرآباد آمده‌ام تا او را ببینم. کاغذهای فراوانی روی میزش پراکنده بود. با خودم فکر کردم، به احتمال زیاد اینها اوراق احکام تجدید نظر آدمهای مختلف و تنها شانس آنها برای رسیدن به عدالت است که به این بی‌دقتی همه جا پخش است!

پیرمرد از من پرسید: «شما از حیدرآباد آمده‌اید، ولی در واقع اهل کجا هستید؟»

گفتم: «من انگلیسی هستم.» بعد گلویم را صاف کردم و گفتم: «ببخشید، ایرانی هستم! حالا ممکنه لطف کنید و بگید ساندیپ پرادا کجاست؟»

پیرمرد گفت که او پدر ساندیپ است و اضافه کرد که حالا او از خانه کارهایش را انجام می‌دهد. کارت ویزیتِ او را به من داد و گفت که می توانم او را در آدرسی که روی کارت هست پیدا کنم. فوراً با یک توک‌توک به همان آدرس رفتیم و من بیرون درب آپارتمان ایستادم و چند لحظه‌ای منتظر ماندم. داخل خیلی شلوغ بود. مردم زیادی در رفت و آمد بودند لذا تصمیم گرفتم در نزنم و مستقیماً وارد شوم. اینجا هم خیلی بهم ریخته بود؛ حتی تعدادی مرغ و خروس هم در اطراف می‌چرخیدند.

«چطور میتونم کمکتون کنم؟» مردی که در قسمت ورودی راهرو نشسته بود از من پرسید. حدس زدم که او باید منشی ساندیپ یا چیزی شبیه به این باشد. توضیح دادم که به دنبال ساندیپ پرادا هستم و او هم از ما خواست که روی صندلی بنشینیم و منتظر باشیم. حدود یک ساعت یا بیشتر گذشت و بلاخره از من خواست که به داخل دفتر ساندیپ بروم.

او را دیدم که با چندین نفر مشغول صحبت بود، آنها داشتند در مورد پرونده‌هایشان حرف می زدند بنابراین من در حالیکه معذب بودم، در گوشه‌ایی از اتاق ایستادم. این نوع رفتار در هند بسیار رایج بود – احترام زیادی برای حریم خصوصی افراد قائل نمی‌شدند. با رفتن آنها، ساندیپ از من خواست که روی صندلی بنشینم. معلوم بود که مرا به یاد نمی‌آورد.

شروع کردم به توضیح این که چگونه چند سال قبل برای دریافت راهنمایی در مورد پرونده‌ام به دیدنش آمده بودم، اما او چیزی به یاد نیاورد. بنابراین شروع کردم به توضیح کامل راجع به پرونده‌ام. جریان را از ابتدا تعریف کردم و در کل بیش از یک ساعت صحبت کردم. او خیلی با حوصله گوش کرد، البته نمی‌دانستم که این دقت او به دلیل پولی بود که از من در انتها می‌گرفت یا واقعا برایش مهم بود و دوست داشت که کمک کند. (منشی‌اش گفته بود که حق‌الزحمه او ساعتی محاسبه می‌شود)

وقتی که صحبت‌های من تمام شد، او گفت که به نظرش تهمت نادرست قتل، نقشهٔ خانواده رمانجولو است. با شنیدن این جمله بشدت تحت تاثیر قرار گرفتم. این همان چیزی بود که من همیشه می گفتم اما هیچ کسی به حرفم توجهی نمیکرد. از آنجایی که ماجرای من بسیار پیچیده بود، هیچ کسی وقت یا حوصله کافی نداشت تا تمام قطعات پرونده را کنار هم بگذارد. ساعت نزدیک به ۱۱ شب بود ولی او گفت که مهم نیست و به من اطمینان داد که دفترش شبانه روزی است.

او مدام اصرار می‌کرد که من همه چیز را در مورد خانوادهٔ رمانجولو به او بگویم و هیچ چیزی را از قلم نیاندازم. او می‌خواست که تصویری واضح و کامل از همه چیز داشته باشد. او ادعا کرد که بجز این، راه دیگری نیست که بتواند به من کمک کند. چند ثانیه مکث کردم؛ هنوز یک چیز را به او نگفته بودم: بزرگترین راز زندگیم و بدترین اتفاقی که در هند برایم افتاده بود.

از گفتنش خیلی می‌ترسیدم اما در عین حال می‌دانستم که افشای این حقیقت نیز مهم است، زیرا تصویر کامل‌تری از این که رمانجولوها واقعاً چگونه افرادی بودند را ارائه می‌داد. چند دقیقه‌ای مکث کردم و سعی کردم تمام جسارتم را برای گفتنش جمع کنم.

«در سال ۲۰۱۴ طلاچین‌طلا رمانجولو مرا مورد اذیت و آزار قرار داد...»

دستانم را روی چشمانم گذاشتم و سرم را بین پاهایم فرو کردم. بشدت احساس خجالت کردم. او یک کلمه هم نگفت. اشک‌هایم را پاک کردم و به او نگاه کردم و بعد همهٔ جزئیات آن واقعهٔ وحشتناک را برایش شرح دادم: «بعد از اینکه خانوادهٔ رمانجولو از زندان آزاد شدند، یک شب زمانی که در دفترم مشغول کار بودم طلاچین‌طلا رمانجولو به دفتر من هجوم آورد و بعد...»

آقای پرادا چیزی نگفت. در واقع در چشمانش هم هیچ حسی وجود نداشت. گویا بارها و بارها از این دست مطالب شنیده بود. بعد لحظه‌ای تأمل کرد و گفت: «نرگس، در این کشور این که چیزی نیست و اصلاً جدی گرفته نمی‌شود. اگر توصیهٔ من را می‌خواهید، دیگر در هند در مورد این موضوع صحبتی نکنید. روی درخواست تجدید نظر تمرکز داشته باشید و در اسرع وقت هند را ترک کنید.»

این که چیزی نیست؟ برای من حتی گفتنش هم طاقت فرسا و زجرآور بود و حالا

پاسخ او این بود؟

مدتهای بسیار طولانی است که هند مشکل بزرگی در رابطه با تجاوز علیه زنان دارد. به عنوان مثال در سال ۲۰۱۲، یک دانش آموزدختر جوان به نام جیوتی سینگ در یک اتوبوس توسط گروهی متشکل از شش مرد هندی مورد ضرب و شتم وحشیانه و تجاوز گروهی قرار گرفت. شدت جراحات نهایتاً منجر به مرگ غم انگیز او شد. در ابتدا رسانه‌ها و مردم به سرعت او را سرزنش کردند و گفتند که او نباید هنگام شب با مردی که گمان می‌رفت دوست پسرش بوده، بیرون می‌بود. صحبتهای زیادی در این مورد شد که این مرد کیست، اما اصلاً چرا باید چنین مطلب جانبی اهمیت پیدا کرده باشد؟ در شهرهای مدرن‌تر و تحصیل‌کرده‌تر مانند بمبئی و دهلی، نسل جوان خشمگین بودند، اما در ایالت‌هایی مانند اودیشا، مردم آن‌طور که باید خشمگین نشده بودند. به دلیل فشارهای بین‌المللی و نیز اعتراضاتی که به رهبری دانشجویان در داخل هند صورت گرفت؛ پلیس سرانجام قاتلان آن دختر نوجوان را دستگیر و اعدام کرد. به نظر من، سیستم قضایی هند از روی میل این کار را انجام نداد - آنها این کار را به دلیل فشار گستردهٔ افکار عمومی انجام دادند. گرچه این بار این جنایت باعث شده بود که صدها نفر به خیابانها بیایند، اما در هند از این دست اتفاقات فراوان پیش می‌آمد. به گفتهٔ ادارهٔ ملی ثبت جرائم، هر ۲۰ دقیقه یک زن در هند مورد تجاوز قرار می‌گیرد.

سپس ساندیپ برایم توضیح داد که چگونه سالها طول خواهد کشید تا ثابت شود که چنین جرمی صورت گرفته است و بعلاوه این کار باعث خشم بیشتر خانوادهٔ رمانجولو هم خواهد شد و فقط انتقام بیشتری را از طرف آنها به دنبال خواهد داشت. «با افشای آنچه برای شما اتفاق افتاده است، دشمنان جدیدی برای خود درست خواهید کرد. افکار عمومی هم نسبت به شما خشن خواهد شد و حتی ممکن است که شما را نابود کند. نرگس من از این موارد خیلی زیاد می‌بینم. حدوداً چندین مورد در هفته. متأسفم که این اتفاق برای شما افتاده است اما باید به من اعتماد کنید و از آن بگذرید. راجع به این موضوع کاری از دست شما بر نمی‌آید.»

از جایم برخاستم، از او تشکر کردم و اجازه گرفتم که فردا برگردم برای ادامهٔ گفتگو در مورد چگونگی پیگیری درخواست تجدید نظرم. برای سوگواری و اندوه ناشی از این اطلاعات جدیدی که دریافت کرده بودم به زمان نیاز داشتم.

رفتم بیرون و همهٔ گفتگوهایم با ساندیپ را برای لارس تعریف کردم. سپس دستش را خیلی محکم در دستانم گرفتم. نمی‌توانستم جلوی گریه‌هایم را در توک‌توک بگیرم.

دوست داشتم در آن لحظه می‌توانستم در عمیق ترین و تاریک ترین نقطهٔ دنیا گم شوم. آن شب وقتی به اتاقمان برگشتم، به خودم قول دادم که دیگر هرگز راجع به این موضوع با هندی دیگری صحبت نکنم.

۱۶۲ ▪ آیا واقعا برنده شدم؟

طلاچین‌طلا رمانجولو. در اینجا او یکی از تیشرت‌های بنیاد من را بر تن دارد. این عکس مربوط است به قبل از احداث خانه‌های رایاگادا و موکونداپور و قبل از اینکه من متوجه شوم که آنها کلاهبردار هستند.

فصل ۲۷

دکتر ظریف

روز بعد و در حالیکه مجدداً در راه دفتر سانديپ بودم، تقریباً همزمان از طرف سپهر و آقای نوریان پیامکی دریافت کردم. در پیام سپهر آمده بود: «نرگس، باورت نمی‌شود! دکتر ظریف هم در دهلی است!» بسرعت پیام آقای نوریان را باز کردم که فقط نوشته بود: «ظریف، دهلی.» هیجان زده شدم و در عین حال استرس هم پیدا کردم. دکتر ظریف در آن زمان وزیر امور خارجه ایران بود. نمی‌دانستم اول به کدامیک جواب دهم. پیام‌های سپهر همچنان ادامه داشت. او مدام می‌گفت که به دیدن دکتر ظریف بروم، زیرا این تنها فرصتِ من برای چنین کاری خواهد بود.

به آقای نوریان پیام دادم: «برم ببینمشون؟» دقایقی منتظر ماندم و در این فاصله سپهر به من گفت که خبرگزاری‌های مختلف از حضور دکتر ظریف در سفارت ایران در دهلی خبر داده‌اند. تلفنم را بیرون آوردم و آدرس سفارت را در گوگل جستجو کردم. سپس از آقای نوریان پاسخ گرفتم که: «از من نشنیده بگیرید؛ اما بله، بروید.» با خواندن پیامش لبخندی زدم، سپس دیوانه‌وار به شانهٔ رانندهٔ توک‌توک زدم و به او گفتم که برنامه تغییر کرده است. به او گفتم؛ در واقع فریاد زدم: «برو سفارت ایران!»

قلبم در تمام طول مسیر از شدت ضربان، گویی که از سینه‌ام خارج شده بود. ۲۰ دقیقه بیشتر با سفارت فاصله نداشتم که ناگهان یادم افتاد چیزی همراهم نیست که موهایم را بپوشانم. عصبانی شدم! دوباره روی شانهٔ رانندهٔ توک‌توک زدم و به او گفتم که

مجدد برنامه تغییر کرده است. گفتم: «برگرد به سمت هتل» او داشت عصبانی می‌شد، بنابراین به او گفتم که سه برابر به او دستمزد خواهم داد و به این ترتیب عصبانیتش بسرعت تبدیل به رضایت و شادی شد.

به او گفتم که امّا من هم یک شرط دارم: باید دو برابر سریعتر از معمول رانندگی کنید.

خدا واقعاً به ما رحم کرد که در مسیر بازگشت، او کسی را نکُشت یا زیر نگرفت. او چنان بسرعت از لابلای ماشین‌ها عبور می‌کرد که من تنها کاری که کردم این بود که چشمانم را ببندم و دعا کنم که صحیح و سالم برسیم. وقتی برگشتم، سریع به داخل اتاقم دویدم و به لارس گفتم که آماده شود و بیاید طبقه پایین تا با هم برویم. «فقط سریع باش، ما باید خیلی زود راه بیافتیم. یک خبر خیلی خوب دارم - دکتر ظریف در دهلی است.» شالم را برداشتم، برگشتم پایین و در توک‌توک منتظرش ماندم. لارس بیچاره در حالی که به سمت ما می‌دوید گیج و وحشت زده به نظر می‌رسید. احتمالاً ۳۰ ثانیه یا کمتر طول کشید تا او لباسش را عوض کند و بیاید اینجا.

به رانندهٔ توک‌توک داد زدم که برو. او هم بسرعت دنده عوض کرد و راه افتاد، به وضوح آدرنالین‌ها بالا بود. او هیچ سرنخی نداشت که ما در حال انجام چه کاری هستیم؛ با این حال، هیجان من بر او هم سرایت کرده بود. حالا زمان تقریباً نزدیک ساعت ناهار شده بود و من نگران بودم که شاید دکتر ظریف برای صرف ناهار به جای دیگری برود. در کنسولگری حیدرآباد، ساعت ناهار همیشه یک قضیهٔ مهمّی بود. دیپلمات‌ها یا مهمانان اغلب برای صرف غذا بیرون می‌رفتند و من نگران بودم که در سفارت ایران در دهلی هم همین شرایط وجود داشته باشد. به جادهٔ منتهی به سفارت نزدیک شدیم و من توانستم پرچم‌های ایران را ببینم که در وزش باد به اهتزاز در می‌آمدند. پیاده شدم و پنج برابر مبلغی که صبح بر سرش توافق کرده بودیم به رانندهٔ توک‌توک دادم و به او گفتم که بیرون منتظرم بماند. لارس با نگرانی برایم آرزوی موفقیت کرد، قبل از رفتن چند ثانیه‌ایی دستش را محکم گرفتم.

با خودم گفتم، هر چه *بادا باد!*

می‌دانستم که آقای نوریان نمی‌خواست که به نظر برسد او مرا به این دیدار تشویق کرده است، اما با این‌حال دوست داشتم که او را در جریان بگذارم. بنابراین، به او خبر دادم که خارج از سفارت ایران هستم. به سپهر هم اطلاع دادم که بلافاصله جواب داد. او هم مثل من هیجان زده بود. بعد، شالم را تا جایی که می‌توانستم سفت دور سرم تنظیم کردم و سعی کردم بالاتنه‌ام را تا جای ممکن به سمت پایین بکشم تا بلندتر شود و قسمت بیشتری از ران‌هایم را بپوشاند. از نظر استانداردهای غربی، این یک تاپ بلند بود، اما با این‌حال برای استانداردهای اسلامی کوتاه بود.

وقتی به اتاقک نگهبانی نزدیک شدم، از درون شیشه نگاهی انداختم و متوجه چند نگهبان مسلح شدم. آنها ایرانی به نظر می‌رسیدند، بنابراین با آنها به فارسی صحبت کردم. سلام کردم و گفتم: «می‌خواهم دکتر ظریف را ببینم.» آنها با سردرگمی و حیرت به یکدیگر نگاه کردند، سپس به من نگاه کردند و گفتند که دکتر ظریف در سفارت نیست. من پرسیدم: «آیا از اینجا رفته؟» یکی از نگهبانان چند ثانیه مکث کرد، سپس گفت: «خیر، ایشون اصلاً اینجا نبودند»

چند قدمی از اتاقک فاصله گرفتم، نفس عمیقی کشیدم و سرم را پایین انداختم. بعد موبایلم را درآوردم و به سپهر پیام دادم و اطلاعاتی را که به تازگی دریافت کرده بودم به او گفتم.

او سریع پاسخ داد و به من گفت که نگهبانان دروغ می گویند. او نوشت: «دکتر ظریف همین امروز صبح از سفارت توئیت کرده است. عکس های زیادی از پیامهای سوشما سواراج؛ وزیر امور خارجه هند که ورود او را به هند خوش‌آمد می‌گوید موجود است. او آنجا اقامت می‌کند و الان هم قطعاً آنجاست! برگرد و سماجت داشته باش. نرگس، خودت را معرفی کن و بگو کی هستی!» با اضطراب و خجالت زده دوباره رفتم سمت نگهبانی. این بار نگهبانان آزرده خاطر و کمی عصبانی به نظر می‌رسیدند. از اینکه دوباره مزاحمشان شدم عذرخواهی کردم و قبل از اینکه بتوانم نامم را بگویم، یکی از نگهبانان با پرخاشگری از من کارت شناسایی خواست.

با دستپاچگی برایش توضیح دادم که چطور یادم رفته است کارت شناسایی‌ام را با خودم بیاورم. به او گفتم که این یک شرایط اورژانسی است و من *باید* چند دقیقه دکتر ظریف را ببینم. او گفت: «اگر کارت شناسایی ندارید، بروید کنار و راه نگهبانی را مسدود نکنید! من قبلاً به شما گفتم که دکتر ظریف اینجا نیست.» او جدی بود و بقیه نگهبانان مسلح هم چپ چپ به من نگاه کردند و با اخم از من خواستند که بروم.

فریاد زدم: «صبر کنید! اسم من نرگس کلباسی است. لطفاً به هرکسی که لازم هست زنگ بزنید و بگویید که نرگس بیرون از سفارت منتظر است. لطفاً به آنها بگویید که او باید وارد شود.» دیدم که یکی از نگهبانان چشمهایش از تعجب باز شد و به نگهبان کناری چیزی زمزمه کرد. سپس گوشی را برداشت و پشتش را به من کرد و شروع کرد به صحبت کردن پشت تلفن. بعد تلفن را قطع کرد، برگشت و بی‌حرکت ایستاد.

از او پرسیدم: «خُب، آنها چه گفتند؟»

«من منتظرم که با من تماس بگیرند.» چند دقیقه‌ای آنجا در سکوت ایستادم. در همین حین، سپهر مدام به من پیام می‌داد و از من می‌پرسید که نتیجه چی شد.

«نرگس، اگر به تو اجازه ورود ندادند، به آنها بگو که عکسی از خودت در جلوی سفارت می‌گیری و در صفحهٔ تلگرامت پست می‌کنی.» در واقع سپهر می‌گفت: تهدیدشان کن.

چند لحظه بعد آقای نوریان پیام داد و پرسید که آیا همه چیز خوب است؟ به او گفتم که هنوز بیرون سفارت هستم و اجازه نمی‌دهند که وارد شوم. پاسخ داد: «آن نرگسی که من می‌شناسم حتماً یک راهی پیدا خواهد کرد. لطفاً مرا در جریان بگذار.»

تلفن داخل باجه زنگ خورد و نگهبان دوباره پشتش را به من کرد و جواب داد. بعد گوشی را گذاشت و به من گفت که دکتر ظریف به تازگی سفارت را ترک کرده است. گفت: «او اینجا نیست»

از اینکه آشکارا به من دروغ می‌گفتند عصبانی شدم. «اولش گفتین که اصلاً اینجا نبوده و حالا می‌گین به تازگی اینجا را ترک کرده. اصلاً چطور ممکنه؟ من ۲۰ دقیقه است که اینجا هستم. کِی و از کجا خارج شد؟ من که ندیدم. مگر اینجا در خروجی نیست؟ لطفاً با آنها تماس بگیرید و به آنها بگویید که من الآن می‌روم و یک عکس از خودم در مقابل سفارت می‌گیرم و آن را در اینترنت منتشر می‌کنم.»

راه افتادم و مستقیم به سمت جایی که پرچم ایران نصب شده بود رفتم و تمام تلاشم را کردم که نشان دهم کاملاً جدی هستم. دستانم می‌لرزیدند و جریان خون و نبضم را در سرم احساس می‌کردم. در تمام این مدت، رانندهٔ توک‌توک و لارس با سردرگمی از آن طرف خیابان به من نگاه می‌کردند.

شالم را مرتب کردم و موبایلم را جلوی صورتم آوردم و یک سلفی گرفتم. بلافاصله آنرا برای سپهر فرستادم و از او خواستم که آن را پست کند. در عرض چند ثانیه، او آن را در صفحهٔ تلگرام من با این زیرنویس پست کرد: «من در سفارت ایران هستم و منتظرم که با آقای دکتر ظریف ملاقات کنم. خیلی هیجان زده هستم که ببینم آیا ایشان می‌تواند به من کمک کند یا خیر.»

آن پست در کمتر از یک دقیقه به دست هزاران نفر رسید. بلافاصله پیامی از آقای نوریان دریافت کردم که حاوی خبرهای خوبی بود: «آقای انصاری، سفیر ایران با من تماس گرفته و از من خواسته که به شما بگویم دست نگهدارید. دیگر چیزی پست نکنید نرگس خانم. آنها به شما اجازه ورود خواهند داد.» بعد پیغام دیگری برایم فرستاد: «آن یکی، پیام او بود برای تو و این یکی پیام خودم است: آفرین نرگس خانم. شما موفق شدین!»

نگهبان فریاد زد: «خانم کلباسی، لطفاً تشریف بیارید داخل.» لحنش کاملاً عوض شده بود. ناگهان تبدیل به فرد متشخص و محترمی شد. بعد دروازه‌های بزرگ ورودی باز شدند و دو مرد خوش لباس به من نزدیک شدند. یکی از آنها گفت: «خانم کلباسی، واقعاً نیازی نبود که شما این کار را انجام دهید. معلومه که ما دوست داریم شما را ببینیم. خیلی خوش آمدین به اینجا.»

برای اولین بار بود پس از سالها که احساس کردم قدرتمند شده‌ام. این چیزی بود که رسانه‌های اجتماعی قادر به انجامش بودند. بعد با خودم فکر کردم آیا این همان قدرتی است که سیاستمداران یا افراد فوق‌العاده مشهور احساس می‌کنند و بعد متوجه شدم که چرا مردم برای رسیدن به این قدرت دست به انجام هر کاری می‌زنند. برای من البته بیشتر ترسناک بود تا رهایی بخش.

آن دو مرد مرا به سمت ساختمانی بزرگ و زیبا همراهی کردند. این مجموعه بسیار بزرگتر از کنسولگری حیدرآباد بود - احتمالاً سه برابر بزرگتر. دور تا دور ما درختان و گل‌های زیبایی بود و چند باغبان مشغول آبیاری گیاهان بودند. به ورودی ساختمان که نزدیک شدیم در بزرگی باز شد. مردی مقابلم ایستاد و گفت: «خانم کلباسی به سفارت ایران خوش آمدید. من انصاری هستم.» بالاخره با سفیر ملاقات کردم.

من او را زیاد دوست نداشتم. او همان شخصی بود که چند ماه پیش‌تر به پرسنل کنسولگری پیام داده بود که مرا متقاعد کنند دیگر در شبکه‌های اجتماعی پست نگذارم. او از اینکه داستان من گسترده و بزرگ‌تر شود نگران و تحت فشار بود. حالا اینجا آقای انصاری وانمود می‌کرد که از دیدن من خیلی خوشحال است.

گفت: «خوش آمدین. ما حرفهای بسیار خوبی راجع به شما شنیده‌ایم.» با خودم گفتم، *آره جون خودت!* «کنسولگری چطور با شما رفتار کرده است؟ آیا به خوبی از شما مراقبت می‌شود؟» به او گفتم که چقدر همه چیز شگفت‌انگیز است و از او به خاطر داشتن چنین کادر فوق‌العاده‌ایی تشکر کردم. همچنین به او گفتم که وزارت خارجه ایران خیلی خوش شانس است که افرادی مثل آقای نوریان و امجدی در آنجا مشغول بکارند. به نظرم آمد که او از این تعریف‌ها خوشحال شد. سپس به من گفت که او را دنبال کنم چون دکتر ظریف منتظر من است.

همانطور که با گام‌های بلند در داخل ساختمان حرکت می‌کردیم، دری در سمت چپ من باز شد و مردی که در ورودی آن ایستاده بود نمایان شد. دکتر ظریف بود. با لبخند بزرگی که روی صورتش داشت آنجا ایستاده بود. راستش چنان لبخند بزرگی بر چهره داشت که فکر کردم بزودی از خنده منفجر می‌شود.

بدون معطّلی گفت: «سلام نرگس خانم. شما پشتکار و ارادهٔ خیلی زیادی دارید. من خیلی به شما علاقه دارم» خیلی هول شده بودم و نمی‌دانستم چه بگویم. سپس او به زبان انگلیسی گفت که لازم نیست که حتماً به فارسی صحبت کنم و چنانچه برایم راحت‌تر است می‌توانم با او به زبان انگلیسی صحبت کنم. انگلیسی او عالی بود؛ من اصلاً انتظارش را نداشتم.

از او تشکر کردم و روی مبلی که به من پیشنهاد کرده بود نشستم. آقای انصاری

نزدیک در ایستاده بود. او مضطرب به نظر می‌رسید، گویی می‌ترسید که من حرف نابجایی بزنم یا نکتهٔ منفی راجع به او بگویم. چند مرد دیگر که احتمالاً تیم امنیتی بودند هم، در اتاق حضور داشتند.

سپس دکتر ظریف گفت: «نرگس، تو شجاع ترین و مصمم ترین زنی هستی که من تا به حال دیده‌ام. من در مورد شما مطالب زیادی خوانده‌ام، در مورد دوران کودکیتان، در مورد کارهایی که در هند انجام داده‌اید و موفقیت‌هایی که داشته‌اید. اما امروز ... کاری که امروز شما انجام دادید بسیار هوشمندانه بود. واقعاً فوق‌العاده بود!» و بعد با صدای بلند شروع به خندیدن کرد، سپس به اطراف نگاه کرد و از همه پرسید: "کارش عالی بود؛ درسته؟" اما ظاهراً این موضوع برای دیگران به اندازه‌ایی که برای خودش فوق‌العاده بود؛ جالب به نظر نمی‌رسید. او در ادامه گفت که چقدر به من افتخار می‌کند، و این مرا غافلگیر کرد. در واقع او آنچنان خوب بود که باور کردنش برایم سخت بود. خیلی مهربان و متواضع بود. احساس می‌کردم آنچه می‌گوید صادقانه است – او واقعاً به من افتخار می‌کرد.

اما آنچه که *واقعاً* مرا غافلگیر کرد این بود که او به موکونداپور اشاره کرد و تقریباً عالی تلفظ کرد و این به من نشان داد که او واقعاً همه چیز را در مورد پروندهٔ من می‌داند. او حتی می‌دانست که من چند ماه قبل در کنسولگری تحت معالجه قرار گرفته‌ام و به من گفت که خیلی خوشحال است که حالم بهتر شده است.

بعد از این صحبتهای اولیه، به او گفتم که به کمکش نیاز دارم. اسنادی را که با خودم آورده بودم تا به دفتر سانديپ ببرم، همه را به او دادم. «اگر لطف کنید و برای خواندن اینها وقت بگذارید، خواهید دید که من بی‌گناه هستم.» او مدارک را گرفت، برای چند ثانیه به آنها نگاه کرد و به من گفت که در همان روز قرار ملاقاتی با سوشما سواراج (وزیر خارجهٔ وقت هند) دارد و همه چیز را دربارهٔ من به او خواهد گفت.

آقای انصاری به ساعت خود نگاه کرد و سعی کرد که نظر دکتر ظریف را به آن جلب کند. اما دکتر ظریف هیچ توجهی نکرد و رو به من گفت که او هم مقالهٔ دکتر رنانی را خوانده است و امیدوار است که شاید روزی به ایران بروم و در آنجا همین کارها را برای کودکان ایرانی ادامه دهم. او گفت که باورش نمی‌شود که من در طول سال‌ها از ۵۰۰ کودک مراقبت کرده‌ام. ظاهراً او همه چیز را در مورد من می‌دانست.

آقای انصاری صحبت ما را قطع کرد و به دکتر ظریف اشاره کرد که جلسهٔ بعدی دیر خواهد شد. وقتی که من برای خداحافظی بلند شدم، دکتر ظریف هم بلند شد. در حالی که همه بلند شده بودند و با هم صحبت می‌کردند و به سمت در خروجی می‌رفتند، او

به من نزدیک شد و سریع زمزمه کرد: «نرگس خانم، از من و خودت یک عکس بگیر و پست کن، حتماً کمکت می‌کند.» باورم نمی‌شد!

در حالی که داشتند مرا به بیرون بدرقه می‌کردند، لحظه‌ای ایستادم و با صدای بلند گفتم: «آیا امکان دارد که یک عکس با شما بگیرم آقای دکتر؟»

آقای انصاری سریع مداخله کرد: «خیر، داخل سفارت اجازهٔ عکس‌برداری نمی‌دهیم.»

دکتر ظریف گفت: «اشکالی نداره غلامرضا. بگذارید عکس بگیرد.» برای من باز هم شوک‌آور بود. مات و مبهوت آنجا ایستادم و لبخندی روی صورتم نشست. گوشی‌ام را به یکی از افرادی که در اتاق بود دادم و رفتم کنار دکتر ظریف ایستادم و با خوشحالی عکسمان را گرفتیم. بعد گفت: «بیا یکی دیگه هم نشسته بگیریم.» یک عکس دیگر هم گرفتیم و او اضافه کرد: «غلامرضا شما هم باید در یکی از این عکسها باشید.» و دستش را برای آقای انصاری که مات و مبهوت شده بود دراز کرد و البته او هم قبول کرد.

و به این شکل بود که من با دو نفر از قدرتمندترین دیپلمات‌های ایران عکس گرفتم. همانطور که آقای انصاری من را به بیرون بدرقه می‌کرد، با دکتر ظریف خداحافظی کردم و به او گفتم که چقدر ملاقات و صحبت با ایشان برایم شگفت‌انگیز بود.

او که در محاصرهٔ نگهبانان بود، گفت: «خداحافظ نرگس خانم. یک روزی شما را در ایران خواهم دید.» ما به هم لبخند زدیم و این آخرین باری بود که او را دیدم.

در اوج شادی و هیجان بودم. احساس می‌کردم که روی ابرها پرواز می‌کنم. از آقای انصاری تشکر کردم و از ایشان خداحافظی کردم و بعد با سرعت از لابلای فضاهای سبز دویدم و به در ورودی سفارت برگشتم. وقتی که رفتم بیرون یکی از همان نگهبانان به سمتم دوید و گفت: «خانم کلباسی خیلی متأسفم که به شما دروغ گفتم. فقط کاری را که از من خواسته بودند انجام دادم. من از طرفداران شما هستم و امیدوارم که به زودی آزاد شوید.» صداقتی که در صحبت‌هایش بود واقعاً مرا تحت تاثیر قرار داد. به او گفتم که من متوجه هستم و به خاطر سخنان محبت آمیزش تشکر کردم و دویدم به سمت دیگر خیابان، جایی که لارس و رانندهٔ توک‌توک منتظر من بودند.

لارس از من پرسید: «چطور پیش رفت؟» و من حتی نمی‌دانستم از کجا باید شروع کنم!

آن عکس سه نفرهٔ ما در ایران وایرال شد. در واقع این عکس، طوفان رسانه‌ای به مراتب بزرگ‌تری از آنچه که من قبلاً با آن مواجه شده بودم، به راه انداخت. بزرگترین جنبش برای احقاق حق من در شرف آغاز بود. و این بار با قدرت بسیار بیشتری به جلو می رفت.

از چپ به راست: من، دکتر ظریف و آقای انصاری داخل سفارت‌خانه ایران در دهلی‌نو

فصل ۲۸

طوفان رسانه‌ای

فصل بعدی زندگی من با توئیتی از دکتر ظریف آغاز شد: «من همین الان این افتخار بی‌نظیر را داشتم که نرگس عزیز را ملاقات کنم. او الهام بخش همه است و امیدواریم که به زودی آزاد شود.» او برای افزودنِ هیزم بیشتری بر این آتش، سوشما سواراج، وزیر امور خارجه هند را نیز در این توئیت تَگ کرد.

طوفان رسانه‌ای که به دنبال این توئیت آمد، بسیار زیاد و رویایی بود. من و لارس بسرعت با اولین قطار به حیدرآباد برگشتیم. من دیگر به سراغ ساندیپ پرادا نرفتم.

اتصال اینترنت در قطار دائماً قطع می‌شد. اما وقتی که اینترنت داشتم و آنلاین بودم از انبوه افرادی که در مورد من در حال صحبت بودند، بهت زده می‌شدم. در هر ثانیه دادخواست آنلاین من امضاءهای جدیدی می‌گرفت. تا این لحظه نزدیک به یکصدوپنجاه هزار امضاء رسیده بود و مدام در حال افزایش بود. مشهورترین کارگردانان، بازیگران و اینفلوئنسرهای سینمای ایران دربارهٔ من می‌نوشتند، هزاران هشتگ در توییتر و اینستاگرام ایجاد شده بود و تلفن من مدام از طرف خبرنگاران هندی و ایرانی که می‌خواستند با من مصاحبه کنند، زنگ می‌خورد. به من اطلاع دادند که خانمی بنام مینو خالقی که کاندیدای نمایندگی مجلس بود بطور مرتب برای من مصاحبهٔ مطبوعاتی ترتیب می‌دهد و از افراد سرشناس برایم بیانیه و امضاء جمع آوری می‌کند. من واقعاً قدردان زحمات او بودم.

اما چیزی که بیشترین اهمیّت را برای من داشت این بود که حقوقدانان سرشناس

هندی شروع به موشکافی و بحث در مورد جنبه‌های مختلف پروندهٔ من، در مجامع حقوقی کردند. گزارشات مربوط به پروندهٔ من به صورت آنلاین به بیرون درز پیدا کرده بود - شاید توسط تیم دکتر ظریف - و اکنون مردم به صدها سند پرونده دسترسی داشتند. همان اسنادی که قبلاً هیچ کسی برای خواندن آنها وقت نمی‌گذاشت، اکنون توسط انبوهی از مردم با *اشتیاق* بسیار فراوان خوانده می‌شدند. خوب می‌دانستم که همین یک کار، به تنهایی کلید آزادی من خواهد بود. هرکسی که برای فهم واقعیت قضیه وقت صرف می‌کرد و حقایق پرونده را کنار هم می‌گذاشت ، می‌دید که چطور آشکارا و بسیار بی‌دقت برایم پاپوش درست کرده‌اند. من می‌دانستم که این تمام آن چیزی است که برای اثبات بی‌گناهیم نیاز دارم.

گروهی از افرادِ بانفوذ در ایران - افرادی مانند اصغر فرهادی، مجید مجیدی، بازیگران سینما و حتی برخی از حقوقدانان - نامهٔ سرگشاده‌ایی به دکتر ظریف نوشته بودند و در آن از او خواسته بودند که به من کمک کند. دکتر ظریف نیز در نامه‌ایی سرگشاده به آنها پاسخ داده بود:

«فرهیختگان گرامی، حقوقدانان و هنرمندان عزیز

سلام علیکم؛
نامهٔ شما در خصوص نگرانی از وضعیت سرکار خانم نرگس کلباسی، بانوی نیکوکار و نوع دوست ایرانی که زندگی خود را وقف کمک به کودکان نیازمند و ایتام هندی کرده را دریافت کردم. همکاران من در بخش‌های مرتبط وزارت امور خارجه، سفارت جمهوری اسلامی ایران در دهلی‌نو و سرکنسولگری کشورمان در حیدرآباد، همان گونه که از ابتدای موضوع پیش قدم و پیش رو در کمک به این بانوی گرامی بوده‌اند، اینک نیز به طور مستمر وضعیت وی را تحت نظر دارند و برای کمک و آزادی هر چه سریع‌تر ایشان با استفاده از ظرفیت‌های متعدد دیپلماتیک، کنسولی و حقوقی تلاش می‌کنند.

همان گونه که اطلاع دارید شخصاً در جریان سفر اخیرم به هند نیز موضوع رسیدگی عادلانه به وضعیت سرکار خانم کلباسی را در مذاکرات با مقامات عالی رتبه هندی مطرح کردم. اطمینان می‌دهم هدف همهٔ ما رهایی فوری‌تر ایشان از این مصائب و مشکلات و رسیدگی عادلانه با در نظر گرفتن خدمات خیرخواهانه ایشان به محرومین است.

اینجانب از دقت نظر و توجه شما عزیزان به مسؤولیتی که همهٔ ما در قبال هموطنان‌مان در سراسر جهان داریم تشکر می‌کنم و حضور آگاهانه‌تان در صحنه‌های یاری و خیرخواهی را یاور و پشتیبان دستگاه دیپلماسی کشور می‌دانم و اطمینان خاطر می‌دهم که وزارت امور خارجه تا حصول نتیجه مطلوب، مساعی خود را در این زمینه تداوم خواهیم داد.

در پایان مجدداً تاکید می‌کنم وزارت امور خارجه حمایت از کلیه شهروندان ایرانی مقیم خارج اعم از دانشجویان (بویژه دانشجویان عزیزی که در هند به تحصیل اشتغال داشته و اخیرا دچار مشکلاتی بوده‌اند)، فرهیختگان، تجار و سایر هموطنان در اقصی نقاط جهان را وظیفه خود می‌داند و از همهٔ توان و ظرفیت خود برای حمایت از آنان و استیفای حقوق شان استفاده خواهد کرد.

با احترام
محمد جواد ظریف»

دکتر ظریف مرتباً دربارهٔ من به مردم پاسخ می‌داد، به ایمیل‌ها جواب می‌داد و مصاحبه می‌کرد. او حتی همان تصویر سه نفره را در صفحهٔ اینستاگرام شخصی خود منتشر کرد و من را فالو کرد. او دقیقاً می‌دانست که دارد چه می‌کند و این کار را به بهترین شکل ممکن انجام می‌داد. او طوفانی به راه انداخته بود که به هیچ وجه خاموش شدنی نبود.
با وجود اینکه حالا به کنسولگری برگشته بودم، اما از زمانی که دکتر ظریف را ملاقات کردم، نخوابیده بودم. از خوشحالی بال درآورده بودم. همه در کنسولگری به من تبریک می‌گفتند و دیدن دوبارهٔ هیجان در چهرهٔ مردم احساس بسیار خوبی در من ایجاد می‌کرد. اما در عین حال احساس گناه هم می‌کردم. واقعیت این بود که هیچ کسی خبردار نبود که من کنسولگری را ترک کرده‌ام. خصوصاً در مقابل آقای امجدی احساس گناه می‌کردم، چون تقریباً چند دقیقه قبل از بیرون رفتن از کنسولگری او را دیده، اما چیزی به او نگفته بودم.
دکتر ظریف در کنسولگری بسیار مورد احترام همه بود. به نظر می‌رسید که همه او را تحسین می‌کردند و من حالا می‌دانستم که چرا. اگر مردم از پشت صحنهٔ نحوهٔ ملاقاتم با او خبردار بودند حتی بیشتر شوکه و شگفت زده می‌شدند!
آقای نوریان خیلی به من افتخار می‌کرد. گویی او هم از خوشحالی روی ابرها بود. فضای کنسولگری هم تغییر کرده بود. همه دوباره خوش‌بین شده بودند - حتی من.

چند روز گذشت. و بعد بطور کاملاً غیر منتظره‌ایی سوشما سواراج دربارهٔ من توئیت کرد: «من از ایالت اودیشا درخواست کرده‌ام که گزارشی در مورد پروندهٔ نرگس ک. اشتری به من بدهند. من شخصاً پروندهٔ او را بررسی خواهم کرد.» در اتاقم در حال خوردن ناهار بودم که توئیتش را دیدم. می‌دانستم که او یک وکیل است، بنابراین خواندن پرونده‌ام توسط او برایم یک دنیا ارزش داشت. از شادی اشک ریختم - بالاخره قرار بود او ببیند که سیستم قضایی هند چه بلایی بر سر من آورده است! من سال‌ها بود که برای او توئیت می‌کردم اما هیچ‌وقت پاسخی دریافت نکرده بودم. ولی حالا بعد از دیدار با دکتر ظریف همه چیز تغییر کرده بود.

دقیقه به دقیقه گوشی‌ام را برای خبرهای جدید ریفرش می‌کردم. مردم در مورد پروندهٔ من به صورت آنلاین با یکدیگر گفتگو می‌کردند و حقوقدانان از اینکه چگونه دادگاه رایاگادا بدون هیچ مدرکی پروندهٔ من را تا این حد پیش برده شگفت زده شده بودند. آنها من را به قتل متهم کرده بودند، اما جسدی وجود نداشت. آنها می‌گفتند که من پسرک را داخل رودخانه انداخته‌ام، اما رودخانه بیشتر شبیه یک نهر بود - عمق آن ۶۰ سانتی‌متر بیشتر نبود. بحث‌های زیادی بصورت آنلاین راجع به فساد و نیز مقالاتی راجع به افرادی که در گذشته به اشتباه متهم شده بودند، وجود داشت. بسیاری از مردم در مورد پروندهٔ من صحبت می‌کردند و تمام موارد دروغی که به عنوان مدرک معرفی شده بود را پیدا و اشاره می‌کردند. (مستندات و ادعاهای پرونده بارها تغییر کرده بود. به عنوان مثال، "شاهدان" بارها شهادت خود را تغییر داده بودند.) اما حالا، دیگر لازم نبود که من برای متقاعد کردن مردم، کاری انجام دهم... آنها خودشان در حال انجام این کار بودند! بعد از مدتها دیگر لازم نبود که برای اثبات بی‌گناهیم بجنگم. دیگران از طرف من در حال جنگیدن بودند و من خودم هم در حال مشاهدهٔ گره‌گشایی از این کلاف سردرگم پرونده‌ام بودم.

بحث و گفتگوی جدیدی هم در اودیشا شروع شد و می‌دیدم که مقامات عالی رتبه آنجا چقدر شرمنده بودند. در آن روزها، اوراق درخواست تجدیدنظر من توسط وکلای کنسولگری تنظیم و به دادگاه عالی (بالاترین دادگاه کیفری یک منطقه) در رایاگادا فرستاده شد و حالا فقط باید صبر می‌کردیم.

در آن ایام من روزانه چندین مصاحبه با روزنامه‌نگاران هندی، ایرانی و انگلیسی انجام می‌دادم. خبرها بسرعت برق و باد و سریعتر از آنچه من بتوانم کنترل کنم، پخش می‌شدند. آقای نوریان شروع کرد به صحبت در مورد آیندهٔ من و جملاتی از این قبیل می‌گفت: «نرگس خانم تصمیم دارین برین کجا زندگی کنین؟ آیا مایلید که به شما کمک کنم تا جایی برای اقامت در ایران پیدا کنید؟» نمی‌توانستم باور کنم که جریانات چقدر

سرعت گرفته‌اند. اما حق با او بود - *واقعاً کجا می‌خواهم زندگی کنم؟* زندگی‌ام خیلی سریع در حال تغییر بود.

یک روز صبح روی تلفنم پیامی از شخصی بنام محمدرضا گلزار دریافت کردم. نمی‌شناختم که او کیست، بنابراین در گوگل جستجو کردم. معلوم شد که او یک بازیگر فوق‌العاده مشهور ایرانی است. چهرهٔ او را دیده بودم، اما در آن زمان نامش را نمی‌دانستم زیرا با فضای فرهنگی ایران آشنایی کافی نداشتم. به من گفت که برای تبلیغ فیلمی که در آن بازی می‌کند، هم اکنون در هند است. آنقدر در شوک بودم که حتی نپرسیدم شمارهٔ من را از کجا بدست آروده است.

او گفت که از طرفداران من است و نامم را در کنفرانس تبلیغاتی بعدی خود مطرح خواهد کرد. و دقیقاً هم همین کار را کرد. این فیلم در هند موفقیت بزرگی پیدا کرد و او از هر فرصتی که به دست می‌آورد از من هم نام می‌برد. من واقعاً قدردان کمکهایش بودم. (در همان زمان یکی دیگر از بازیگران زن ایرانی به نام باران کوثری نیز در هند حضور داشت. آقای نوریان با او تماس گرفت و از او درخواست کرد تا زمانی که در هند حضور دارد راجع به من صحبت کند، اما او نپذیرفت).

کمتر از ۲۴ ساعت پس از اینکه سوشما سواراج توئیت کرد که در حال بررسی پروندهٔ من است، نتیجهٔ پی‌گیری خود را توئیت کرد. این بار، او گفت: «من گزارش ایالت اودیشا را دریافت کردم. دادگاه بَدَوی نرگس ک. اشتری را به یک سال حبس و ۳۰۰ هزار روپیه جزای نقدی محکوم کرده است. او درخواست تجدید نظر در دادگاه عالی ارائه کرده است که در حال بررسی است. دادگاه استیناف او را با قرار وثیقه تا زمان اعلان نتیجهٔ تجدیدنظر آزاد کرده است. این یک حکم قضایی است و موضوع رسیدگی نیز مربوط است به دستگاه قضایی. بنابراین، من نمی‌توانم در این مورد کمکی کنم.»

او با تَگ کردن بوریس جانسون، نخست وزیر آیندهٔ بریتانیا که در آن زمان وزیر امور خارجه بود و دکتر ظریف، توئیت‌های خود را به پایان رساند.

با خودم گفتم، چقدر مزخرف *می‌گه!* برایم واضح بود که او حتی گزارش پروندهٔ من را نخوانده است، زیرا بررسی صدها سند در چنین بازهٔ زمانی کوتاهی غیرممکن بود. خیلی عصبانی شدم. ظاهراً من برایش هیچ اهمیتی نداشتم.

خبر بدتر اینکه بالاخره مأموریت آقای امجدی به اتمام رسید. افراد حاضر در کنسولگری از این موضوع بسیار ناراحت بودند. طاقت خداحافظی با او را نداشتم، اما باید این‌کار را می‌کردم. وقتی که وارد محوطهٔ انتظار نزدیک دفترش شدم، صدایش را شنیدم. او در یکی از غرفه‌ها نشسته بود و با حوصلهٔ خیلی زیاد مطلبی را برای دانشجویی توضیح می‌داد. من در قسمت انتظار نشستم و به آنها گوش دادم. خیلی صبورانه و مهربانانه

راهنمایی می‌کرد و نحوهٔ تمدید ویزا را برایش شرح می‌داد. به نوعی، این اولین باری بود که او را در حال کار کردن می‌دیدم، البته جدا از زمانهایی که روی پروندهٔ من کار می‌کرد. دیدن رفتار او با دیگران، هم باعث خوشحالی و هم باعث ناراحتی من شد. خوشحال بودم زیرا این باعث شد بفهمم که او دقیقاً همین است: یک انسان مهربان و دوست داشتنی. اما در عین حال به طور غیرمنطقی غمگین هم بودم زیرا متوجه شدم که او فقط با من اینطور رفتار نمی‌کرده است. حدس می‌زنم که من دوست داشتم که رابطهٔ ما متفاوت می‌بود. هرچه باشد او برای من مثل پدربزرگ شده بود.

وقتی حرفهایش تمام شد بلند شد و به سمت من آمد. از من خواست که به اتاقش بروم و بعد برایم تنقلات آورد تا بخورم. اتاقش کوچک اما خیلی منظم بود. «خب نرگس خانم، حدس می‌زنم که این آخرین دیدار ما باشد.» نتوانستم جلوی گریه‌ام را بگیرم. « نرگس خانم، من خیلی به شما افتخار می‌کنم. در این مدتی که به شما کمک می‌کردم؛ شما خیلی چیزها به من یاد دادین و فکر می‌کنم که به عنوان یک آدم خیلی تغییر کردم...» نتوانست جمله‌اش را تمام کند، شروع به اشک ریختن کرد. طاقت نداشتم او را در این حالت نگاه کنم.

بعد از اینکه توانستم تا حدودی خودم را جمع و جور کنم، به او گفتم که او مهربان‌ترین مردی است که تا به حال در عمرم دیده‌ام. برایم خیلی سخت بود که حرف‌هایم را در حالیکه اشک می‌ریختم به زبان بیاورم. به او گفتم که همچون پدربزرگ دوستش دارم و از او بابت اینکه دوباره مرا به خدا نزدیک کرد تشکر کردم. «من هم به واسطهٔ شما تغییر کردم. بابت تمام داستان‌هایی که با حوصله برای من تعریف می‌کردین، بابت مهربانیتان، بابت پشتکارتان، و برای اینکه آرامش زیادی را به زندگی من آوردین، از شما ممنونم. آشنا شدن با شما برایم افتخاری بود. امیدوارم که بهترین دوران بازنشستگی را داشته باشید.» برای آخرین بار به او لبخند زدم و به آرامی سرمان را برای هم تکان دادیم.

و بعد به همین سادگی و با ناراحتی و درد بسیار از دفتر آقای امجدی بیرون رفتم. تمام راه تا اتاقم گریه کردم، چون در اعماق وجودم می‌دانستم که دیگر او را نخواهم دید.

THE Sun

Sign in Menu

EXCLUSIVE

News > World News

'I'M IN SHOCK' Anguish of British aid worker jailed in India over manslaughter of kid who vanished on picnic trip

Narges Ashtari has been left stunned by the verdict, which she says is the result of corruption in the small Indian town

گزارش خبری روزنامهٔ سان

مصاحبهٔ تلوزیونی زندهٔ من از داخل اتاقم در کنسولگری ایران با شبکهٔ خبری کاناک؛ از بزرگترین شبکه‌های خبری استان اودیشا

THE Sun   Sign in   Menu

News > World News

'I FEEL BETRAYED' British woman who went to India to help poor orphaned kids issues plea for help after being charged with manslaughter

Narges Ashtari, 28, from Exeter, Devon, says she has been kept in country for two years and claims to be victim of corruption

Tom Michael

Published: 17:00, 4 Oct 2016 | **Updated**: 7:47, 5 Oct 2016

گزارش خبری دیگری از روزنامهٔ سان

Global NEWS

Former Vancouver resident convicted of manslaughter in India

By Negar Mojtahedi • Global News
Posted December 8, 2016 11:06 pm EST

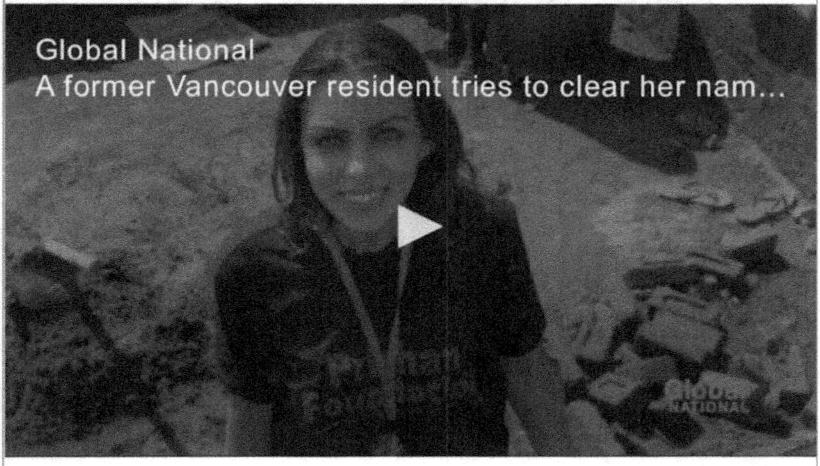

Global National
A former Vancouver resident tries to clear her nam...

Former Vancouver resident Narges Ashtari is trapped in India after being accused of killing a little boy. Robin Gill has the story. (Nov. 24) – Nov 24, 2016

گزارش خبری توسط گلوبال نیوز

فصل ۲۹

مأمور؟

در کنسولگری افراد دیگری هم در حال ترک هند بودند. بعضی‌ها را می‌شناختم و بعضی‌ها را نه. به نظر می‌رسید که همه در حال رفتن هستند و من با خودم فکر می‌کردم، *آیا من هم به زودی اینجا را ترک خواهم کرد؟* صدای آقای امجدی مدام در سرم می‌پیچید – همهٔ چیزهایی که او درباره خدا، نقشهٔ او و نحوهٔ عملکردش به روش‌های ناشناخته گفته بود. به اتاقم برگشتم و مستقیم رفتم به سمت قرآن کوچکم. آن را برداشتم و محکم به سینه‌ام فشردم و به این فکر کردم که چقدر دلم برای آقای امجدی تنگ شده است. به آنچه او هفته‌ها قبل از رفتنش به من گفته بود، فکر کردم. او به من گفت که مواظب شهرت تازه به دست آمده‌ام باشم، خودم را گُم نکنم و همان آدمی که قبل از همهٔ این اتفاقات بودم، باقی بمانم. او نگران من بود و حدس می‌زنم نگرانی‌هایش را درک می‌کردم. چند باری که قدرتی را که با شهرت آمد تجربه کردم، مرا ترساند. می‌دانستم که باید هوشیار باشم.

جشن نوروز و سال نو در کنسولگری در حال برگزاری بود. این جشن، مناسبت شادی بود که دانشجویان ایرانی از حیدرآباد و سراسر هند به آن دعوت شده بودند. برای اولین بار در عمرم از اینکه در این مراسم حضور خواهم داشت خوشحال بودم. من معمولاً از اینگونه مراسم دوری می‌کردم چون احساسِ خجالت و ناراحتی می‌کردم و گویی که وصلهٔ ناجوری در جمع بودم. اما این بار، واقعاً هیجان زده بودم.

این مراسم هم به همان شکل همیشگی برگزار شد. چند نفر سخنرانی کردند، یک

روحانی ظاهر شد و برای همه موعظه کرد که چگونه باید مسلمان بود و بر اساس موازین اسلامی عمل کرد و سپس پذیرایی مفصلی برپا شد. مثل همیشه، لارس هم دعوت شده بود. مردم به گرمی از او استقبال می‌کردند. همیشه در اینگونه رویدادها او تنها فرد غربی بود که حضور داشت و به همین دلیل کاملاً به چشم می‌آمد. بتدریج او علاقه‌مند به ایران و همه رسم و رسوماتش شده بود.

برای این مراسم، شال آبی رنگِ زیبایی را که خانم امجدی چند هفتهٔ قبل به من هدیه داده بود سرم کردم. با پوشیدن آن احساس کردم امجدی‌ها هنوز در کنسولگری با ما هستند.

آقای نوریان نیز در این مراسم سخنرانی کرد و در حضور همه برای درخواست تجدید نظر من آرزوی موفقیت کرد. می‌توانستی اشک را در چشمانش ببینی. من خیلی قدردانش بودم که سعی نکرد دوستی ما را در حضور مردم پنهان کند. او به آن افتخار می‌کرد و من هم همینطور. او از همهٔ حاضرین درخواست کرد که برای من دعا کنند و سپس همه چند ثانیه چشمان خود را بستند و دعا کردند. این حرکت آنان باعث دلگرمی فراوانی در من شد.

موقع شام مرتباً همه در مورد دکتر ظریف از من سؤال می‌کردند و من تقریباً تمام وقت شام را صرف این کردم که به آنها بگویم او چقدر انسان متواضعی است و چگونه رفتارش با من باعث شگفتی من شد. برای کارمندان کنسولگری، او مانند یک سوپراستار بود. حدس می‌زنم که او به نوعی رئیس همهٔ آنها بود و بنابراین واقعاً به او بعنوان الگو نگاه می‌کردند.

در حالی که شب تقریباً به پایان رسیده بود و من نزدیک در خروجی کنسولگری با لارس خداحافظی می‌کردم، یکی از کارمندانِ کنسولگری با پیامی نزد من آمد. او به من اطلاع داد که آقای نوریان گفته که باید فوراً با او صحبت کنم، بنابراین به سرعت به سمت او رفتم.

«نرگس خانم، همین الآن یک نفر از دولت هند با من تماس گرفت. فردا خانمی به ملاقات شما می‌آید. نام او لاکشمی است. او توسط نیروهای امنیتی تأیید شده است. او می‌خواهد شما را برای شام دعوت کند تا با هم گپ بزنید.» با خودم فکر کردم، *با هم گپ بزنیم؟ خیلی عجیبه.* «به نظرم بهتره که بروید، ممکن است فرصت خیلی خوبی باشد تا همه چیز را به آنها بگویید. اعتماد به نفس داشته باشید، قاطع باشید و مانند همیشه نظر خود را صریح بیان کنید. من شمارهٔ تماس شما را به او داده‌ام تا در مورد زمان و مکان با شما هماهنگ کند.»

وضعیت برایم خیلی عجیب‌وغریب به نظر می‌رسید، اما او تأییدیهٔ امنیتی داشت و هویتش نیز تایید شده بود. بنابراین، فکر کردم نباید چیزی برای نگرانی وجود داشته باشد.

لارس قبول کرد که او هم با من بیاید. گفت که یک کپی از تمام مدارکم را نیز برای نشان دادن به لاکشمی می‌آورد. ما توافق کردیم که فردا ساعت ۷ بعد از ظهر در رستوران لبنانی مجاور کنسولگری او را ملاقات کنیم و من هم به آقای نوریان این برنامه را اطلاع دادم.

وقتی که به آنجا رسیدیم، رستوران به طور غیرعادی خلوت به نظر می‌رسید. تقریباً وقت شام بود، اما به دلیل نامشخصی افراد زیادی آنجا نبودند. به محض اینکه وارد شدیم، زنی که در قسمت عقب نشسته بود بلند شد و ایستاد. او با لبخند گرمی که روی صورتش داشت و با اعتمادبنفس بالایی به سمت ما راه افتاد. او زنی بلندقد و لاغر با موهای بسیار کوتاه بود. شلوار تیره‌ای به پا داشت و پیراهنِ رسمی پوشیده بود که داخل شلوارش کرده بود. آراسته و زیبا به نظر می‌رسید. در حالیِ که دستانش را به سمت من دراز کرده بود گفت: «نرگس، خیلی خوشحالم که می‌بینمتون!». دستم را برای دست دادنِ با او دراز کردم، اما او به جایش مرا به زور بغل کرد و در حالیکه به نظر می‌آمد اصلاً از حضورش غافلگیر نشده است، با لارس هم دست داد.

انگلیسی او عالی بود، فقط مختصری لهجهٔ هندی داشت. وقتی نشستیم او تماماً به سمت من چرخید و واقعاً هیچ تلاشی برای تعامل با لارس نکرد. او اطلاعات خیلی خوبی در مورد پروندهٔ من داشت بطوری که من را شگفت زده کرد. او همه چیز را می‌دانست - حتی تاریخی که سوزی دیدی و شوهرش پس از اینکه طوفان خانهٔ آنها را ویران کرد، برای زندگی با من آمده بودند. *آیا چنین تاریخی اصلاً حتّی در اسناد دادگاه وجود داشت؟* او چنان اطلاعات وسیعی از من داشت که باعث نگرانی‌ام شد.

در پایان شام، او رو کرد به لارس و مؤدبانه از او پرسید که آیا امکان دارد دسرش را سر میز دیگری بخورد تا او برای چند دقیقه بطور خصوصی با من صحبت کند. لارس به من نگاه کرد تا واکنش من را بسنجد و من هم سرم را تکان دادم که به او بگویم مشکلی نیست. لارس بلند شد و رفت چند میز پایین‌تر اما طوری نشست که روبروی من باشد و همین به من آرامش داد.

بعد از اینکه لارس رفت او شروع کرد به صحبت راجع به خودش و اینکه همیشه به کارهای خیریه علاقه داشته است. او نه تنها فوق‌العاده زیبا بود، بلکه بسیار با جذبه و دوست داشتنیِ هم بود. او چنان با اشتیاق و حرارت با من حرف می‌زد و نگاه پُرنفوذی داشت که تقریباً حس کردم توسط او هیپنوتیزم شده‌ام. تا به حال و هرگز زنی مانند او را ندیده بودم. خیلی دوست داشتم از او بپرسم که عنوان شغلی‌اش دقیقاً چیست، اما هیچ وقت زمان مناسبی پیش نمی‌آمد تا اینکه بالاخره در یک لحظه، موقعیتی فراهم شد. گارسون برای ما یک دور دیگر کوکتل و مقداری دسر آورد و من برایش گفتم که آقایِ نوریان به من اطلاع داده که او برای دولت هند کار می‌کند. بعد پرسیدم: «اما شما دقیقاً

چه کاری انجام می‌دهید؟»

لبخندی زد، جرعه‌ای از نوشیدنی‌اش را سرکشید و دوباره مستقیم در چشمان من خیره شد. اما این‌بار نگاهش کاملاً متفاوت با آن چیزی بود که در طی دو ساعت قبل دیده بودم. او بدون توجه به سؤالی که من از او پرسیده بودم، گفت: «نرگس، آیا خانوادهٔ تو در ایرانِ ثروتمند و پرنفوذند؟»

کاملاً غافلگیر شدم. در حالی که روی صندلی جابجا می‌شدم، گفتم: «نه، اصلاً.»

«آیا شما با رهبری ارتباطی دارید؟»

قلبم در سینه‌ام به تپش افتاد. گفتم: «نه، من حتی از رهبری چیز زیادی نمی‌دانم... چرا اینها را از من می‌پرسید؟»

او یک جرعهٔ دیگر از نوشیدنی‌اش را سرکشید و گفت: «پس چرا دولت ایران اینقدر نگران شماست؟ چرا این همه توجه رسانه‌ای برای دختری که ظاهراً هیچ کسی را ندارد و با مقامات هم مرتبط نیست؟ ما نتوانستیم دلیلی برای آن پیدا کنیم. من امیدوار بودم که امشب شما بتوانید این موضوع را برای من روشن کنید.»

نمی‌توانستم وحشتی را که روی صورتم نقش بسته بود پنهان کنم. *منظورش از ما کیه؟ این زن کیست؟* او داشت کم‌کم من را می‌ترساند. او پرسش‌های پی‌درپی‌اش را ادامه داد و چنان وحشتی در من ایجاد کرد که نمی‌توانستم به او جواب دهم.

من بتدریج بیشتر و بیشتر در صندلی‌ام فرو می‌رفتم. حالا لارس هم مشغول خوردن دسرش شده بود و دیگر توجه چندانی به من نداشت.

لاکشمی صندلیِ خود را کشید و به صندلی من نزدیک‌تر کرد. به سمت من خم شد بطوریکه حالا تقریباً صورت‌های ما با هم تماس داشتند. «*اگر تبرئه شوید، آیا به دولت هند تضمین می‌دهید که به این موضوع پایان دهید؟ نه مصاحبه‌ایی، نه پست جدیدی، نه تلویزیون، نه رادیو؟ آیا می‌توانید تضمین دهید؟*» این حرفها من را بیاد صحبت‌های پایانی آن خانمی انداخت که از کنسولگری انگلستان آمده بود. اما با این تفاوت که بدون شک، این یک تهدید بود.

من حتی یک کلمه هم نگفتم. متأسفانه خیلی ترسیده بودم. در حالیکه پوزخند می‌زد گفت: «تو مگه دوست نداری بری خونه؟ غیر از اینه؟»

آیا او جزو افسران پلیس است؟ یک مأمور مخفی است؟ یا یک آدم معمولی است که از دفتر سوشما سواراج فرستاده شده؟ در حالیکه در جای خودم خُشکَم زده بود، مدام به این فکر می‌کردم که اگر پیشنهاد او را رد کنم چه اتفاقی برایم خواهد افتاد.

گفتم: «ببین، من فقط دوست دارم که هند را ترک کنم. دیگر نمی‌خواهم هیچ کدام از این کارها را انجام دهم.»

خیلی تلاش کردم که گریه نکنم اما موفق نشدم. خیلی از خودم ناامید شدم که جلوی

او خودم را باختم. اما واقعیت این بود که در یک لحظه داشتم از غذایی که می‌خوردم لذت می‌بردم ولی لحظهٔ بعد ناگهان بشکل بدی غافلگیر شده بودم و من هرگز برای چنین شرایطی آماده نبودم. من باید از همان ابتدا می‌فهمیدم که پیشنهاد یک وعده غذا، نوشیدنی، و گپ‌وگفت دوستانه برای شرایط من خیلی دور از واقعیت بود.

او با دیدن اشک‌های من و ترسی که در من القاء کرده بود، راحت روی صندلیش لَم داد. نوشیدنی خود را برداشت و گفت: "بسیار عالی، این همان چیزی است که دوست داشتم بشنوم." سپس لیوانش را بالا برد و گفت: «بسلامتی!» و من در حالیکه نمی‌دانستم چه بگویم نفس عمیقی کشیدم. بعد او داد زد: «لارس! شما می‌توانید بیایید، کار ما تمام شد.» (در صورتیکه من اصلاً یادم نمی‌آمد که لارس را به اسم صدا کرده باشم ....) سپس از جایش بلند شد، مقداری پول نقد روی میز گذاشت و رفت.

فصل ۳۰

حکم تجدیدنظر

کل این قضیهٔ مأمور واقعاً ترس زیادی را در من ایجاد کرده بود. برای چندین هفته بعد از آن ملاقات، من حتی بسیار بیشتر از قبل منزوی شده بودم. فضای عجیبی در اطراف من وجود داشت - ولی نمی‌توانستم دقیقاً انگشت روی آن بگذارم. من بیش از حد تنها بودم و اغلب خیلی جدی و عمیق احساس می‌کردم که زندگی من دیگر ارزش زیستن ندارد. با خودم فکر می‌کردم آیا این همان افسردگی شدید نیست؟ من در کودکی مادرم را دیده بودم که با افسردگی و بیماری روانی دست و پنجه نرم کرده بود و می‌دانستم که اگر به خودم کمک نکنم و از این غبار روحی و غم عمیق خارج نشوم، ممکن است که در همان مسیر او حرکت کنم و این فکر مرا به شدت ترساند.

لارس هنوز هم با من بود، اما این مانع از احساس تنهایی من نمی‌شد. بدتر از آن، احساس می‌کردم که پیوند ما اکنون یک پیوند ناشی از آسیب است - پیوندی که صرفاً با غم، اندوه، و حس طاقت‌فرسای انتقام‌جویی از کسانی که به من ظلم کرده‌اند مرتبط است. هر دوی ما داشتیم از هند متنفر می‌شدیم و اغلب ساعت‌ها در مورد آن نفرت صحبت می‌کردیم. زمانی ما عاشق همدیگر بودیم، اما اکنون بیشتر، عاشق یک هدف مشترک بودیم - اثبات بیگناهیم، خروج از این کشور و نگاه نکردن پشت سرمان. (البته ما هنوز یکدیگر را دوست داشتیم، اما دیگر مثل سابق نبود)

چند روزی بود که در کنسولگری آقای نوریان از من دوری می‌کرد. حدس می‌زنم او از اینکه من را در آن موقعیت دشوار با مامور مخفی قرار داده بود، از خودش ناامید و

دلخور بود. راستش من هم تعجب کرده بودم. او معمولاً خیلی زرنگ و تیز بود – از آن دسته آدمهایی که می‌توانست چیزی غیرعادی را از یک کیلومتر دورتر تشخیص دهد. با این حال، او را سرزنش نمی‌کردم زیرا این روزها سرش شلوغ بود و کارهای زیادی داشت که باید انجام می‌داد. او قرار بود که فردا هند را ترک کند. مأموریت او در هند به طور رسمی به پایان رسیده بود. او یک درخواست فوری برای تمدید موقت مأموریتش برای چند هفتهٔ دیگر داده بود اما هنوز از تهران جوابی نرسیده بود.

در مقطعی تصمیم گرفتم که کنسولگری را ترک کنم و برای چند ساعتی خودم به تنهایی بروم بیرون. باید خودم را مجبور می‌کردم که اتاقم را ترک کنم چرا که از بس در این اتاق مانده بودم دیگر تقریباً تمام خط و خطوط و درزهای در و دیوار و سقف را چشم بسته می‌دانستم. به کسی نگفتم که می‌روم، حتی به آقای نوریان. دیگر برایم مهم نبود. در واقع به نظرم نمی‌رسید که اوضاع زندگی من می‌توانست خیلی بدتر از این شود.

همانطور که با یک توک‌توک در اطراف حیدرآباد می‌چرخیدم، از کنار یک مشروب فروشی رد شدیم و از راننده خواستم که توقف کند. با حالت تعجب در آینهٔ عقب به من نگاه کرد، گویی که اشتباه شنیده باشد.

دوباره گفتم: «اینجا بایست. باید برم چیزی بخرم.»

پیاده شدم و به سمت مغازهٔ کثیف و آلونک مانندی که عقب‌تر بود براه افتادم. یک سری میله‌های فلزی صاحب مشروب فروشی را از مشتریان مست بیرون جدا می‌کرد. در حالی که من به سمت میله‌های فلزی نزدیک می‌شدم همه از کارشان دست کشیدند و به من زُل زدند، برخی سرتاپایم راورانداز کردنِد و برخی دیگر متلک گفتند. احساس نفرت انگیزی پیدا کردم و بعد مثل آدم مُرده خُشکَم زد.

من دارم چیکار میکنم؟ آیا وَاقعاً می‌خواهم ساعت ۱۰ صبح از این مکان وحشتناک مشروب بخرم؟

به سرعت به عقب برگشتم و با حداکثر سرعت بطرف توک‌توک براه افتادم و با صدای بلند به راننده گفتم: «راه بیافت! زود برو!»

خیلی شرمنده بودم. آن چه که من می‌خواستم فقط این بود که - حتی اگر هم شده برای مدت کوتاهی- همه چیز را فراموش کنم و از این رنج و غم رها شوم. راننده مدام از من می‌پرسید: «حالا کجا بروم؟» در نهایت به او گفتم مرا جایی نزدیک رودخانه یا دریاچه یا برکه‌ای ببرد. هر جایی که آب هست.

از بچگی عاشق آب بودم. من عاشق شنا کردن و تماشای آب بودم. چنان آرامش و شادی به من می‌داد که جای دیگری تجربه نمی‌کردم. دوست داشتم که دوباره آن شادی را احساس کنم. همانطور که باد موها و صورتم را نوازش می‌کرد، چشم‌هایم را بستم و به آخر هفته‌هایی فکر کردم که والدینم ما را به ساحل اِکس‌مات در بریتانیا می‌بُردند. صدای

خنده‌هایم را به وضوح می‌شنیدم و لبخند مادر و پدرم را به روشنی می‌دیدم.

نتوانستم جلوی گریه‌ام را بگیرم و اشکهایم سرازیر شدند. دلم برای پدر و مادرم خیلی تنگ شده بود. بقیهٔ راه را در حال گریه سپری کردم.

بالاخره توک‌توک سرعتش را کم کرد. چشمانم را که باز کردم، روبروی رودخانهٔ زیبایی بودم. از او تشکر کردم و به او گفتم که لازم نیست منتظر من بماند.

وقتی که به سمت آب می‌رفتم، احساس آرامش خیلی خاصی داشتم. در سایهٔ درختی زیبا جایی برای نشستن پیدا کردم. ناگهان گویی دیگر دلیلی برای گریه کردن وجود نداشت. به آب خیره شدم و خانواده‌هایی را تماشا کردم که با هم در کنار رودخانه قدم می‌زدند. ساعت‌ها آنجا نشستم.

بعد از چند ساعت حالم خیلی بهتر شد. تصمیم گرفتم با بچه‌ها در موکنداپور تماس بگیرم. حالا نزدیک به پنج ماه می‌شد که از هم دور بودیم. من هرگز دوست نداشتم زمانهایی که ناراحت بودم به آنها زنگ بزنم زیرا آنها بخوبی می‌توانستند آن را حس کنند. البته من سعی کرده بودم کلاً از تماس تلفنی با آنها خودداری کنم زیرا نمی‌خواستم که زندگی آنها را مختل کنم. اما دیگر خیلی دلم برایشان تنگ شده بود و حالا که حالم بهتر شده بود به نظرم آمد که بهترین زمان است که با آنها تماس بگیرم.

زیر همان درخت نشستم و ساعت‌ها با بچه‌ها صحبت کردم. آنها راجع به همهٔ چیز برایم تعریف کردند، از کارهایی که در مدرسه انجام می‌دادند تا اینکه امروز صبح چه‌کسی با چه‌کسی سر اینکه چه‌کسی اول دوش بگیرد دعوا کرده است! من در آن تماس تلفنی خیلی خندیدم و گریه کردم، همه از شادی.

بعد، همانطور که داشتم با یکی از دخترها صحبت می‌کردم، تلفنم شروع به لرزیدن کرد. نگاه کردم و دیدم از آقای نوریان پیامی دریافت کردم. در آن گفته بود که فوراً با او تماس بگیرم. سریع از بچه‌ها خداحافظی کردم و با آقای نوریان تماس گرفتم.

در حالی که صدایش می لرزید گفت: «نرگس خانم.... شما کجایید؟» نمی‌دانستم دروغ بگویم یا حقیقت را برایش تعریف کنم. برای چند ثانیه داشتم مِن‌ومِن می‌کردم که او حرفم را قطع کرد و گفت: «من که می‌دانم اینجا نیستید، فقط بگویید کی برمی‌گردید؟»

نمی‌دانستم چه بگویم. قلبم از ترس اینکه خبرهای بد دیگری در راه باشد شروع به تپیدن کرد. «آقای نوریان شما حالتون خوبه؟ شما مرا می‌ترسانید! من فقط آمدم بیرون تا کمی هوای تازه بخورم. متأسفم که خبر ندادم...»

او حرفم را قطع کرد و گفت: «نرگس خانم فقط به من گوش بده» صدایش همچنان می‌لرزید، گویی که در آستانه گریه بود. «شما... شما از همهٔ اتهامات تبرئه شده‌اید. تو بیگناه شناخته شدی نرگس!» و زد زیر گریه.

چیزی را که شنیدم باور نمی‌کردم. احساس سرگیجه پیدا کردم. داد زدم: « شما مطمئنید؟»

«بله مطمئنم! برگرد کنسولگری! زود باش!»

یادم نمی‌آید که چگونه به کنسولگری برگشتم. در واقع، کل این سفر برایم محو بود. دویدم داخل کنسولگری، تمام پله‌ها را دوتایکی و بسرعت بالا رفتم تا به دفتر آقای نوریان رسیدم. وارد اتاقش شدم و همانجا ایستادم و با ناباوری به او خیره شدم. چشمانش قرمز بود و دیگر کارمندان کنسولگری او را احاطه کرده بودند.

او گفت: «بهتون تبریک می‌گم نرگس خانم» و در حالی که نفس عمیقی می‌کشید، نشست.

یکی از کارمندان کنسولگری یک کلاسور به من داد. یک نسخهٔ ۲۱ صفحه‌ای از حکم دادگاه تجدیدنظر بود. قاضی که درخواست تجدیدنظرخواهی من را بررسی کرده بود، به طور مفصل درباره دلایل تبرئه من نوشته بود. حکمم را برداشتم و پشت میز کنفرانس آقای نوریان نشستم و شروع کردم به خواندن. همه چیز را خواندم. تمام ۳۴ دلیلی را که قاضی نوشته بود خواندم. و با هر دلیلی که می‌خواندم گویی تمام این سال‌های درد و عذاب کم‌کم محو می‌شدند.

در ذیل دلیل شماره ۳۲ به انگلیسی نچندان صحیحی نوشته شده بود: «در این پرونده روشن شد که متهم به اشتباه و بدون داشتن هیچ دلیل معقولی تحت تعقیب قرار گرفته است. به این ترتیب، همانطور که در طرح جبران خسارت قربانی که با A-۳۵۷ CrPC تعریف شده است؛ من بدون تردید معتقد هستم که ایشان حق دریافت غرامت برای خسارات و صدمات وارده به خود را تحت عنوان قربانیان جرم دارد. این دادگاه به عنوان یک دادگاه تجدیدنظر، فاقد قدرت توسل به ماده ۲۵۰ Cr.P.C است و در غیاب هر گونه مقررات توانمند کنندهٔ دیگری برای پرداخت غرامت جهت اعادهٔ عدالت ترمیمی به متهم، با داشتن قدرت u/s قابل انجام است. براین اساس ۳۸۶e of Cr.P.C، به متهم توصیه می‌شود که در صورت تمایل، می‌تواند به مراجع یا دادگاه قانونی مناسب مراجعه کند و درخواست غرامت کافی برای نقض تعهد قانون اساسی برای اعادهٔ حیثیت خود در این سرزمین مقدس کند.»

آه خدای من بلاخره این احمق‌ها اعتراف کردند که چقدر گَند زده‌اند!

جبران خسارت؟ آنها مطلقاً هیچ کاری روی این کرهٔ خاکی نیست که بتوانند برای من انجام دهند تا جبرانِ آنچه بر من رفت باشد، هیچ کاری. نگاهی به آقای نوریان انداختم و به او گفتم: «لطفاً به دادگاه بگویید که می‌خواهم غرامت را به سوزی دیدی بدهند»

من این کار را از روی لطف و محبت درونی انجام ندادم – این کار را انجام دادم زیرا

به نظرم این بهترین راه بود برای گفتن «لعنت بر تو!» لعنت به پولتون لعنت به سیستم قضایی هند و لعنت به همهٔ کسانی که در دو سال گذشته زندگی من را تباه کردند.

(ترجمهٔ نسخهٔ کامل حکم تجدیدنظر در زیر آمده است. باید توجه داشت که نسخهٔ انگلیسی اصلی از نظر دستور زبان دارای غلطهای فراوانی است و در بسیاری از قسمتها مفهوم نمی‌باشد. برای پرهیز از سوءبرداشت و پایبندی به متن اولیه، در اینجا ترجمهٔ فارسی با استفاده از گوگل ترنسلیت و تصویر متن انگلیسی هم زمان آورده می‌شود.)

حکم داوری

این تجدیدنظر کیفری توسط شاکی حاضر که از حکم و حکم محکومیت صادره توسط قاضی قضایی فرعی در رایاگادا در G.R، ناراحت و ناراضی است، ترجیح داده می‌شود. پرونده شماره ۶۰۷ سال ۱۳۹۳ برای ارتکاب جرم موضوع ۳۰۴-الف I.P.C. که در آن تجدیدنظرخواه به مدت یک سال محکوم به انجام S.I. شده و به پرداخت غرامت ۳۰۰۰۰۰ روپیه/- (سه لک روپیه) ما ۳۵۷(۳) CrPC به طور نکول به پرداخت غرامت به مدت دو ماه محکوم شده است.

۲. با فیلتر جزئیات غیرضروری، پرونده دادستانی، همانطور که در تاریخ ۶,۱۲,۲۰۱۴ در ساعت ۱۱:۰۰ صبح یکی از پیتر جیلاکارا، S/o: Sona Jilakara، ساکن موکوندپور، P.S. چندیلی گزارش کتبی را تسلیم II.C در رایاگادا P.S. کرد با این ادعا که در تاریخ ۳,۱۱,۲۰۱۴ تجدیدنظرخواه حاضر که رییس "بنیاد پریشان" یک سازمان غیردولتی ثبت شده که دفتر خود را در موکوندپور رایگادا دارد، جشنی را در زیر پل معلق در ساحل رودخانه ناگاوالی ترتیب داد و با نزدیک به سی فرزند آن سازمان به آنجا رفتند. گفته می شود که شاکی حاضر که تحت تأثیر مشروبات الکلی بود، پسرش به نام عاصم جیلاکارا حدود شش ساله را به داخل رودخانه ناگاولی هل داده است که او نیز برای شرکت در آن پیک نیک به آنجا رفته بود. در اثر چنین اقدام آشکار شاکی، پسر مخبر در رودخانه رفت که ناپدید شد و گمان می‌رفت مرده است. مخبر مشخصاً ادعا کرد که مرگ پسرش به دلیل عجول بودن شاکی بوده است.

۲ (الف). طبق گزارش مکتوب مخبر، II.C.، رایاگادا P.S. پرونده حاضر را ثبت کرد. ۳۰۴ I.P.C. و بازرس فرعی شروع کرد به تحقیقات. بازرس فرعی بلافاصله با ارزیابی مخبر، همسر مخبر، تحقیقات را مهندسی کرد و اظهارات آنها را به ما ۱۶۱ Cr.P.C ثبت کرد. او از این نقطه بازدید کرد، یعنی رودخانه ناگاوالی در زیر پل معلق ساخته

شده در بین روستاهای چکاگودا و ماریگودا، در سه کیلومتری ایستگاه پلیس رایاگادا. او نقشه نقطه ای را تهیه کرد و به دنبال پسر خبرچین گشت اما نتوانست او را ردیابی کند. او در جریان تحقیقات از ASI K.Ch. Choudhury of Rayagada P.S. که در تاریخ ۳/۱۱/۱۳۹۳ نیز مطلع حاضر گزارش کتبی تسلیم کرده بود که در آن ذکر شده بود پسرش عاصم جیلاکارا مفقود شده که در آب رودخانه جابجا شده بود. بر اساس گزارش مذکور IIC آن زمان، Rayagada PS نیز Rayagada P.S را به ثبت رساند. پرونده UD شماره ۲۰ مورخ ۳,۱۱,۲۰۱۴ و به امانت ASI K.Ch. Choudhury برای تحقیق در مورد پرونده. تمام تلاش های صادقانه برای ردیابی پسر گمشده خبرچین انجام شد اما تمام تلاش آنها بی نتیجه ماند. وی همچنین طی تحقیقات به دفتر بنیاد پریشان مراجعه و دفتر حضور و غیاب، تعدادی عکس و گذرنامه تجدیدنظرخواه را ضبط و در تاریخ ۲۵/۰۱/۱۳۹۴ به دستور رئیس پلیس، رایاگادا اتهام را تحویل داد. سری بهرا به عنوان دومین I.O. در طول تحقیقات خود برخی از شاهدان را مورد بررسی قرار داد، شاکی حاضر را به همراه جوئل راجو گوپتا، دبیر سازمان غیردولتی، دستگیر و آزاد کرد. پس از انتقال مجدداً مسئولیت رسیدگی به این پرونده را به جانشین خود یعنی سری آر. وی همچنین گزارشی به شماره ۲۷۰۲ و ۲۷۰۱ مورخ ۵.۷.۱۳۹۴ به دادستان ناحیه و S.P.Rayagada ارسال کرد که از قصور متهمان خبر داد. تحقیقات در نهایت با ارائه برگه اتهام علیه شاکی حاضر و متهم همکار جوئل راجو گوپتا u/s به اوج خود رسید. ۳۰۴-۳۴/A I.P.C.

۳. دانش آموخته S.D.J.M. رایاگادا از توهین u/s آگاه شد. ۳۰۴-۳۴/A, I.P.C. و متعاقباً موضوع اتهام را برای تجدیدنظرخواه و هم‌متهم خوانده و توضیح داد. ۳۰۴-۳۴/A I.P.C. هر دوی آنها اتهام خود را رد کرده و به طور کامل از گناه خود صرف نظر کردند.

۴. در طول محاکمه، دادگاه بدوی از ۱۲ شاهد از طرف دادسرا بازجویی کرد. از این میان P. W. ۳ مخبر پرونده است، P. W. ۵ همسر خبرچین، P. Ws. ۲، ۴، ۶، ۷ و ۹ شاهدان مستقل هستند. P. W. ۱۰, P.W. ۱۱ و P. W. ۱۲ افسران تحقیق این پرونده هستند. تجدیدنظرخواه اظهارات خود را طبق بخش ۳۱۳، Cr.P.C. بی گناهی خود را تکرار کرد اما هیچ کدام را در حمایت از او بررسی نکرد.

۵. پس از یک محاکمه تمام عیار، دادگاه آگاه در زیر رای خود در تاریخ ۵,۱۲,۲۰۱۶،

متهم جوئل راجو گوپتا را بی گناه شناخته و او را از این امر تبرئه کرد. با این حال دادگاه زیر معتقد است که تجدیدنظرخواه حاضر به خاطر جرم ما مجرم است. ۳۰۴-A of I.P.C. و در حین ثبت محکومیت او را به یک سال حبس تعزیری ساده محکوم کرد و در ادامه او را به پرداخت غرامت سه لک روپیه به والدین متوفی محکوم کرد. ۳۵۷(۳) Cr.P.C. و در صورت نپرداختن همان مبلغ به حبس ساده (S.I) برای مدت دو ماه دیگر محکوم می شود.

۶ (الف). شری پی سی داش وکیل فرجام خواه در محکومیت حکم و دستور دادگاه بدوی مدعی شد که دادسرا در اثبات اتهام علیه تجدیدنظرخواه حاضر به کلی کوتاهی کرده است و دادگاه بدوی نیز از ادله و شواهد موجود در سوابق در منظر مناسب و قدردانی نکرده است. با پرهیز از در نظر گرفتن تناقضات حیاتی موجود در مدارک شاهد عینی به نتیجه نادرستی مبنی بر مجرم بودن تجدیدنظرخواه رسید که ناپایدار و خطاپذیر است و باید کنار گذاشته شود.

۶ (ب). وی در ادامه با ابراز تاسف از حکم و دستور مورد اعتراض، اظهار داشت که مخبر پس از گذشت سی و سه روز از وقوع حادثه، قانون را به اجرا گذاشته است و به زینت بخشیدن و جعل واقعه واقعی پرداخته است که به وضوح نشان می دهد که تلاشی مذبوحانه از سوی وی صورت گرفته است. او به دروغ از شاکی حاضر استفاده کند تا انتقام او را از بین ببرد. وی اظهار داشت که دادگاه محاکمه با اتکا کورکورانه به تصمیمات دادگاه عالی و با توجه به این واقعیت که مخبر یک قبیله روستایی است که متعلق به یک منطقه داخلی است، با اتکای کورکورانه به تصمیمات دادگاه عالی، همدردی ناروا را در تأیید تأخیر در استقرار FIR نشان داده است. خبرچینی برای بال دادن به تخیل شوم خود.

۶ (ج). علاوه بر این، او به پرونده دادستانی به دلیل تحقیقات نادرست حمله می کند و اظهار می کند که دادگاه زیر صحت FIR (خارجی ۱) را به طور تصادفی پذیرفته است، اگرچه دادستان متهم به سرکوب FIR اصلی است که قبلاً توسط خبرچین حاضر در ۳،۱۱ تسلیم شده بود. ۲۰۱۴. وی تاکید کرد که از آنجایی که نمی‌تواند FIR دومی در مورد همان حادثه وجود داشته باشد، FIR ثابت شده توسط دادسرا در این پرونده طبق ماده ۱۶۲ قانون آیین دادرسی کیفری مورد ضربه قرار می‌گیرد. وی در ادامه اظهار داشت که دادگاه بدوی اجازه داد تا تعقیب به صورت غیرخیرانه

انجام شود و به دادستان اجازه داد تا بازی را به نفع خود صادر کند و دادسرا تا آنجا پیش رفت که افسران تحقیق را متخاصم اعلام کردند و عمداً از تشکیل پرونده UD خودداری کردند. شماره ۲۰ مورخ ۳/۱۱/۱۳۹۳ در جریان محاکمه.

۶ (د). در خاتمه، درخواست شد که تعقیب قضایی در اقامه اتهام فراتر از هرگونه شک منطقی علیه شاکی حاضر ناموفق باقی بماند و از این رو درخواست تجدیدنظر فوری اجازه داده شود و تجدیدنظرخواه از اتهامی که علیه وی مطرح شده است تبرئه شود. به منظور حمایت از تسلیم خود، به تصمیم دادگاه عالی که در پرونده Dilawar Singh v. State of دهلی ۲۰۰۷ (SAR Criminal) – ۸۵۷ (دادگاه عالی) و Kailash Gaur و دیگران علیه ایالت Assam ۲۰۱۲ (SAR) جنایی گزارش شده است، تکیه کرد. ۱۲۷– (دادگاه عالی).

۷. در مقابل این، وکیل آگاه ایالت شری ام. موهاپاترا به طور کامل تصمیم مورد اعتراض را تایید کرد و اظهار داشت که دادگاه محاکمه شواهد ثبت شده را در چشم انداز مناسب مورد بحث قرار داده است که به طور قانع کننده ای همدستی فرجام خواه را فراتر از همه ظلمات ثابت کرده است. وی همچنین اظهار داشت که تقریباً تمام دلایلی که فرجام‌خواه برای تعرض به حکم دادگاه بدوی در این فرجام خواهی ارائه کرده است، در جریان محاکمه در دادگاه بدوی مطرح شده است و دادگاه آگاه ذیل به طور مبسوط به آن رسیدگی کرده است. از نظر قانونی معتبر است و مستحق هیچ گونه دخالتی در این تجدیدنظر فوری نیست. در حمایت از اظهارات خود، او به تصمیم گزارش شده در ایالت کارناتاکا علیه مورالیدار (۲۰۰۹) ۴۳ (OCR (SC – ۱۹۹ و Sushil Ansal v. State Through CBI (۲۰۱۴) ۵۸ (OCR (SC صفحه ۵ تکیه کرد.

۸. برای قدردانی از اظهارات رقیب مطرح شده در کافه، حکم دادگاه بدوی را با نگرانی نگران کننده بررسی کردم و مواد ثبت شده مورد بررسی دقیق من قرار گرفت. قضاوت فوری برای بررسی قابل اعتماد بودن محکومیت ثبت شده علیه تجدیدنظرخواه، وظیفه این دادگاه است که به شواهد ارائه شده توسط دادستان رسیدگی کند و به یک نتیجه مستقل برسد تا اینکه آیا می توان به شواهد و مدارک استناد کرد یا خیر. یا خیر و حتی اگر بتوان به آن استناد کرد، در این صورت آیا می توان گفت که بر اساس ادله مذکور جرم خارج از شک منطقی ثابت شده است یا خیر.

۹ (الف). دادسرا برای احراز عجله و سهل انگاری فرجام خواه و اثبات تقریبی علت فوت متوفی، به ادله پی.و. ۳ و P.W. ۵ پدر و مادر متوفی. دادگاه آگاه در ذیل از قاعده «جسارت با استناد به فقه پزشکی و سم شناسی مودی برای باور مرگ متوفی که به نظر من بر اساس بند ۱۱۴ قانون مدارک تأیید شده است» صرف نظر کرد.

۹ (ب). در ارزیابی قضایی شواهد ثبت شده، از اظهارات شهادتین P.W. ۳ مطلع این پرونده که در روز و ساعت پرحادثه نیز همراه شاکی در پیک نیک شرکت کرده و با شنیدن اینکه چند کودک در رودخانه ناگاولی برده شده اند به سرعت خود را به محل رسانده و متوجه می شود که شاکی حاضر در آنجا ایستاده و مشغول تماشای ماجرا بوده است. به گفته او، پسرش عاصم جیلاکارا در جریان شدید رودخانه از بین رفت و علیرغم تلاش هایش نتوانست او را از آب بگیرد. وی اظهار داشت: قبل از وقوع حادثه نیز متوجه شده است که شاکی حاضر در حالت مستی بوده و به زور کودکان را به سمت رودخانه می کشد و آنها را وادار به زایمان در آن رودخانه می کند. وی اظهار داشت که متعاقبا شنیده است که شاکی پسرش را نیز به داخل رودخانه هل داده است. همانطور که توسط ۳.P. W پذیرفته شده است که او متعاقباً شنید که فرجام‌خواه پسرش را به داخل رودخانه هل داده است، همین امر غیرقابل قبول است و با قاعده عدم پذیرش شواهد شنیده‌ای کنار گذاشته شده است.

۹ (ج). وی در جریان بازجویی متقابل با اظهارات قبلی خود مواجه شد و اعتراف کرد که نه در پلیس آگاهی و نه در پلیس آگاهی اظهار داشته است که در زمان حضور در محل متوجه حضور شاکی حاضر در نزدیکی رودخانه شده است. اگرچه وی این پیشنهاد را رد کرده است که در برابر پلیس اعلام کند که شاکی حاضر در حالت مستی بوده و در زمان مربوطه کودکان را به زور به سمت رودخانه می کشاند اما افسر تحقیق یعنی پ.و. ۱۰ در طول بازجویی متقابل خود اعتراف کرد که ۳.P.W قبل از او همین را بیان نکرده است. دفاع با توسل به بخش ۱۴۵ قانون مدارک هند به درستی تناقضات را ثابت کرده است.

۹ (د). به طور مشابه P.W. ۵ همسر خبرچین و مادر متوفی نیز از اعضای آن مهمانی پیک نیک خلع ید که در محل متوجه شده است که تجدیدنظرخواه حاضر بچه ها را برخلاف میل آنها به داخل رودخانه هل می دهد. وی شهادت داد که در آن زمان پسرانش نزدیک او نشسته بودند و شاکی به آنجا رفت و پسرش عاصم جیلاکارا را به

کنار رودخانه برد و برای غسل به داخل رودخانه هل داد. پس از مدتی پسرش مفقود شده در جریان رودخانه پیدا شد.

۹ (e). وی در جریان بازجویی متقابل با اظهارات قبلی خود نیز مواجه شد و این اظهارات را رد کرد که در برابر پلیس از اظهار نظر خودداری کرده است مبنی بر اینکه شاکی حاضر کودکان را برخلاف میل آنها به داخل رودخانه هل داده و با کشیدن پسرش را به داخل رودخانه هل داده است. او از او همانطور که P.W. ۳ این پیشنهاد را نپذیرفت که وکیل مدافع آموخته با ۱,۰ مواجه شد. که اعتراف کرد که P.W. ۵ از بیان همین موضوع در حضور خود صرفنظر کرد که شاکی برخلاف میل آنها بچه ها را به داخل رودخانه هل می داد و همچنین پسرش را با کشیدن او از کنار خود به داخل رودخانه هل داد.

۹ (f). سایر شهودی که توسط دادستان مورد بررسی قرار گرفته اند ارزشی ندارند زیرا هیچ یک از این شهود به پرونده دادستانی اعتبار نمی دهند و هیچ یک از آنها به طور مستقیم یا غیرمستقیم هیچ گونه اقدام آشکاری از طرف تجدیدنظرخواه حاضر را برای اثبات همدستی وی با عنوان اتهام مطرح نکرده اند. علیه او این دادگاه برای سهولت از ثبت جزئیات شهادت آن شاهدان خودداری کرد.

۱۰. علیرغم این واقعیت که دفاع می تواند تناقضات مخربی را که توانایی بی اعتبار کردن شواهد P.W. ۳ و P.W. ۵ دادگاه بدوی صریحاً بر همین نظر استناد کرد که بدین وسیله آن اختلافات و تناقضات ناشی از دفاع از ماهیت بی اهمیتی برخوردار است و پرونده تعقیب را از حد خود منفجر نکرده است تا شواهد آنها را باور نکند.

۱۱. تا آنجا که به قدردانی از شهادت شفاهی یک شاهد مربوط می شود، به خوبی ثابت شده است که رویکرد دادگاه باید این باشد که آیا مدارک شاهد به طور کلی خوانده شده دارای حلقه ای از حقیقت است یا خیر. پس از تأیید این تصور، بدون شک لازم است که دادگاه شواهد را به‌ویژه با در نظر گرفتن مزایا، عقب‌نشینی‌ها و ضعف‌های ذکر شده در کل شواهد مورد بررسی قرار دهد و آنها را ارزیابی کند تا دریابد که آیا این شواهد خلاف اصول کلی است یا خیر. شواهد ارائه شده توسط شاهد و اینکه آیا ارزیابی قبلی شواهد متزلزل شده است تا آن را فاقد اعتبار کند.

۱۲. با توجه به درک تناقض و مغایرت در یک قانون دادرسی کیفری، دیگر امری نیست که بر تناقضات و مغایرت ها تأکیدی ناروا داده نشود و شواهد از منظر قابل اعتماد بودن مورد بررسی قرار گیرند. آزمون این است که آیا همان الهام بخش اعتماد به نفس در ذهن دادگاه است. اگر شواهد باورنکردنی باشد و نتوان آن را با آزمون احتیاط پذیرفت، آنگاه ممکن است در نسخه دادستانی خللی ایجاد کند. اگر یک حذف یا مغایرت به ریشه موضوع برود و منجر به ناسازگاری شود، دفاع Githe می تواند از چنین تناقضاتی استفاده کند. حذف باید شک جدی در صحت یا اعتبار یک شاهد ایجاد کند. تنها تناقضات و قصورهای جدی است که بر پرونده تعقیب تأثیر مادی می گذارد، اما نه هر تناقض یا کوتاهی.

۱۳. با مطالعه رای دادگاه بدوی، متوجه شدم که دادگاه محاکمه آگاه به State of U.P. در مقابل کریشنا استاد و دیگران و بویا گانگانا علیه ایالت A.P ضمن قدردانی از شواهد P.W. ۳ و P.W. ۵. تا کنون به استفاده از سبق مربوط می شود، این موضع قانونی ثابت شده است که نسبت هر تصمیمی باید در پس زمینه آن مورد درک شود و این مورد تنها مرجع آن چیزی است که واقعاً تصمیم می گیرد و نه آنچه منطقاً از آن نتیجه می شود. . در Subramanyam v. State of Tamilnadu AIR ۲۰۱۵ SC ۴۶۰، مقرر شده است که دادگاه نباید بدون بحث در مورد اینکه چگونه وضعیت واقعی با وضعیت واقعی تصمیمی که به آن استناد شده است، به تصمیمی استناد کند.

۱۴. در کریشنا موچی علیه ایالت بیهار، ۲۰۰۲ (۶) SCC ۸۱، گفته شده است که در نظر گرفتن کلمات) احکامی که گویی کلماتی در یک مصوبه قانونی هستند، همیشه خطر وجود دارد. همچنین گفته شده است که اظهارات قضایی در تنظیم حقایق یک پرونده خاص بیان می شود و انعطاف پذیری شرایطی ممکن است یک واقعیت اضافی یا متفاوت بین نتیجه گیری دو پرونده به ویژه در یک محاکمه کیفری یک دنیا تفاوت داشته باشد.

۱۵. سؤال از ساخت بخش ۱۶۲ در Tahasildar Singh v. State of U.P. AIR ۱۹۵۹ SC ۱۰۱۲ "در برخی موارد، حذف در بیانیه ما. Cr.P.C ۱۶۱. ممکن است به تناقض اظهارات در دادگاه منجر شود، آنها مواردی هستند که آنچه در واقع بیان شده است با آنچه حذف شده سازگاری ندارد و به طور ضمنی وجود آن را منفی می کند. "

۱۶. در پرونده کریشنا موچی و دیگران علیه ایالت بیهار (فوق العاده) گفته شده است که "مجبور است در هر موردی برخی از اختلافات وجود داشته باشد که تا زمانی که از لحاظ مادی به دادگاه وارد نشود، وجود ندارد. در صورتی که اختلافات ذکر شده در حوزه سنگریزه باشد، دادگاه باید آن را زیر پا بگذارد، اما اگر سنگریزه باشد، دادگاه نباید اقدام به پریدن از روی آن کند.

۱۷. در پرونده حاضر، تناقضات اثبات شده در شواهد P. W. ۳ و P. W. ۵، خطوط متفاوتی ایجاد کرده و ماهیت و رنگ پرونده دادستانی را تغییر داده است که اعتبار این شهود را برای اثبات همدستی پرونده فعلی به طور قابل ملاحظه ای مخدوش می کند. تجدیدنظرخواه در ارتباط با این پرونده این شاهدان که والدین متوفی هستند به نتیجه این دعوای قضایی علاقه مند هستند و در بررسی نهایی آنها متوجه شدم که مدارک آنها با علاقه ای آلوده است که تکیه بر آن بسیار ناامن است. مطالعه گزاره های قضایی فوق به این نتیجه اجتناب ناپذیر منجر می شود که، اگر به خودم اجازه بدهم چنین بگویم، به وضوح به نظر می رسد که دادگاه دانشمند زیر می تواند جرأت کند در طول سفر خود برای قدردانی از انبوهی از تخته سنگ ها (تضادها) بپرد. شواهد P. W. ۳ و P.W. ۵ و در نتیجه نه تنها خود را در رسیدن به یک نتیجه مناسب دچار مشکل کرد، بلکه اجازه داد یک ناتوانی در روند قضایی ایجاد شود.

۱۸. تا جایی که تاخیر در اسکان F.I.R. نگران است که دادگاه محاکمه آگاه اعلام کرده است که خبرچین یک روستایی روستایی است که فرزند شش ساله خود را از دست داده است تا زمانی که سطح خاصی از آرامش ذهنی خود را به دست نیاورد، نمی توان انتظار داشت که در اسکان FIR با عجله عمل کند. وکیل آگاه برایِ تجدیدنظر خواه به یافته فوق اعتراض می کند و بیان می کند که دادگاه زیر کاملاً از مواد ثبت شده که نشان می دهد قبل از ثبت FIR (داخلی ۱) گزارش مفقودی پسرش را تسلیم کرده است، کوتاهی کرده است. این حادثه در ایستگاه پلیس رایاگادا رخ داد. او اظهار داشت که واقعیت فوق نشان می دهد که اگر چه خبرچین دچار تراژدی شده است، اما آرامش ذهن خود را از دست نداده است که با دیدگاه دادگاه بدوی به شدت ناسازگار است.

۱۹. برای پاسخ به ادعای حاضر، شواهد P. W. ۱۰ the ۱,۰ را مرور کردم. از این مورد وی در بند ۶ بازپرسی خود سوگند یاد کرد که در جریان تحقیقات مشخص شد که در

تاریخ ۳/۱۱/۱۳۹۳ مطلع حاضر در کلانتری حاضر شد و گزارش کتبی ارائه کرد که در آن فقط اشاره کرده بود که پسرش عاصم جیلاکارا در این شهر جارو شده است. آب رودخانه او همچنین بر اساس گزارش فوق رد C.۱,۱. رایاگادا P.S. شری تاپان کومار موهانتی رایاگادا P.S را ثبت کرد. شماره پرونده U.D. ۲۰ مورخ ۳,۱۱,۲۰۱۴ و به ASI Shri K.Ch. Choudhury برای تحقیق در مورد پرونده. از این رو از مدارک افسر بازپرس به وضوح مشخص می شود که مطلع گزارش قبلی در تاریخ حادثه به کلانتری ارائه کرده است که حاکی از آن است که مخبر طبق نظر مرجع قضایی از آرامش روانی محروم نبوده است.

۲۰. قانون نسبتاً به خوبی ثابت شده است که تأخیر در استقرار FIR گاهی فرصتی را برای شاکی فراهم می کند تا نسخه را بررسی کند و تزیین کند یا حتی جعل کند. تأخیر شانس نسخه‌ی لکه‌نشده و خدشه‌نشده پرونده را از بین می‌برد و FIR نه تنها از مزیت خودانگیختگی محروم می‌شود، بلکه در معرفی نسخه‌های رنگی یا داستان اغراق‌آمیز خطر نیز رخ می‌دهد. با مطالعه Ext. ۱ به صراحت فاش می کند که مخبر با بیان اینکه وی تحت تأثیر مشروبات الکلی پسرش را به داخل رودخانه هل داده و باعث مرگ پسرش شده، شاکی حاضر را دخیل کرده است. این بخش از اظهارات وی در مورد دلالت تجدیدنظرخواه حاضر به وضوح نسخه رنگی و متاخر به نظر می رسد زیرا وی در گزارش قبلی خود در تاریخ حادثه که با شهادت سوگند خورده P.W ثابت می شود از ذکر آن صرف نظر کرده است. ۱۰. در یک بررسی عمیق تر متوجه شدم که دادگاه بدوی در ارزیابی مجدد حقایق این پرونده با اتکای تصادفی به تصمیمی مبنی بر چشم پوشی دلسوزانه از تأخیر که به نظر من باعث نقض عدالت شده است، مرتکب خطای محسوسی شده است. از این رو، موافقت محترمانه وکیل فرهیخته برای تجدیدنظرخواه را دارم که تأخیر در ارائه FIR در پرونده حاضر برای دادستان کشنده است.

۲۱. وکیل مطلع در ادامه به حکم مورد اعتراض دادگاه بدوی به این دلیل که FIR اصلی رد شده است و FIR فعلی دومین FIR است که مورد اصابت ماده ۱۶۲ قانون آیین دادرسی کیفری قرار گرفته است. تا اینجای بحث حاضر به شواهد ۱,۰ مربوط می شود. (P.W. ۱۰) به وضوح نشان می دهد که قبلاً مخبر گزارشی را به بانی و سپس I.I.C ارائه کرده است. ایستگاه پلیس رایاگادا به موجب آن U.D. پرونده شماره ۲۰ مورخ ۱۱/۳/۱۳۹۳ ثبت شده و متعاقباً پس از گذشت ۳۳ روز از وقوع حادثه یعنی

در تاریخ ۰۶/۱۲/۱۳۹۳ اقدام به تسلیم مجدد F.I.R. یعنی خارجی ۱ بر اساس آن پرونده حاضر توسط I.I.C وقت به ثبت رسیده است. Rayagada P.S.. مطالب ثبت شده به شیوایی نشان می دهد که I.I.C آن زمان. پرونده حاضر را طی تحقیقات از U.D به ثبت رساند. پرونده شماره ۲۰ در سال ۲۰۱۴. همچنین آشکار است که او اجازه دو دادرسی موازی و یک تحقیق در U.D. پرونده و دیگری رسیدگی همزمان به پرونده حاضر با نقض آشکار هنجار قانونی است. این دادگاه از درک اینکه آیا IIC آن زمان رایاگادا P.S. اجازه دادن به اجرای هر دو دادرسی به طور همزمان، خود را با تصور ناشناخته ای از قدرت فرضی خود هدایت کرده است یا از قدرت قانونی اعطا شده به او غافل مانده است. این یک اصل قانونی است که به خوبی ثابت شده است که در صورت دریافت اطلاعات بیشتر توسط آژانس تحقیق در رابطه با یک جرم یا وقوع یا رویداد، نمی‌توان FIR دومی وجود داشت و تنها راه‌حلی است که در اختیار آژانس تحقیق قرار می‌گیرد تا اقدامات بیشتری انجام دهد. تحقیقات به طور معمول با اجازه دادگاه همانطور که در زیر بخش (۸) بند ۱۷۳ قانون آیین دادرسی کیفری پیش بینی شده است.

۲۲. همانطور که از پرونده مشهود است، دو مجموعه اطلاعات در مورد یک حادثه تسلیم شده است، یعنی در ۳,۱۱,۲۰۱۴ و ۶,۱۲,۲۰۱۴ که در طرح قانون جایز نبوده است، هیچ تردیدی در نگهداری آن ندارم. که FIR کنونی (خارجی ۱) که متعاقباً فاقد اعتبار است و با ۱۶۲ CrPC ضربه زده است.

۲۳. دادگاه بدوی ضمن قدردانی از مواد ثبت شده، همچنین اعلام کرده است که از مدارک همه شهود مادی که توسط دادسرا مورد بررسی قرار گرفته اند، به وضوح ثابت می شود که تجدیدنظرخواه محلی را برای پیک نیک انتخاب کرده است که خطرناک، غیرقابل دسترس و برای بردن افراد مسن مناسب نبوده است. و بچه های کوچک دادگاه آگاه در ادامه همچنین اعلام کرد که مسئولیت تجدیدنظرخواه که رئیس بنیاد پریشان است، تضمین ایمنی و مراقبت مناسب از کودکان با ایجاد ترتیبات کافی برای جلوگیری از وقوع هیچ حادثه ناخوشایندی است و او باید این کار را انجام دهد. مراقبت و احتیاط کافی را نسبت به کودکانی که به پیک نیک می‌پیوندند برای اطمینان از ایمنی آن‌ها به کار گرفتند. دادگاه همچنین اعلام کرد که عدم اقدام متهم در مراقبت کافی همراه با هل دادن اجباری کودکان به داخل رودخانه با آگاهی کامل از عمق رودخانه، حاکی از سهل انگاری فاحش / مقصر و

رفتار غیرمعمول و سنگدلانه است. قسمت او که در نهایت منجر به تراژدی ناگوار شد.

۲۴. تا آنجا که به یافته دادگاه بدوی در مورد نمره فوق مربوط می شود، قبلاً در اینجا اعلام شده بود که مدارک PW۳ و PW۵ در طول معاینه متقابل آنها که کاملاً نتوانسته اند ثابت کنند که تجدیدنظرخواه بوده است به طور کامل تخریب شده است. پسرشان را به داخل رودخانه هل دادند. دادگاه مطلع با مشاهده اینکه وی بدون مراقبت و ایمنی کافی از کودکان، مکان خطرناکی را برای برگزاری پیک نیک انتخاب کرده و برای نجات کودکان غرق شده از رودخانه اقدامی نکرده است، مقصر دانسته است. نیازی به گفتن نیست که شاکی یک زن ایرانی/بریتانیایی است که به ندرت اطلاعاتی در مورد محل وقوع این حادثه دارد. P.W. ۱۱ در طول بازجویی متقابل خود اعتراف کرد که در وب سایت منطقه رایاگادا پل معلق به عنوان یک نقطه توریستی نشان داده شده است. دادگاه آگاه زیر این واقعیت را که متوفی در خوابگاه «بنیاد پریشان» زندانی نبود قدردانی نکرد. به این ترتیب، شاکی حاضر به هیچ وجه تحت هیچ گونه تعهد قانونی برای ارائه مراقبت و حمایت شبه والدین از او نبود، زیرا در مورد او در محل حاضر نشده بود. قابل تشخیص است که والدین متوفی که اعضای مهمانی پیک نیک نیز بودند، متوفی را به جای ابراز احتیاط که می‌دانستند مکان خطرناکی است، با خطر خود به محل منتقل کردند. شرط ماده ۳۰۴-الف قانون مجازات اسلامی مبنی بر اینکه فوت متوفی توسط تجدیدنظرخواه ناشی از عجله یا سهل انگاری باشد در پرونده به وضوح در پرونده مفقود است و به هیچ وجه نمی توان گفت که تصمیم تجدیدنظرخواه است. ترتیب دادن پیک نیک در یک مکان خطرناک است که علت مستقیم یا تقریبی مرگ متوفی است.

۲۵. کل تصویر به طرز دردناکی نه تنها در جریان تحقیقات، بلکه در جریان محاکمه نیز نشان می‌دهد که «فرض بر بی‌گناهی» تجدیدنظرخواه طرد شده است، بنابراین به‌طور غیرقابل تشریفاتی نیز با فرض مجرم بودن شاکی به «واناپراستا» ارسال شده است. که کاملاً غیر مجاز است. بر این اساس، این دادگاه بر این باور است که دادگاه علمدار با تخطی از هنجار ثابت فقه کیفری، باری را برای اثبات بی گناهی خود به دوش خواهان گذاشته و محکومیت ناروا علیه وی ثبت کرده است.

۲۶. از این رو، پرونده دادستانی، هنگامی که بر اساس سنگ لمس مجموع حقایق

و شرایط، بر اساس انبوهی از دلایل فوق که قبلاً در اینجا به آن رسیده است، مورد قضاوت قرار می گیرد، این دادگاه به یک نتیجه غیرقابل مقاومت سوق داده می شود که پرونده دادستانی ایجاد نمی کند. رضایت بی‌شرایط و بدون قید و شرطی که برای وارد کردن حکم مجرمیت علیه شاکی ضروری است. از این رو این دیوان بر این عقیده بی تردید است که رای دادگاه بدوی نه تنها فاقد حکمت است، بلکه نظر آن نیز به شدت غیرممکن است. بنابراین، من معتقدم که دادستانی در اثبات اتهام علیه شاکی شکست خورده است و او مستحق تبرئه کامل است.

۲۷. تا کنون مبلغ غرامتی که توسط دادگاه آگاه در زیر به اولیای دم متوفی اعطا شده است مربوط به ارزیابی انباشته مواد ثبت شده است، با توجه به تشخیص فوق مبنی بر عدم تقصیر تجدیدنظرخواه این دادگاه مربوط به این دیدگاه در نظر گرفته شده است که والدین متوفی قربانی هیچ جنایتی نیستند، بلکه آنها قربانی یک حادثه ناگوار هستند. به این ترتیب، آنها حق ندارند به دنبال غرامتی بر اساس بخش ۳۵۷ (۳) یا A CrPC-۳۵۷ ws باشند.

۲۸. قبل از جدایی، می‌خواهم بیشتر متوجه شوم که هر محاکمه‌ای که سفری در جستجوی حقیقت است، قانون نمی‌تواند چیز دیگری جز حقیقت داشته باشد. ناگفته نماند که تبرئه های ناروا نامطلوب است و اعتماد مردم به دستگاه قضایی را متزلزل می کند، بدتر از آن محکومیت نادرست یک فرد بی گناه است. این اخلاق یک دولت رفاه است که سازمان های آن وظیفه دارند متخلفان را در برابر قانون معرفی کنند. از آنجایی که نجابت و وقار به عنوان جنبه های غیرقابل مذاکره زندگی تلقی می شود، در نبرد با جنایت و بزهکاری، دولت و افسران آن تحت چتر حمایتی تخلیه قدرت حاکمه به هیچ وجه نمی توانند نجابت رفتار دولت را کنار بگذارند و به آنها توسل جویند. روشهای فراقانونی برای کشف جرم و حتی مجرمان. بنابراین رویه اتخاذ شده توسط دولت باید عادلانه، منصفانه و معقول باشد.

۲۹. درست است که از لرد دنینگ نقل قول کنیم که به درستی گفته بود / "یک قاضی باید به دنبال شکل دادن قانون باشد تا نیازهای زمانه را برآورده کند. او نباید یک مکانیک صرف باشد، یک سنگ تراشی صرف، که آجر می چیند. بر روی آجر، بدون فکر کردن به طرح کلی. او باید یک معمار باشد که به کلیت سازه فکر می کند و برای جامعه یک نظام حقوقی قوی، بادوام و عادلانه می سازد. جامعه متمدن خود

به کار او بستگی دارد. اگر ما هرگز کاری را انجام ندهیم که قبلا انجام نشده است، هرگز به جایی نخواهیم رسید. قانون متوقف خواهد شد در حالی که بقیه جهان ادامه دارد و این برای هر دو بد خواهد بود. قاضی Vivian Bose یک قاضی بزرگ هندی با اشاره به تفسیر قانون اساسی هند زمانی چنین اظهار داشت که "آنها مانند برخی از نسخه های خطی مومیایی شده فقط کلماتی کسل کننده، بی روح، ایستا و پنهان نیستند، بلکه شعله های آتشی هستند که قصد دارند به یک ملت بزرگ زندگی کنند و به وجود آن نظم دهند، زبان هایی از آتش پویا که قادر به شکل دادن به آینده هستند. و همچنین راهنمای او ارائه می کند. قانون اساسی باید به اندازه کافی کشسان باقی بماند تا هر از چندگاهی با شرایط در حال تغییر جهان در حال تغییر با تأکیدات متغیر و نیازهای متفاوت آن مواجه شود.»

۳۰. در S.P. Gupta v. Union of India ۱۹۸۲ (۲) SCR – ۳۶۵، دادگاه عالی عالی تشخیص داده است که قوه قضاییه دارای یک مقصد اجتماعی-اقتصادی و یک کارکرد خلاقانه است. قرار بود به بازوی انقلاب اجتماعی-اقتصادی تبدیل شود و نقش فعالی را ایفا کند که عدالت اجتماعی را در دسترس مردم عادی قرار دهد. نمی تواند صرفاً به عنوان یک داور عمل کند، بلکه باید یک کارمند درگیر در هدف عدالت اجتماعی-اقتصادی باشد."

۳۱. در پرونده حاضر، به وضوح به نظر می رسد که دادستانی پرونده خود را علیه شاکی که یک بریتانیایی است، تقلب کرده است. امید به بهبود زندگی آنها گرچه کرامت زنان در طرح قانون اساسی ما که نشان دهنده ارزشمندترین ارزش سنت ماست، جای مباهات بخشیده است، شیوه ای که در آن شاکی به مدت بیش از دو دوره برای مواجهه با محاکمه جنایی کشیده شده است. سال‌ها در سرزمینی بیگانه، همین از آسیب‌ها و مصیبت‌های او می‌گوید. از آنجایی که هدف سیستم عدالت کیفری این است که عدالت را برای همه برقرار کند نه تنها با مجازات مجرمان از طریق کشاندن مجرمان بیشتر به عدالت و افزایش اعتماد عمومی نسبت به عادلانه بودن این سیستم و ارائه عدالت به شهروندان مطیع قانون در عین حال، این وظیفه ماست. وظیفه حفاظت از بیگناهان و بازخرید ایمان آنها به نظام است که با دفاع از خود در پیگرد قانونی ناروا به اعتبار و عزت نفس آنها صدمه بی حساب وارد شده است. این دادگاه که یک پزشک اجتماعی است، با در نظر گرفتن تنزل مداوم ارزش‌های اخلاقی در ساختار اجتماعی ما که منجر به ایجاد تعداد پرونده‌های

نادرست می‌شود، بر این نظر است که قوه قضاییه به عنوان مخزن اعتماد عمومی باید مورد توجه قرار گیرد. با توجه به واقعیت فوق، فقه جبرانی موجود سیستم عدالت کیفری هند را بازنگری می کنیم تا تعریف «قربانی» را همانطور که در بخش A Cr.P.C-۳۵۷ تعریف شده است، مجدداً تعریف کنیم تا به آن معنایی گسترده و هدفمند برای آوردن آن داده شود. طبق افق اصل ۲۱ قانون اساسی "کسانی که به دلیل تعقیب ناروا متحمل ضرر و زیان شده اند" باشد. این نه تنها ایمان به سیستم اجرای عدالت ما را تقویت می کند، بلکه آرزوهای پدران بنیانگذار ما را نیز برآورده می کند که می خواستند تضمین کنند که حتی در حالی که هند از نظر درآمد سرانه فقیر باقی مانده است، باید از آزادی فردی غنی باشد.

۳۲. در این مورد مشخص می شود که تجدیدنظرخواه به اشتباه بدون داشتن دلیل موجه تحت تعقیب قرار گرفته است. به این ترتیب، من بر این عقیده بی تردید هستم که او حق دریافت غرامت برای خسارات و صدمات وارده به خود را به عنوان قربانیان جرم دارد، همانطور که در طرح جبران خسارت قربانی که با A CrPC-۳۵۷ تعریف شده است. این دادگاه به عنوان یک دادگاه تجدیدنظر، فاقد مزیت توسل به بخش ۲۵۰ کریم. پی سی و در غیاب هر گونه مقررات توانمندساز دیگری برای اعطای غرامت برای اعمال عدالت ترمیمی به تجدیدنظرخواه، با داشتن قدرت w/s. ۳۸۶((e Cr.P.C، بنابر این به تجدیدنظرخواه توصیه می‌شود در صورت تمایل، می‌تواند به مرجع مناسب یا دادگاه حقوقی مناسب مراجعه کند و به دنبال غرامت کافی برای نقض وعده قانون اساسی برای محافظت از حیثیت خود در این سرزمین مقدس باشد.

۳۳. بنابراین، درخواست تجدیدنظر با موفقیت انجام می شود و مجاز است. حکم و دستور مورد اعتراض لغو شود. شاکی از قرار وثیقه خود مرخص شود.

۳۴. سوابق دادگاه بدوی به همراه رونوشت حکم برای اقدام لازم به دادگاه بدوی ارسال شود.

(Criminal Appellate Jurisdiction)

DISTRICT: RAYAGADA.

IN THE COURT OF THE ADDITIONAL SESSIONS JUDGE, RAYAGADA.

Present : Shri Debadatta Das Mohapatra, O.S.J.,
Additional Sessions Judge,
Rayagada.

Dated this the 25th day of March, 2017.
(4th day of Chaitra, 1939 Saka)

Case No. : **Criminal Appeal 23 of 2016**
(Criminal Appeal No. 23 of 2016 – Sessions Judge, Rayagada)
(This appeal is directed against the judgment dated 5.12.2016 passed by Smt. Sabitri Nayak the learned Sub-Divisional Judicial Magistrate, Rayagada in G.R. Case No. 607 of 2014)

Narges Kalbasi Ashtari, aged about 28 years,
D/o: Hasan Kalbasi Ashtari,
██████████████ Exeter (U.K.)
At present : Housing Board Colony, 4th lane, Rayagada,
P.S. /Dist. Rayagada,
(Accused before the learned Trial Court)
... Appellant.

-Versus-

The State of Odisha ... Respondent

Counsel for the Appellant	:	Shri P.Ch. Dash, Advocate, Rayagada.
Counsel for the Respondent	:	Shri M. Mohapatra, Addl. P.P., Rayagada.

Date of Argument : 08.03.2016.

Date of Judgment : 25.03.2017.

Certified to be a true copy,
Authorised u/s-76 of I. E. Act
1872.

CHERISTADAR

JUDGMENT

This criminal appeal is preferred by the present appellant being aggrieved and dissatisfied with the judgment and order of conviction passed by the learned Sub-Divisional Judicial Magistrate, Rayagada in G.R. Case No. 607 of 2014 for commission of the offence under Sections 304-A of I.P.C. where in the appellant has been sentenced to undergo S.I. for one year and directed to pay compensation of Rs.3,00,000/- (Rupees three lakhs) u/s 357(3) of CrPC in default to pay the compensation to undergo S.I. for two months.

2. Filtering the unnecessary factual details, the case of the prosecution, as it unfolds that on 6.12.2014 at 11.00 a.m. one Peter Jilakara, S/o. Sona Jilakara, resident of Mukundpur, P.S. Chandili lodged a written report before the I.I.C. Rayagada P.S. alleging therein that on 3.11.2014 the present appellant being the president of "The Prishan Foundation" an registered NGO having its office at Mukundpur of Raygada organized a picnic under the Hanging Bridge at the Bank of river Nagavali and proceeded there with nearly thirty children of that organization. It is alleged that the present appellant under the influence of liquor pushed his son namely Asim Jilakara aged about six year into the river Nagavali who had also been to there to attend that picnic. Due to such overt act of the appellant the son of the informant swept away in the river who found vanished and presumed to be dead. The informant specifically alleged that the death of his son resulted due to the rashness on the part of the appellant.

2(a). Pursuant to the written report of the informant the then I.I.C., Rayagada P.S. registered the present case u/s. 304 I.P.C. and directed

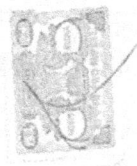

Sub-Inspector K.K. Rout to trigger the investigation. The Sub-Inspector immediately engineered the investigation by examining the informant, the wife of the informant and recorded their statement u/s 161 Cr.P.C. He visited the spot i.e. the River Nagavali under the Hanging bridge constructed in between villages Chekaguda and Mariguda, three kilometers away from the Rayagada Police Station. He prepared the spot map and searched for the son of the informant but could not trace him out. During investigation he came to know from ASI K.Ch. Choudhury of Rayagada P.S. that on 3.11.2014 the present informant had also lodged a written report mentioning therein that his son Asim Jilakara was found missing having been swept away in the river water. Basing on the said report the then IIC, Rayagada PS also registered the Rayagada P.S. UD Case No. 20 dated 3.11.2014 and entrusted ASI K.Ch. Choudhury to inquire into the case. All sincere attempts were made to trace out the missing son of the informant but all their attempt went in vain. During investigation he also proceeded to the office of "The Prishan Foundation" and made seizure of the attendance register, some photographs and the passport of the appellant. On 25.1.2015 as per the order of the Superintendent of Police, Rayagada he handed over the charge of investigation to the I.I.C., Sri Kapileawar Behera. Sri Behera being the second I.O. during the course of his investigation examined some of the witnesses, arrested the present appellant along with co-accused Joel Raju Gupta the Secretary of the NGO and released them on bail. On his transfer he again handed over the charge of the investigation of this case to his successor namely Sri R.K. Patra. During the course of his investigation on 5.7.2015 he

Certified to be a true copy
Authorised u/s-76 of I. E. Act 1872.

SHERISTADAR

4

issued a letter to the Director Child Help Line, Rayagada for recovery of the dead body of the deceased. He also submitted a report to the District Magistrate-cum-Collector and S.P. Rayagada vide Message No. 2702 and 2701 dated 5.7.2015 respectively intimating the negligent act of the accused persons. The investigation finally culminated in submission of charge-sheet against the present appellant and the co-accused Joel Raju Gupta u/s. 304-A/34 of the I.P.C.

3. The learned S.D.J.M. Rayagada took cognizance of the offence u/s. 304-A/34, I.P.C. and subsequently read over and explained the substance of accusation to the appellant and the co-accused u/s. 304-A/34 of I.P.C. Both of them denied the charge and completely abjured their guilty.

4. During trial, the Trial Court examined as many as twelve witnesses from the side of the prosecution. Out of them P.W. 3 is the informant of the case, P.W. 5 is the wife of the informant, P.Ws. 2, 4, 6, 7 & 9 are independent witnesses. P.W.10, P.W. 11 and P.W. 12 are the Investigating Officers of this case. The appellant rendered her statement under Section 313, Cr.P.C. reiterating her innocence but examined none in her support.

5. After a full fledged trial the learned Court below vide its judgment dated 5.12.2016 hold the accused Joel Raju Gupta not guilty and acquitted him thereof. However the Court below hold that the present appellant is guilty for the offence u/s. 304 –A of I.P.C. and while recording the conviction sentenced her to undergo simple imprisonment for a term of one year and further directed her to pay compensation of rupees Three lakhs to the parents of the deceased

Certified to be a true copy,
Authorised u/s-76 of I. E. Act 1872.
SHERISTADAR

u/s. 357(3) of Cr.P.C. and in default to pay the same she would suffer simple imprisonment (S.I.) for a further period of two months.

6(a). Shri P.C. Dash the learned Counsel for the appellant castigating the impugned judgment and order of the lower Court incisively asserted that the prosecution has utterly failed to establish the accusation against the present appellant and the Trial Court has utterly failed to appreciate the evidence on record in proper perspective and by eschewing to consider the vital contradictions running through the evidence of the eye witness arrived at a wrong conclusion of guilty of the appellant which is unsustainable and fallible deserves to be set asided.

6(b). Further lamenting on the impugned judgment and order he submitted that the informant has set the law into motion after a long gap of thirty-three days of the incident making embellishment and fabrication of the actual incident which clearly shows that a baleful attempt has been made by him to falsely ropein the present appellant to wreck vengeance on her. He submitted that the Trial Court has shown undue sympathy in condoning delay of lodging the FIR taking into account of the fact that the informant is a rustic tribal belongs to a hinterland by blindly placing reliance on the decisions of the Apex Court and there by allowed the informant to give wings to his sinister imagination.

6(c). Further he assails the prosecution case on the ground of faulty investigation and submitted that the Court below has casually accepted the authenticity of the FIR (Ext. 1), though the prosecution is guilty of suppressing the original FIR lodged by the present informant previously on 3.11.2014. He emphatically submitted that

as there can be no second FIR on the same incident the FIR proved by the prosecution in this case is hit under section 162 of the Criminal Procedure Code. He further submitted that the Trial Court allowed the prosecution to be conducted in an uncharitable manner by allowing the prosecution to rule the game in their favour and the prosecution went to the extent of declaring the Investigating Officers hostile and deliberately withheld to place the UD case No.20 dated 3.11.2014 during trial.

6(d). Wrapping up, it was urged that prosecution remained unsuccessful in establishing the accusation beyond all reasonable doubt against the present appellant and hence the instant appeal be allowed and the appellant be acquitted of the charge leveled against her. In order to buttress his submission he placed reliance on the decision of the Apex Court reported in **Dilawar Singh v. State of Delhi 2007 (SAR) Criminal – 857 (Supreme Court)** and **Kailash Gaur and others v. State of Assam 2012 (SAR) Criminal -127 (Supreme Court)**.

7. As against this the learned Counsel for the State Shri M. Mohapatra wholly endorsed the impugned decision and submitted that the Trial Court has discussed the evidence on record in proper perspective which convincingly established the complicity of the appellant beyond all shadow of doubt. He further submitted that almost all the grounds taken by the appellant to assail the judgment of the Trial Court in this appeal were agitated during trial before the Trial Court and the learned Court below has elaborately dealt with it as such the finding of the Trial Court is legally valid and does not merit any interference in this instant appeal. In support of his

submission he placed reliance on the decision reported in **State of Karnataka v. Muralidhar (2009) 43 OCR (SC) -199** and **Sushil Ansal v. State Through CBI (2014) 58 OCR (SC) page 5.**

8. To appreciate the rivalised submissions raised at the bar, I have perused the judgment of the Trial Court with concerned anxiety and the materials on record have received my due scrutiny. The instant adjudication being one to examine the tenability of the conviction recorded against the appellant, it is the duty of this Court to look into the evidence adduced by the prosecution and to arrive at an independent conclusion so as to whether the evidence can be relied upon or not and even if it can be relied upon, then whether the prosecution can said to have been proved the offence beyond reasonable doubt basing on the said evidence.

9(a). In order to establish the rash and negligent act of the appellant and to prove that the same is the proximate cause of the death of the deceased, the prosecution dwell upon on the evidence of P.W. 3 and P.W. 5 the parents of the deceased. The learned Court below dispensed with the rule of *"corpus delicit"* by placing reliance on **Modi's Medical Jurisprudence and Toxicology** to believe the death of the deceased which is in my opinion finds its endorsement under Section 114 of the Evidence Act.

9(b). On a judicial evaluation of the evidence on record it surfaced from the testimonial assertions of P.W. 3 the informant of this case that on the eventful day and time he was also attending the picnic with the appellant and hearing that some children were swept away in the river Nagavali he rushed to the spot and found the present appellant was standing there watching the incident. According to him

his son Asim Jilakara swept away in the strong current of the river and could not be fished out from the water in spite of his best efforts. He testified that prior to the incident he also noticed that the present appellant was in a drunken state and was forcibly dragging the children upto the river and compelling them to take birth in that river. He stated that subsequently he heard that the appellant had also pushed his son into the river. As it is admitted by P.W.3 that he heard subsequently that the appellant gave push to his son into the river the same is found to be inadmissible being excluded by the rule of inadmissibility of hearsay evidence.

9(c). During his cross-examination he was confronted to his previous statement and he admitted that neither in the FIR nor before the police he stated that he noticed the present appellant was standing near the river by the time of his arrival on the spot. Though he denied to the suggestion that he omitted to state before the police that the present appellant was in the drunken state and forcibly dragging the children up-to the river at the relevant time but the Investigating Officer i.e. P.W. 10 during his cross-examination admitted that P.W.3 had not stated the same before him. The defence has properly proved the contradictions by resorting to section 145 of the Indian Evidence Act.

9(d). Similarly P.W. 5 the wife of the informant and the mother of the deceased also being a member of that picnic party deposed that on the spot she noticed that the present appellant was pushing the children into the river against their will. She testified that at that time her sons were sitting near to her and the appellant went there and took her son Asim Jilakara to the river bank and pushed him into the

river for bath. After some time her son was found missing being swept away in the current of the river.

9(e). During her cross-examination she was also confronted to her previous statements and she denied to the suggestion that she has omitted to state before the police that the present appellant pushed the children into the river against their will and pushed her son into the river by dragging him from her. As P.W. 3 did not admitted the suggestion the learned Counsel for the defence confronted the I.O. who admitted that P.W. 5 omitted to state the same before him that the appellant was pushing the children into the river against their will and also pushed her son into the river by dragging him from her.

9(f). The other witnesses examined by the prosecution are of no worth as none of these witnesses lend credence to the prosecution case and none of them directly or indirectly alleged any sort of overt act on the part of the present appellant to establish her complicity qua the charge leveled against her. This Court for sake of convenience eschewed to record in details the testimonies of those witnesses.

10. Despite the fact that the defence could fathom out the damaging contradictions having the potentiality to discredit the evidence of P.W. 3 and P.W. 5 the Trial Court placed explicit reliance on the same opining thereby that those discrepancies and contradictions elicited by the defence are trivial in nature and have not blown away the prosecution case out of its proportion to disbelieve their evidence.

11. So far as the appreciation of oral testimony of a witness is concerned it has been fairly well settled that the approach of the Court must be whether the evidence of the witness read as a whole

appears to have a ring of truth. Once that impression is confirmed it is undoubtedly necessary for the Court to scrutinize the evidence more particularly keeping in view the advantages, draw backs and infirmities pointed out in the evidence as a whole, and evaluate them to find out whether it is against general tenor of the evidence given by the witness and whether the earlier valuation of the evidence is shaken as to render it unworthy of credit.

12. Regarding appreciation of contradiction and discrepancies in a Criminal trial law is no more res integra that the contradictions and discrepancies are not to be given undue emphasis and the evidence is to be considered from the point of view of trustworthiness. The test is whether the same inspire confidence in the mind of the Court. If the evidence is incredible and cannot be accepted by the test of prudence, then it may create a dent in the prosecution version. If an omission or discrepancy goes to the root of the matter and ushers in incongruities, the defence can take advantage of such inconsistencies. The omission should create a serious doubt the truthfulness or creditworthiness of a witness. It is only the serious contradictions and omissions which materially affect the case of the prosecution but not every contradiction or omission."

13. On perusal of the judgment of the Trial Court it came to my notice the learned Trial Court has relied on **State of U.P. v. Krishna Master and Others** and **Boya Ganganna v. State of A.P.** while appreciating the evidence of P.W. 3 and P.W. 5. So far use of precedent is concerned it is settled legal position that the ratio of any decision must be understood in the backdrop of the fact of that case and that case is only authority for what it actually decides and not

what logically followed from it. **In Subramanyam v. State of Tamilnadu AIR 2015 SC 460** it has been held that the Court should not place reliance on a decision without discussing as to how the factual situation fits in with the facts situation of the decision on which reliance is placed.

14. In **Krishna Mochi v. State of Bihar 2002(6) SCC 81** it has been held that there is always peril in considering the words of judgments as though they are words in a legislative enactment. It has been further held that judicial utterances are made in setting of the facts of a particular case and circumstantial flexibility one additional or different fact may have a world of difference between conclusion of two cases particularly in a Criminal Trial.

15. The question of construction of section 162 has been made in **Tahasildar Singh v. State of U.P. AIR 1959 SC 1012** "In some cases an omission in the statement u/s. 161 Cr.P.C. may amount to contradiction of the deposition in the Court, they are the cases where what is actually stated are irreconcilable with what is omitted and implicedly negatives its existence."

16. In **Krishna Mochi and Others v. State of Bihar (supra)** it has been held that "some discrepancies are bound to be there in each and every case which should not weigh with the Court so long it does not materially affects the prosecution case. In case discrepancies pointed out are in the realm of pebbles, the Court should tread upon it, but if the same are boulders, the Court should not make an attempt to jump over the same."

17. In the present case at hand the contradictions proved in the evidence of P.W. 3 and P.W. 5 have created a different contour and

change the character and complexion of the prosecution case which substantially corrode the credibility of these witnesses to establish the complicity of the present appellant in connection with this case. These witnesses being the parents of the deceased are interested in the result of this litigation and on a closure scrutiny of the same I found their evidence is tainted with interestedness which highly unsafe to rely upon. On the perusal of the above judicial pronouncements leads to an inescapable conclusion that, if I permit myself to say so it clearly appears that the learned Court below could dared to jump over a heap of boulders (contradictions) during its journey in making appreciation of the evidence of P.W. 3 and P.W. 5 and thereby not only got itself stumbled in arriving a proper conclusion but also allowed an infirmity to be caused to the judicial process.

18. So far as the delay in lodging of the F.I.R. is concerned the learned Trial Court has held that the informant being a rustic villager who lost his six years old child could not be expected to act with due promptitude in lodging the FIR until he regained a certain level of tranquility of mind. The learned Counsel for the appellant assails the above finding by submitted that the Court below has utterly failed to appreciate the materials on record which discloses that prior to lodging of the FIR (Ext. 1) the informant had lodged a missing report of his son on the very day of occurrence at the Rayagada police station. He submitted that the above fact goes to show that though the informant was struck by a tragedy but he has not lost the tranquility of his mind which is grossly irreconcilable with the view taken by the Trial Court.

19. In order to answer the present contention I have gone through the evidence of P.W. 10 the I.O. of this case. He in para – 6 of his examination in chief deposed on oath that during investigation he ascertained that on 3.11.2014 the present informant appeared at the police station and presented a written report wherein he had only mentioned that his son Asim Jilakara swept away in the river water. He further deposed that basing on the above report the I.I.C. Rayagada P.S. Shri Tapan Kumar Mohanty registered the Rayagada P.S. Case No. U.D. 20 dated 3.11.2014 and entrusted ASI Shri K.Ch. Choudhury to enquire into the case. Hence from the evidence of Investigating Officer it is crystal clear that the informant had lodged a previous report before the police station on the date of the incident which is indicative of the fact that the informant was not deprived of mental composure as held by the learned court below.

20. Law is fairly well settled that delay in lodging of the FIR sometimes ' suffers opportunity to the complainant to make deliberation of version and to make embellishment or even make fabrications. Delay defeats the chance of the unsoiled and untarnished version of the case and the FIR not only gets bereft of the advantage of spontaneity, danger also creeps in the introduction of a coloured version or exaggerated story. On perusal of Ext. 1 it clearly discloses that the informant has implicated the present appellant by stating therein that she being under the influence of liquor pushed his son into the river which caused the death of his son. This part of his statement regarding the implication of the present appellant is clearly appears to be a coloured version and afterthought as he omitted to mention the same in his earlier report given on the date of the

Certified to be a true copy.
Authorised u/s-76 of I. E. Act
1872.
SHERISTADAR

incident which is proved by the sworn testimony of P.W. 10. On a deeper scrutiny I found the Trial Court has made a palpable error in appreciating the facts of this case again by casually placing reliance on a decision to condone the delay sympathetically which in my opinion caused the miscarriage of justice. Hence I am in the respectful agreement of the learned Counsel for the appellant that the delay in lodging the FIR in the present case at hand is fatal to the prosecution.

21. The learned Counsel further assailed the impugned judgment of the lower Court on the ground that there was suppression of original FIR and the present FIR being the second FIR the same is hit by Section 162 of the Code of Criminal Procedure. So far the present contention is concerned the evidence of the I.O. (P.W. 10) clearly reveals that previously the informant has lodged a report before the then I.I.C. Rayagada Police Station pursuant to which U.D. Case bearing No. 20 dated 3.11.2014 has been registered and subsequently after 33 days of the incident i.e. on 6.12.2014 he lodged another F.I.R. i.e. Ext. 1 basing on which the present case was registered by the then I.I.C. Rayagada P.S.. The material on record eloquently speaks that the then I.I.C. registered the present case during the enquiry of U.D. Case No. 20 of 2014. It is also apparent that he allowed two parallel proceedings one enquiry in the U.D. Case and the other is investigation of the present case simultaneously by making a clear breach of the statutory norm. This Court is at a loss to understand whether the learned the then IIC of Rayagada P.S. allowing to run both the proceedings simultaneously has guided himself by some unknown notion of self presumptive power or

Certified to be a true
Authorised u/s-76 of I. E. Act
1872.

SHERISTADAR

remaining oblivious of the statutory power conferred on him. It is a well settled principle of law that there can be no second FIR in the event of any further information being received by the Investigating Agency in respect of an offence or some occurrence or incident the only recourse available to the Investigating Agency that to conduct further investigation normally with the leave of the Court as provided under sub Section (8) of Section 173 of the Code of Criminal Procedure.

22. As it is evident from the case record two set of informations have been lodged regarding the same incident i.e on 3.11.2014 and 6.12.2014 the same being not permissible in the scheme of the Code I have no hesitation to hold that the present FIR (Ext. 1) being lodged subsequently lacks its authenticity and is hit u/s 162 of the CrPC.

23. The Trial Court while appreciating the materials on record has further held that from the evidence of all the material witnesses examined by the prosecution it is clearly proved that the appellant had chosen the spot for picnic which was dangerous, unapproachable and not fit for taking old persons and small children. The learned Court below further held that it was the responsibility of the appellant being the president of "the Prishan Foundation" to ensure safety and proper care of the children by making adequate arrangements to see that no untoward incident would take place and she ought to have exercised adequate degree of care and caution towards the children joining the picnic to ensure their safety. The court further held that the inaction on the part of the accused in taking adequate degree of care coupled with forcibly pushing of the children into the river with full knowledge of the depth of the river would suggest gross/culpable

negligence and unimaginative and callous conduct on her part which eventually resulted in the unfortunate tragedy.

24. So far as the finding of the Trial Court on the above score is concerned it has already been held here in before that the evidence of PW3 and PW5 has been completely demolished during their cross examination who have utterly failed to prove that the appellant had pushed their son into the river. The learned Court has attributed to the culpability of the appellant by observing that she selected a dangerous place to organize a picnic without taking adequate degree of care and safety of children and did not made any effort to save the drowning children from the river. It s needless to say the appellant is a Iranian/British woman hardly having any tropological knowledge about the spot of the occurrence. P.W. 11 during his cross-examination has admitted that in the District Website of Rayagada the Hanging bridge has been shown as a tourist spot. The learned Court below didn't appreciate the fact that the deceased was not an inmate in the Hostel of the "Prishan Foundation". As such the present appellant was no manner under any legal obligation to provide any quasi-parental care and protection to him as he had not been to the spot at her instance. It is discernible that parents of the deceased who were also the members of the picnic party took the deceased to the spot at their own peril instead of displaying reticence which they knew to be a dangerous place. The requirement of section 304-A IPC that the death of the deceased have been caused by the appellant by doing any rash or negligent act is conspicuously missing in the case record and by no stretch of imagination it can be said that the

Certified to be a true copy.
Authorised u/s-76 of I. E. Act 1872.

SHERISTADAR

decision of the appellant is to arrange the picnic in a dangerous place is a direct or proximate cause of the death of the deceased.

25. The whole picture painfully presents not only during the process of investigation but also during the trial the "presumption of innocence" of the appellant has been ostracized so also unceremoniously the same has been sent to "Vanaprasta" by the presuming the appellant was guilty which is wholly impermissible. Accordingly this court is of the formidable view that the learned Trial Court has transgressed the settled norm of criminal jurisprudence in misplacing the burden on the appellant to prove her innocence and recorded a wrongful conviction against her.

26. Hence the prosecution case when judged on the touch stone of the totality of the facts and circumstances, on a conglomeration of the above reasonings arrived at here-in-before, this Court is driven to an irresistible conclusion the prosecution case does not generate the unqualified and unreserved satisfaction indispensably required to enter a finding of guilty against the appellant. Hence this Court is of the unhesitant opinion that the judgment of the Trial Court not only lacks sagacity but also the view taken by it is overwhelmingly impossible one. Therefore I hold the prosecution has failed to prove the charge against the appellant and she is entitled to a clean acquittal.

27. So far the compensation amount awarded by the learned Court below to the parents of the deceased is concerned on a cumulative assessment of the materials on record, regard being had to the above finding of non guilty of the appellant this court is of the considered view that the parents of the deceased are not the victim of any crime

Certified to be a true copy,
Authorised u/s-76 of I. E. Act
1872.

SHERISTADAR

rather they are the sufferers of an unfortunate accident. As such they are not entitled to seek any compensation either under section 357(3) or u/s 357-A of CrPC.

28. Before parting, I would like to further observe that every trial being a voyage in the quest of truth, law cannot afford any favorite other than truth. It is needless to say that wrongful acquittals are undesirable and shake the confidence of the people in the judicial system, much worse, however is the wrongful conviction of an innocent person. It is the morals of a Welfare State that its agencies have the duty to bring the offenders before the law. As decency and dignity are regarded as the non-negotiable facets of life, in their battle against crime and delinquency the State and its officers under the protective umbrella of discharge of Sovereign Power cannot on any account forsake the decency of State behaviour and have recourse to extra-legal methods for the sake of detection of crime and even criminals. Therefore the procedure adopted by the State must be just, fair and reasonable.

29. It would be apposite to quote **Lord Denning** who had aptly said "A Judge must seek to mould the law so as to serve the needs of the time. He must not be a mere mechanic, a mere working mason, laying brick on brick, without thought to the overall design. He must be an architect thinking of the structure as a whole, building for the society a system of law which is strong, durable and just. It is on his work that civilized society itself depends. If we never do anything which has not been done before we shall never get anywhere. The law will standstill whilst the rest of the world goes on and that will be bad for both. **Justice Vivian Bose** a great Indian Judge in reference

to the interpretation of Constitution of India once observed that "They are not just dull, lifeless words, static and hidebound as in some mummified manuscript, but living flames intended to give life to a great nation and order its being, tongues of dynamic fire potent to mould the future as well as guide he present. The constitution must be left elastic enough to meet from time to time the altering conditions of a changing world with its shifting emphasis and differing needs."

30. In S.P. Gupta v. Union of India 1982 (2) SCR – 365 the Hon'ble Apex Court has held that "The Judiciary has a socio-economic destination and a creative function. It was to become an arm of the socio-economic revolution and perform an active role calculated to bring social justice within the reach of the common man. It cannot act merely as an umpire but it must be a functionary involved in the goal of socio-economic justice."

31. In the present case at hand it clearly appears that the prosecution has trumped it's case up against the appellant who is a British women travelled nearly half of the globe to give flights to the dreams of the orphans and the abandoned children of this locality with a hope of improving their lives. Though dignity of women has given a place of pride in the scheme of our Constitution which represents the most cherished value of our tradition, the manner in which the appellant has been dragged to face the ordeal of a criminal trial for more than a period of two years in a foreign land the same speaks volume of her trauma and tribulations. As the purpose of Criminal Justice System is to deliver justice to all not only by punishing the guilty by bringing more offenders to justice and to

raise public confidence that the system is fair and deliver justice to the law abiding citizen at the same time it is our duty to protect the innocent and redeem their faith in the system who have suffered incalculable harm to their reputation and self esteem by defending themselves in wrongful prosecution. This Court being a social Doctor, taking into account the constant degradation of moral values in our social setup resulting to give rise to the number of false cases, is of the considered view that the judiciary being the repository of public trust is need to take cognizance of the above fact to relook the existing Compensatory Jurisprudence of Indian Criminal Justice system so as to redefine the definition of **"Victim"** as defined in Section 357-A of the Cr.P.C. in order to give it an expansive and purposive meaning to bring it under the horizons of Article 21 of the Constitution to include **"the persons who have suffered loss and injury because of wrongful prosecution"**. Such an interpretation would go a long way to protect the dignity of innocent persons to preserve the biggest constitutional commitment ever made by ourselves. It would not only strengthen the faith in our justice delivery system but also fulfill the aspirations of our Founding Fathers who wanted to ensure that even while India remained poor in per-capita income, it should be rich in individual freedom.

32. In this case it is found that the appellant was wrongfully prosecuted without having a reasonable cause. As such I am of the unhesitant opinion that she is entitled to get compensation for the loss and injury caused to her as that of victims of crime as defined in the Victim Compensation Scheme read with 357-A of CrPC. This Court being a Court of appeal, bereft of having an advantage of resorting to

Section 250 of Cr.P.C. and in the absence of any other enabling provision to award compensation to impart restorative justice to the appellant, being embolden with the power u/s. 386(e) of Cr.P.C, the appellant is accordingly advised if she so desires, she may approach the Appropriate Authority or the proper Court of law seeking adequate compensation for breach of the constitutional promise to protect her dignity in this sacred land.

33. The appeal is thus succeeded and allowed. The impugned judgment and order be set aside. The appellant be discharged from her bail bonds.

34. Lower Court record along with the copy of judgment be sent to the lower Court for necessary action.

ADDL. SESSIONS JUDGE,
RAYAGADA

Dictated to Steno, transcribed by him, corrected by me and pronounced this judgment in the open Court, on this 25th day of March, 2016 under my seal and signature.

ADDL. SESSIONS JUDGE,
RAYAGADA

فصل ۳۱

مجوز خروج

دو هفته از صدور حکم تبرئه گذشت و دولت هند هنوز برای من مجوز خروج صادر نکرده بود. به نظر می‌رسید مرا گروگان گرفته بودند. من از همهٔ اتهامات تبرئه شده بودم، پس به چه حقی مرا نگه داشته‌اند؟

تماس‌های تلفنی بسیاری بین کنسولگری و مقامات هندی برقرار می‌شد زیرا ظاهراً افراد زیادی در دولت هند بودند که می‌خواستند مطمئن شوند که من پس از ترک هند، این پرونده را کِش نخواهم داد. به عبارت دیگر، آنها می‌خواستند که ظاهرشان را حفظ کنند.

آقای نوریان هم هنوز نرفته بود. او به من قول داده بود که هند را ترک نخواهد کرد مگر اینکه باهم از آنجا برویم. او از من پرسید که آیا دوست دارم که به ایران بروم یا نه. من نمی‌دانستم چگونه باید به آن پاسخ دهم. هزاران یا شاید هم میلیون‌ها ایرانی از من حمایت کرده بودند. بنابراین، احساس کردم باید به ایران برگردم.

اما همچنان می‌ترسیدم. در ذهن من آقایان نوریان، امجدی و دکتر ظریف سه نفر اصلی در دولت بودند که به من کمک کرده بودند و این تمام حکومت نبود. من نمی‌دانستم که با بقیهٔ رژیم باید چگونه رفتار کنم. پدر و مادرم هم، هر دو در دو برههٔ زمانی مختلف در ایران فوت کرده بودند. من می‌ترسیدم که به ایران برگردم.

اما در عین حال می‌دانستم که باید بروم.

به آقای نوریان گفتم: «اصفهان. وقتی به من اجازهٔ خروج داده شود، دوست دارم که

مستقیم به اصفهان پرواز کنم. آیا این امکان پذیر است؟»

آقای نوریان لبخندی زد و به من گفت که البته. به نظرم رسید که او از این تصمیم من متأثر شد. او می‌دانست که پدر و مادرم هر دو در آنجا دفن هستند. به علاوه، این شهر به خانه او نیز بسیار نزدیک بود. «به محض اینکه مجوز خروج شما را بگیریم، پروازها را رزرو می‌کنم.»

در روزها و هفته‌های بعد، مردم از سراسر جهان به من تبریک می‌گفتند. همهٔ کسانی که از همان ابتدا به من کمک کرده بودند جشن می‌گرفتند و خوشحالی می‌کردند و تعدادشان بیش از حدّی بود که بتوانم از تک تک آنها تشکر کنم. برای من مشاهدهٔ سرعت پخش خبر تبرئه و تأثیری که این خبر بر مردم ایران گذاشته بود، واقعاً شگفت‌انگیز و باورنکردنی بود. هزاران نفر عشق واقعی خود را به من ابراز می‌کردند، و من نمی‌دانستم که در مورد آن چه احساسی داشته باشم. من قبل از این به ندرت کسی را در زندگی‌ام داشتم - اما اکنون، گویی یک خانوادهٔ جدید و یک شبکهٔ کامل از دوستان بسیار زیاد پیدا کرده بودم.

به زمانی که آقای امجدی داستان یوسف را برایم تعریف کرد، فکر کردم و اینکه چگونه یوسف مورد بدرفتاری قرار گرفت اما بعد، هزاران نفر به او علاقه‌مند شدند و او را دوست داشتند. گویی که آقای امجدی تمام مدت می‌دانست که سرنوشت من هم همین‌گونه خواهد بود.

اما آیا من برای آن آماده بودم؟

EXIT PERMIT

Service Number	OR36/EXT/GBR/1/2017
Present Nationality	UNITED KINGDOM
RCF No /UCF No.	OR36/RCF/GBR/17/2016 dated 23/06/2013
Applicant Name	NARGES KALBASI ASHTARI
Father's Name	HASSAN KALBASI ASHTARI
Spouse Name	
Gender	Female
Date & Place of Birth	21/03/1988 (dd/mm/yyyy) ESFAHAN
Address	HOUSING BOARD COLONY RAYAGADA, ODISHA, INDIA - 765001 Tel No : 9040552228 Email: n▓▓▓▓▓
Passport Number	▓▓▓▓▓ Issue Date ▓▓▓▓▓
Issue Place	LONDON Expiry Date ▓▓▓▓▓
Visa Number	VI7443925 Issue Date 14/08/2013 (dd/mm/yyyy)
Visa Issue Place	COLOMBO Expiry Date 31/03/2017 (dd/mm/yyyy)
Visa Type	ENTRY VISA Valid For SINGLE ENTRY
Exit on or Before	12/04/2017 (dd/mm/yyyy) Exit Port HYDERABAD

Name,Relation and their nationality of accompanying members :

MHA Ref. No.
Reason for Fees
Observation   EXIT PERMIT FOR FOREIGNER   Fees
Special Endorsement   PRISHAN FOUNDATION RAYAGADA
Signature of the Foreigner

Registered at Rayagada, dated 08/04/2017 (dd/mm/yyyy)

Signature and Seal of the Authority
(For FRO Rayagada)

Please surrender this Certificate to the Immigration Officer at the time of your departure.
ApplicationId: OR3600001517

فصل ۳۲

آیا واقعاً برنده شدم؟

بالاخره مجوز خروج من صادر شد. روی این برگه نوشته شده بود: «خروج در تاریخ ۱۳۹۶/۰۱/۲۳ یا قبل از آن.» در واقع فقط ۴ روز فرصت داده بودند. آقای نوریان بلافاصله پروازِ اصفهان را رزرو کرد. لارس هم برای خودش پرواز بازگشت به هلند را رزرو کرد. او دقیقاً منتظر ماند تا من مجوز خروجم را بگیرم، که برای من یک دنیا ارزش داشت. برای آخرین بار او را بیرون کنسولگری دیدم و با هم خداحافظی کردیم. برای تشکر و قدردانی از او کلمهٔ مناسبی پیدا نمی‌کردم. او برای من سنگ تمام گذاشته بود. او به وجد آمده بود و برای رفتن بسیار هیجان زده بود. در حالیکه هر دو بسختی احساساتی شدهِ بودیم با یکدیگر خداحافظی کردیم و هیچ کدام نمی‌دانستیم که چه زمانی و آیا اصلاً دوباره یکدیگر را خواهیم دید یا خیر. بی شک او یکی از بهترین مردانی بود که من در عمرم افتخار آشنایی‌اش را پیدا کرده بودم.

روز پرواز ما فرا رسید و در کنسولگری با همه خداحافظی کردیم. همه اشک می‌ریختند، از جمله من. کنسولگری برای من حکم خانه‌ام را پیدا کرده بود و آقای نوریان قهرمان واقعی این خانه بود. او تا آخر با من ماند.

من با بچه‌ها در موکنداپور تماس گرفتم و ساعت‌ها با هم صحبت کردیم. این سخت‌ترین مکالمه‌ای بود که در عمرم داشتم. قرار شد دولت هند خانه را تصاحب کند و

بودجهٔ آن را تأمین کند. این همان چیزی بود که دانشجویان اودیشا زمانی که پروندهٔ من برای اولین بار مطرح شد، برای انجامش به دولت فشار آورده بودند. نظر بسیاری از مردم منطقه در مورد بچه‌های دالیت تغییر کرده بود و آنها دوست داشتند که این خانه باز بماند و کاری را که من در اودیشا شروع کرده بودم ادامه پیدا کند. خیلی خوشحال بودم که نمی‌خواهند آن را ببندند، اما در عین حال ناراحت بودم که من دیگر بخشی از آن نخواهم بود. در این مدت این بچه‌ها دنیای من شده بودند، اما سیستم قضایی هند با بی رحمی تمام این دنیا را نابود کرد.

می‌دانستم که باید واقع بین باشم و با این واقعیت کنار بیایم که من دیگر هرگز آنها را نخواهم دید و این بدان معنا بود که هند برای همیشه بخشی از قلب من را گروگان نگاه می‌داشت و این باعث تنفر من بود. من هند را در حالیکه ترکیب شدیدی از احساس شادی، ناراحتی و اندوه عمیق را در من ایجاد کرده بود، به همراه آقای نوریان ترک کردم. من بچه‌هایی را ترک می‌کردم که شبیه بچه‌های خودم شده بودند. این رنج هیچ شباهتی به رنج‌های گذشتهٔ من نداشت.

در حالیکه دیگر نمی‌دانستم هدفم در زندگی چیست بزودی وارد کشوری می‌شدم که از آن می‌ترسیدم و اطلاعات بسیار کمی هم از آن داشتم.

بله البته، به نظر می‌رسید که من برنده شده‌ام - اما آیا واقعاً اینطور بود؟ آیا واقعاً برنده شدم؟

*****

۲۳۰ ◼ آیا واقعا برنده شدم؟

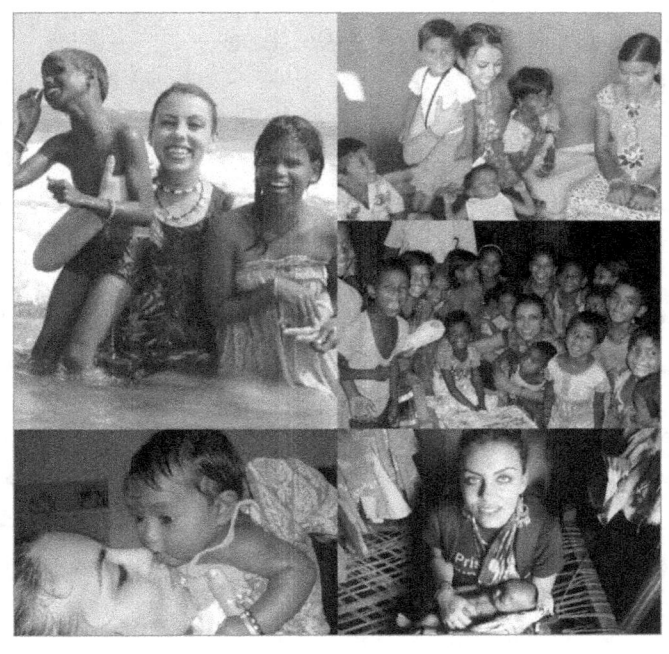

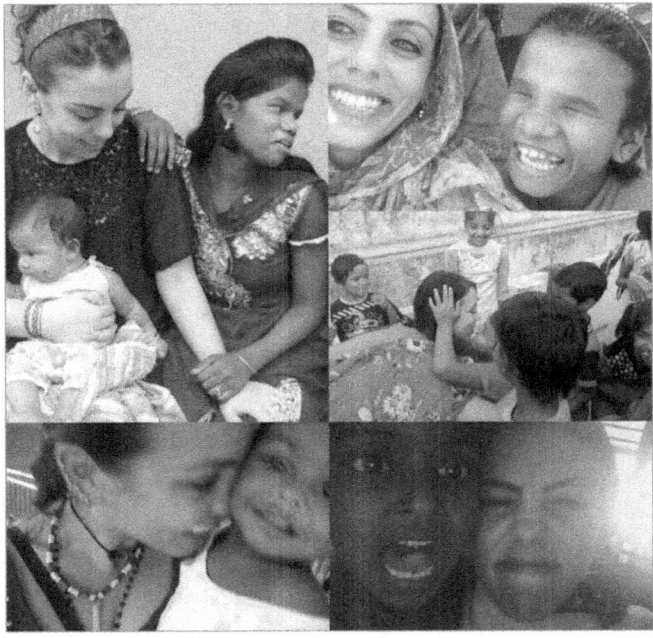

Prishan Foundation
rishan Foundation Ho

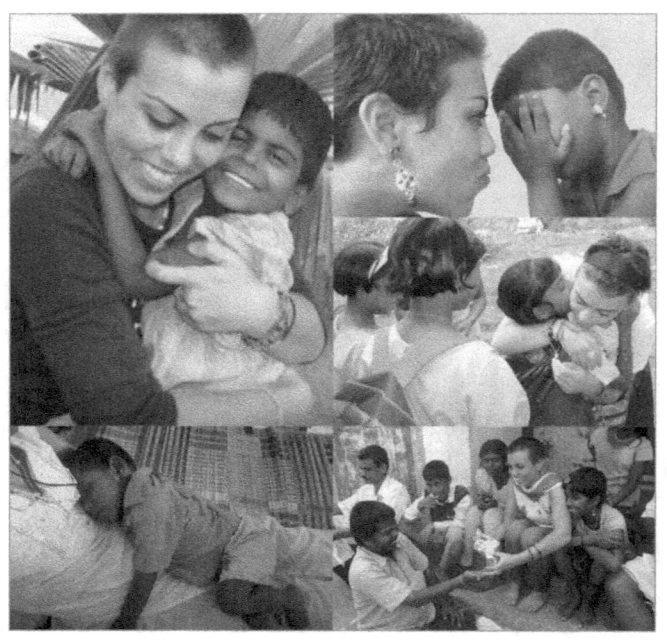

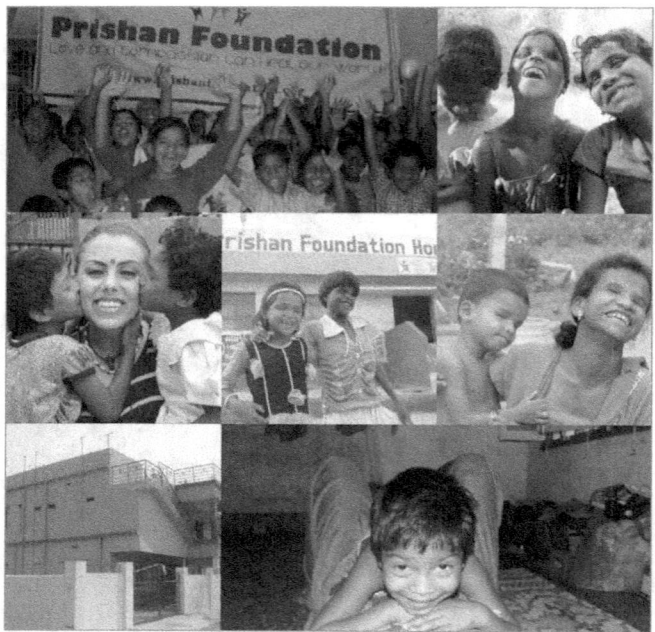

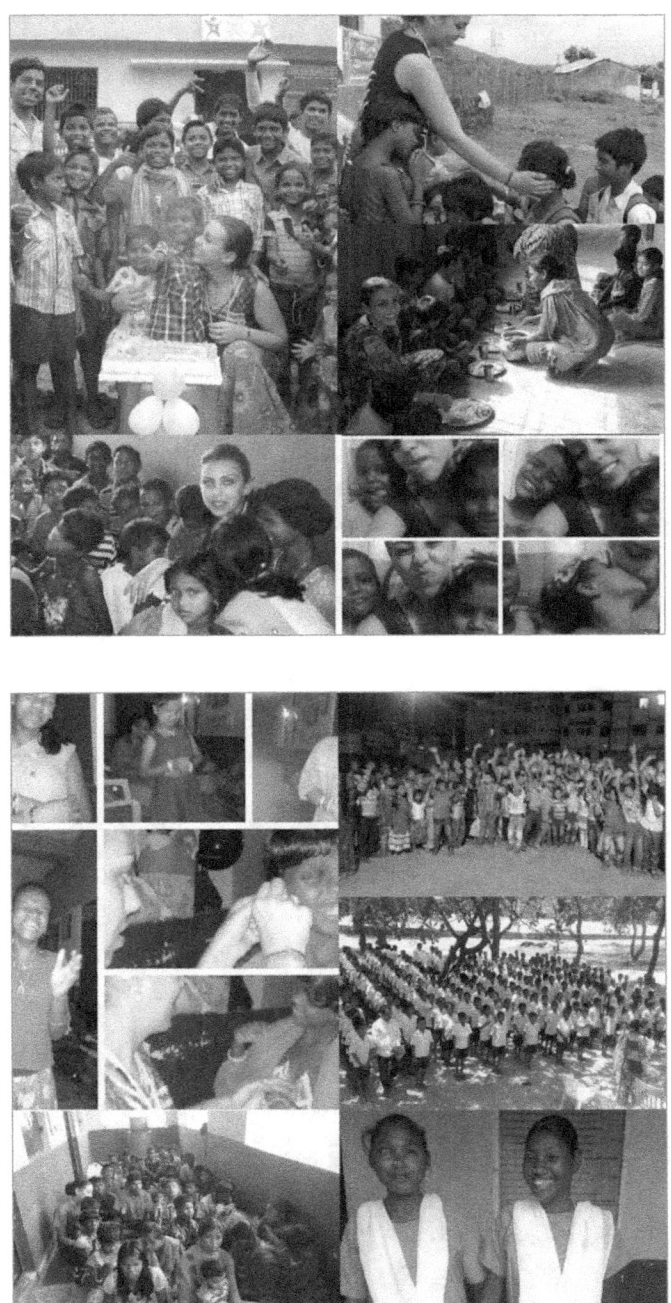

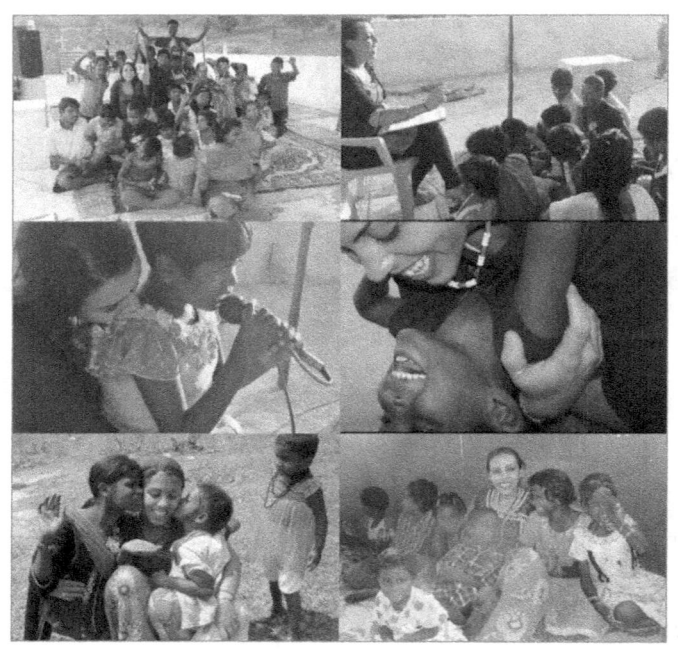
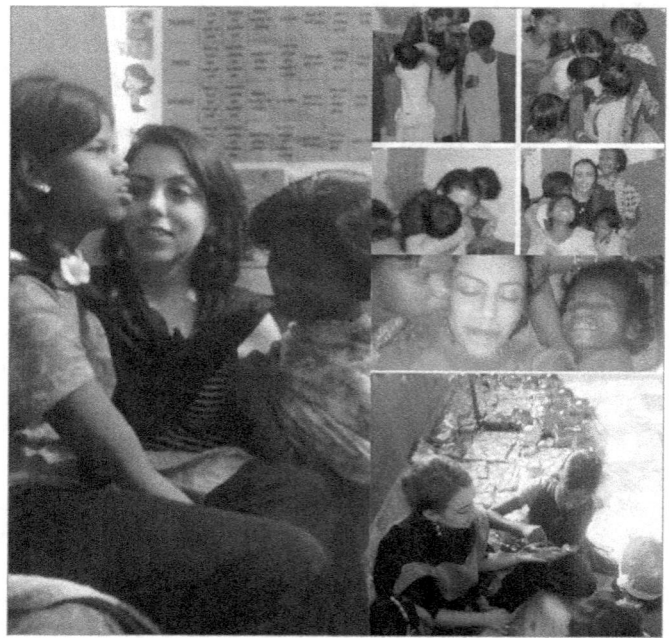

۲۳۴ ◼ آیا واقعا برنده شدم؟

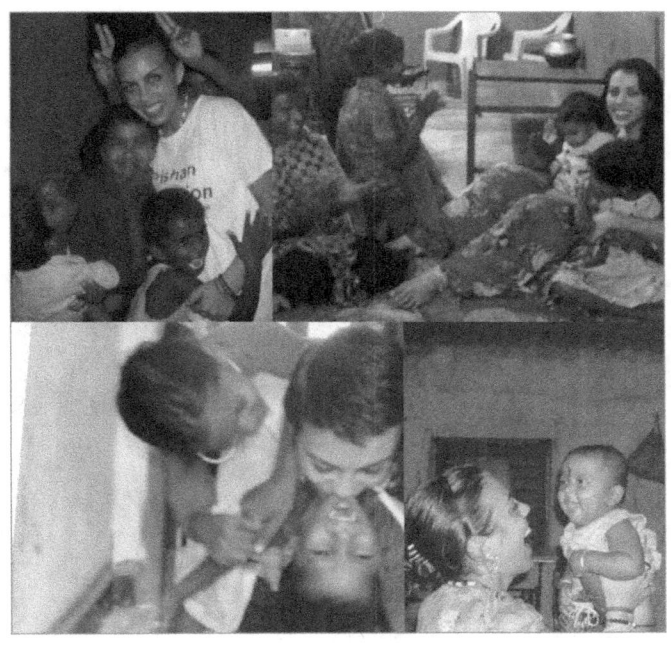

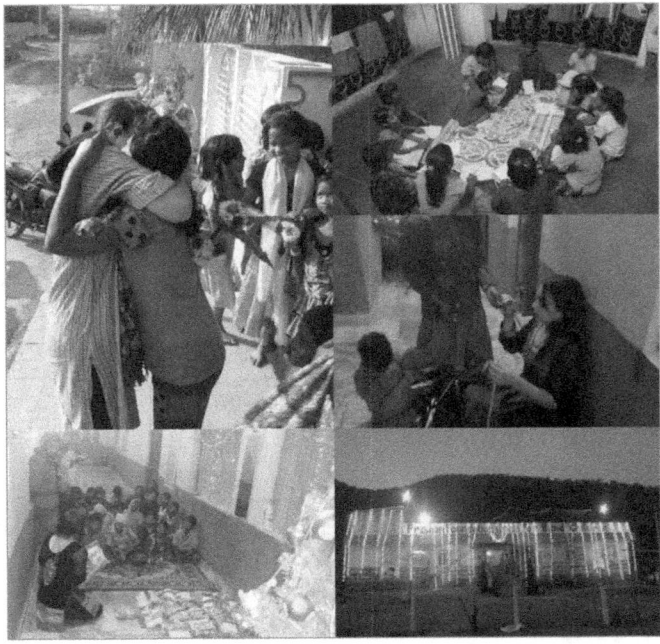

I0334702

www.ingramcontent.com/pod-product-compliance
Lightning Source LLC
Chambersburg PA
CBHW070421010526
44118CB00014B/1858
9781068906602